Geschichte
Mitteldeutschlands

Geschichte Mitteldeutschlands

Von Herrschern, Hexen und Spionen

Herausgegeben
von Claudia Schreiner und Katja Wildermuth

Sandstein Verlag

Begleitbuch zur Fernsehserie
»Geschichte Mitteldeutschlands«
des Mitteldeutschen Rundfunks (MDR)
Lizenz durch TELEPOOL GmbH
Redaktion: Frank Kutter, Dr. Katja Wildermuth
Leitung: Dr. Claudia Schreiner

© 2013 Sandstein Verlag, Dresden

Lektorat: Christine Jäger, Sandstein Verlag
Gestaltung und Satz: Annett Stoy, Norbert du Vinage,
Sandstein Verlag
Reprografie: Jana Neumann, Sandstein Verlag
Druck und Verarbeitung: Offizin Andersen Nexö Leipzig

Die Deutsche Nationalbibliothek verzeichnet diese Publikation
in der Deutschen Nationalbibliografie;
detaillierte bibliografische Daten sind im Internet über
http://dnb.ddb.de abrufbar.

www.sandstein-verlag.de
ISBN 978-3-95498-042-0

Inhalt

Vorwort

Wir leben in »einer Zeit, der die Zeit davonläuft«, schreibt der Historiker Christian Meier. Wo man sich früher das Leben der eigenen Kinder auszumalen glaubte, ist heute schon unklar, wer man selbst in zehn Jahren sein wird. Die Geschwindigkeit der Veränderungen überschlägt sich, und ehe man sie verstanden hat, sind sie schon wieder Vergangenheit. Zugleich entwickelt sich die Gegenwart immer globaler.

Da erscheint die intensive Beschäftigung mit regionaler Historie anachronistischer denn je. Doch das Gegenteil ist der Fall: Geschichte ist »in«, gerade auch bei jungen Leuten. Spielfilme, Bestsellerromane, Videogames. Und natürlich Fernsehdokumentationen. Es sind die universalen Fragen, die die Menschen packen: Mit welcher Taktik bezwingt man übermächtige Gegner? Wohin führt militärischer Gehorsam? Wie kann man weiterleben mit schwerer persönlicher Schuld?

Der Mitteldeutsche Rundfunk betreibt die multimediale Dokumentationsreihe »Geschichte Mitteldeutschlands« mittlerweile im 15. Jahr. Ein starkes Bekenntnis zum öffentlich-rechtlichen Auftrag nach Bildung und Kultur und ein Bekenntnis von außergewöhnlicher Beständigkeit in der ansonsten so dynamischen Medienwelt. 15 neue Porträts vereinigt der vorliegende Band, 15 packende Biographien aus der reichen Geschichte dieser Region, von der Christianisierung der Thüringer bis zum Schicksal des Stasi-Generals Markus Wolf. Menschen, die unsere Gesellschaft, unser Selbstverständnis, die Lebenswirklichkeit Ost geprägt haben. Es sind Geschichten, die die Vergangenheit lebendig machen und die so Geschichte für uns alle verständlich werden lassen, Zusammenhänge herstellen und Verwurzelung schaffen, Heimat und Identität – wertvolle Güter in dieser Zeit, der die Zeit davonläuft. Tauchen Sie ein in das pralle Leben der Vergangenheit!

Claudia Schreiner, Katja Wildermuth

André Meier

Karl der Große
Der Aufstand der Thüringer

Im Jahr 786 proben die Thüringer den Aufstand gegen Karl den Großen, den scheinbar allmächtigen König des Frankenreichs. Ihr Führer ist Hardrad, ein Adliger, der sich der schleichenden Entmachtung der alten thüringischen Stammeseliten und der von Karl forcierten »Frankisierung« Thüringens demonstrativ widersetzt. Während Karl heute als eine Lichtgestalt der abendländischen Geschichte gefeiert wird, ist der Name des rebellischen Thüringers Hardrad in Vergessenheit geraten. Zu Unrecht, denn sein Aufstand hat die Herrschaftspolitik Karls des Großen einschneidend verändert.

Thüringen im späten 8. Jahrhundert: Seit über zweihundert Jahren gehört die Region zwischen Harz und Thüringer Wald, Werra und Saale nun schon zum Herrschaftsgebiet der fränkischen Könige. Doch als Untertanen der Franken fühlen sich die Thüringer deshalb noch lange nicht.

Schließlich sind auch sie Christen, unterstützen den fränkischen König Karl in seinem Kampf gegen die heidnischen Sachsen und halten ihm Slawen vom Hals.

Hardrad gehört zu den Thüringern, die über das Wohl und Weh des Stammes entscheiden. Er ist ein »adalingus«, ein freier Thüringer, der über einen großen ererbten Grundbesitz verfügt. Und die Vermutung liegt nah, dass es sich bei diesem thüringischen Adligen um jenen »Harterat« handelt, den ein über 1000 Jahre altes Dokument als einen Förderer der Abtei Fulda erwähnt. Es ist ein Verzeichnis von Schenkungen, in dem ein Edler namens »Harterat« aufgelistet ist, der seinen Grundbesitz bei »Hastenesleibe« dem Kloster Fulda übereignet. Dieses Hastenesleibe ist das heutige Haßleben, keine 20 Kilometer nördlich von Erfurt und damit mitten im alten Stammesgebiet der Thüringer gelegen.

So spärlich die Quellen zu Hardrad dem Thüringer sind, so reichlich sprudeln sie, wenn es um seinen Gegenspieler, den König der Franken, geht.

> » Im übrigen aber genoss Karl Zeit seines Lebens im Hause und auch öffentlich die größte Liebe und Verehrung aller, und es wurde ihm niemals der geringste Vorwurf ungerechter Strenge gemacht. «
> Einhard in der »Vita Karoli Magni«

Detail der Reiterstatuette
Karls des Großen, 9. Jahrhundert

Karl, schon zu Lebzeiten der Große genannt, ist seit 768 König des Fränkischen Reichs. Im Jahr 800 wird er sich in Rom vom Papst zum Kaiser krönen lassen. Unter seiner Herrschaft expandiert das Frankenreich in alle Himmelsrichtungen und wird zur europäischen Supermacht. Karl herrscht über Dutzende von Völkerschaften, die einzig ihr gemeinsames Bekenntnis zum Christentum eint – und ihre Abhängigkeit vom König der Franken.

Seit dem Ende des römischen Imperiums hat Europa keinen so mächtigen Herrscher mehr gesehen. Der fränkische König sieht sich als legitimer Erbe der römischen Cäsaren. Nach ihrem Vorbild lebt und regiert Karl. Antike Kultur und christlicher Glaube sind die Eckpfeiler seiner Herrschaft. Karls Wissensdurst ist ebenso groß wie sein Machthunger. Um sein riesiges Reich zu regieren, reitet der Franke von Königspfalz zu Königspfalz. Doch nach fast zwanzig Jahren im Sattel ist Karl allmählich des Herumziehens überdrüssig.

In der alten antiken Grenzstadt Aachen will er deshalb zwischen heißem Quellwasser und römischen Ruinen eine feste Residenz aus dem Boden stampfen. Schon sein Vater, der fränkische König Pippin, hat den von den Römern gegründeten und luxuriös ausgebauten Badeort geschätzt und hier im Jahr 768 die Weihnachtstage verbracht. Karl knüpft an diese Tradition nach seiner Königskrönung im Jahr 768 an. Unter seiner Herrschaft bekommt Aachen einen Dom, einen Königspalast, ein neues Thermalbad und eine große Wohnsiedlung. So wird Aachen über die Jahre zum Zentrum des Karolingischen Reichs. Der Platz ist gut gewählt, ist doch die Stadt von strategisch großer Bedeutung.

Karl ist dabei, auf breiter Front nach Osten vorzustoßen. Die Sachsen sind so gut wie bekehrt, die Tage des Herzogtums Bayerns gezählt, und selbst die Slawengebiete jenseits der Elbe stehen schon auf der Wunschliste des Franken. Nur sind all diese ehrgeizigen Eroberungspläne Makulatur, wenn Thüringen wackelt. Denn nur solange die Thüringer treu zum Frankenkönig stehen, ist dessen Reich auch im Osten vor Einfällen geschützt.

Die Wurzeln der Thüringer

Karls Grenzpolizisten, die Thüringer, sind ein stolzer Stamm mit einer ruhmreichen Geschichte. Seine Wurzeln reichen bis in die Zeit des römischen Kaiserreichs zurück. In Haßleben, jenem Ort, der nach alter Überlieferung wohl zu Hardrads großem Besitz gehörte, bargen Archäologen bereits vor einhundert Jahren einen sensationellen Schatz. 1912 entdeckt man hier eines der reichsten germanischen Fürstengräber.

Heute befindet sich dieser »Schatz der Fürstin von Haßleben« im Weimarer Museum für Ur- und Frühgeschichte. Im Mund der bei Haßleben gemeinsam mit ihrem Grabschmuck geborgenen Fürstin steckt eine römische Goldmünze – eine alte antike Sitte. Das Geldstück diente als Obolus für den Fährmann, der die Verstorbene in das Totenreich bringen sollte. Die vornehme Dame aus Haßleben war vermutlich die Frau eines thüringischen Söldnerführers. Ihre Schatulle ist jedenfalls mit luxuriösem Geschmeide aus römischen Werkstätten randvoll gefüllt. Für die Wissenschaftler sind diese kostbaren Fundstücke mediterraner Provenienz Beleg dafür, dass es in Thüringen schon im 3. Jahrhundert eine reiche germanische Stammeselite gegeben haben muss, die engste Kontakte zum römischen Imperium unterhielt.

Erstmals urkundlich erwähnt werden die Thüringer gegen Ende des 4. Jahrhunderts. Damals bildet sich aus vielen kleinen, mal gegen, mal mit den Römern kämpfenden germanischen Gruppen der Großstamm der Thüringer. Wenig später haben die Thüringer sogar ihr eigenes Königreich. Doch diese Blütezeit währt nicht lange.

Im Jahr 531 fallen die Franken ein und schlagen die Thüringer an der Unstrut vernichtend. Eine blutige Niederlage, die im kollektiven Gedächtnis des Stammes haften bleibt. Nicht zuletzt, weil die Thüringer seither dem Frankenkönig einen jährlichen Tribut von 500 Schweinen zu zahlen haben. Nicht der Verlust der Tiere schmerzt den Stamm. Es ist vielmehr die symbolische Bedeutung, die dieser Tributpflicht innewohnt: Sie ist ein Akt der Unterwerfung und unterstreicht die Abhängigkeit des Tributzahlers vom Tributempfänger.

Das karolingische Reformprogramm

400 Kilometer liegen zwischen dem Thüringischen Haßleben und der alten Römerstadt Aachen. Eine Strecke, für die Karls berittene Boten nur fünf Tage benötigen. Sollte also im Osten seines riesigen Reichs Ungemach drohen, kann der König schnell reagieren. Doch bislang halten die Thüringer still und zahlen artig ihren Tribut.

Und so zieht Karl die Daumenschrauben noch enger. Schon vor geraumer Zeit hatte der Franke damit begonnen, ihm ergebene Adlige als Statthalter, als sogenannte Grafen, im ganzen Reich einzusetzen. Eine Maßnahme, die seine Macht stärkt, aber zugleich an den Grundfesten der alten Stammeshierarchien rüttelt. Auf die Befindlichkeiten lokaler Stammesführer wie Hardrad glaubt Karl keine Rücksicht nehmen zu müssen. Längst haben Hardrad und

Grab der »Fürstin von Haßleben«, deutlich sichtbar ein goldener Ohrring

11

Alkuin (zweiter von links) überreicht mit seinem Schüler Rabanus Maurus dem Heiligen Martin, Erzbischof von Tours, das Werk »De laudibus sanctae crucis«. Darstellung in einem Manuskript aus Fulda um 830/40

mit ihm viele andere Adlige erkannt, worauf Karls Politik hinausläuft: Die alte Stammesordnung soll durch eine für alle verbindliche Reichsverwaltung ersetzt werden. Der Franke will ein einheitliches Reich. Und zwar auf allen Ebenen. Er begreift seine Macht als von Gott gegeben und dementsprechend kompromisslos übt er sie aus.

Mit dem Schwert und mit der Feder. Karl weiß, dass auch der schneidigste Befehl nichts taugt, wenn er nicht verstanden wird. Und so ist auch die Vereinheitlichung von Sprache und Schrift fester Bestandteil seiner Politik. Unterstützt wird er dabei von Alkuin, einem Mönch, der innerhalb kürzester Zeit zum wichtigsten religiösen und politischen Berater des Frankenkönigs aufgestiegen ist. Alkuin ist Angelsachse. Bevor er Karl in Parma 781 kennenlernte, war er Leiter der Kathedralschule von York. Alkuin gilt als einer der größten Gelehrten seiner Zeit und beeindruckt Karl in Parma so nachhaltig, dass er ihn in sein Gefolge aufnimmt und zum Leiter seiner Hofschule macht.

Diese Hofschule ist die Kaderschmiede des fränkischen Reichs. Hier bekommt der Nachwuchs der fränkischen Eliten seine Ausbildung. Doch zu Alkuins eifrigsten Schülern gehört der König selbst. Stundenlang lässt sich Karl im Rechnen und Lesen oder im korrekten Gebrauch der Feder unterweisen. An der Aachener Hofschule entsteht in dieser Zeit auch die »Karolingische Minuskel«, eine Schriftart, die durch Einfachheit besticht und sich rasch verbreitet.

Wenn es allerdings um heikle machtpolitische Fragen geht, vertraut der König nicht einmal seinem engsten Berater. Anders als von Alkuin empfohlen, lässt Karl die Sachsen nicht durch friedliche Missionsarbeit zum Christentum bekehren, sondern mit dem Schwert. Denn der Franke will mehr als ihre Seelen, er will ihr Land. 4500 gefangene Sachsen lässt er angeblich an nur einem Tag enthaupten. Als »Blutgericht von Verden« geht dieses Massaker in die Chroniken ein. Und es zeigt Wirkung. Sogar Widukind, der stolze Anführer der Sachsen, scheint diese Lektion begriffen zu haben: Weihnachten 785 will er sich fern der Heimat in der Champagne taufen lassen. König Karl soll der Taufpate sein.

Danach, so hofft der Frankenkönig, werden die rebellischen Sachsen genauso handzahm sein, wie es die Thüringer jetzt schon sind: brave Christen, die ihr Stammesgebiet gern mit den Franken teilen. Die kamen in Scharen über die Werra, um auf den fruchtbaren Böden der Thüringer Landwirtschaft zu betreiben. Bis heute sind die zahlreichen fränkischen Ansiedlungen an ihren Namen zu erkennen. Es sind Orte, die auf »heim« oder »hausen« enden und überall in Thüringen zu finden sind. Auch rings um Erfurt gibt es Dutzende dieser fränkischen Ortsgründungen: Stotternheim, Werningshausen, Mittelhausen …

Am Frauenberg südwestlich von Sondershausen stießen Archäologen auf eine Grabanlage, die zeigt, wie eng Thüringer und Franken bereits im 8. Jahrhundert miteinander verflochten waren. Es handelt sich dabei um einen Separatfriedhof eines adligen Hofverbandes aus Thüringen. Alle aufgefundenen Toten lagen in Holzkammergräbern. Die Frauen wurden in ihrer prächtigen Tracht beigesetzt, die Männer, allesamt Reiterkrieger, in unmittelbarer Nachbarschaft zu ihren Pferden. Die Holzkammergräber sind eine Neuerung, die mit den Franken in die Region kam. Die Pferdebestattung dagegen ist ein archaischer Ritus der Thüringer.

Schon die Autoren der Spätantike loben die Thüringer als hervorragende Reiter und Pferdezüchter. Der Legende nach soll der letzte Herrscher des Thüringer Reichs dem König der Ostgoten eine Herde mit 100 weißen Pferden geschenkt haben, als er dessen Tochter heiraten durfte. Bislang vermutete man, dass diese stolzen Reiterkrieger nach der Unterwerfung durch die Franken ihre kulturelle Identität aufgegeben haben. Doch die Funde von Sondershausen sprechen eine andere Sprache: Sollten die Thüringer also trotz Christianisierung an ihren alten Bräuchen festgehalten haben? Und war Hardrad vielleicht einer von jenen Stammesführern, die sich der Anpassung an die fränkischen Lebensgewohnheiten standhaft verweigerten? Wenn ja, muss er die Berufung von königstreuen Grafen durch Karl als Kampfansage, als Angriff auf die Souveränität seines Stammes verstanden haben.

Stammesidentität contra Königsmacht

Doch der thüringische Adel jener Zeit ist keine homogene Gemeinschaft. Es gibt widerstrebende Interessen. Etliche Stammesführer stehen loyal zum fränkischen König. Auch weil sie von den Kriegszügen, die Karl ins Stammesgebiet der Sachsen und Slawen unternimmt, profitieren. Andere der Thüringer Großen sträuben sich gegen die Beschränkung ihrer alten Stammesrechte, fürchten die kulturelle und politische Gleichschaltungspolitik des fränkischen Königs. Diese Zerrissenheit der Thüringer Eliten zeigt sich auch im Mode- und Konsumverhalten der vornehmen Frauen. Man trägt, was schick ist, auch wenn oder gerade weil es aus dem fränkischen Westen kommt.

Hardrads Tochter macht da wohl keine Ausnahme. Von ihr wissen die alten Chroniken noch weniger zu berichten, als über ihren Vater. Nicht einmal der Name des Mädchens ist überliefert. In den Jahren 785/86, also in jenem kurzen Zeitraum, in dem Hardrad in der karolingischen Geschichtsschreibung Erwähnung findet, muss das Kind in etwa 15 Jahre alt gewesen sein. Sie ist damit eigentlich schon zu alt, um ohne Gatten im Hause ihres Vaters zu leben. Gemeinhin gelten Mädchen im frühen Mittelalter mit 13 als heiratsfähig. Die Wahl des Bräutigams obliegt dem Vater. Erst recht, wenn er wie Hardrad zur Stammeselite Thüringens zählt. In diesen Kreisen ist jede Eheschließung ein hochpolitischer Akt.

Im alten, Anfang des 9. Jahrhunderts aufgezeichneten Volksrecht der Thüringer, der sogenannten Lex Thuringorum, ist der »Marktwert« einer Adelstochter genau ausgepreist. Wer eine jungfräuliche, noch nicht gebärfähige adlige Frau tötet, zahlt 600 Schillinge. Ist sie gebärfähig – dreimal 600 Schillinge. Hat sie bereits aufgehört zu gebären – nur noch 200 Schillinge. Hardrads Tochter fällt demnach in die höchste Kategorie. Ihr Leben ist nach altem Stammesrecht 1800 Schillinge wert. Das ist etwa der Preis von 90 Pferden.

14

Karl der Große (links) und sein erster Sohn Pippin der Bucklige, darunter ein Schreiber; Miniatur aus dem 10. Jahrhundert, Kopie einer verlorenen, zwischen 829 und 836 in Fulda für Graf Eberhard von Friaul hergestellten Miniatur

Zum Vergleich: Wer einem Adligen die Hoden abschlägt, büßt diese Straftat lediglich mit 300 Schillingen bzw. 15 Rössern.

Wenn Hardrad sein Kind also aus der Hand gibt, muss der Preis stimmen, muss die Heirat seiner Tochter dem Thüringer viel Land oder wenigstens Machtgewinn einbringen. Und tatsächlich scheint es bereits einen passenden Heiratskandidaten zu geben. In den im Kloster Lorsch verfassten und heute im Vatikan aufbewahrten »Annales Nazariani« finden wir die überraschende Mitteilung, dass die Tochter des Thüringers nach fränkischem Recht verlobt war.

Wenn das stimmt, muss Hardrad seine Tochter bereits vor geraumer Zeit einem hochgestellten Franken als Frau versprochen haben. Nur jetzt, da Karl die Rechte des alteingesessenen Adels beschneiden will, scheint Hardrad eine solche Hochzeit nicht mehr opportun. Besteht er doch plötzlich auf einer Eheschließung nach altem thüringischen Recht. Unannehmbar für den Bräutigam aus Franken und ein Affront gegen Karl, der umgehend seine Boten nach Thüringen schickt.

Seine Emissäre sollen Hardrad zur Einhaltung des alten Eheversprechens drängen. Vermutlich hat der König sogar selbst die stammesübergreifende Verbindung eingefädelt, denn der Bräutigam ist ein Mann aus seinem Gefolge. In den alten Quellen wird ein fränkischer Adliger namens Meginhar erwähnt, der Hardrads Tochter heimführen soll. Doch Hardrad bleibt standhaft und gibt das Mädchen nicht her.

Die Historiker sind sich heute darüber einig, dass die Geschichte von der geplatzten Hochzeit nur der Funke war, der einen schon lange schwelenden Konflikt zwischen Karl und thüringischen Traditionalisten eskalieren ließ. Denn tatsächlich beginnt Hardrad nun, überall Verbündete für seinen Kampf gegen Karl zu suchen. Vor allen unter den Thüringer Stammesführern hofft er, Mitstreiter zu finden. Können doch nur die allerwenigsten von ihnen damit rechnen, vom König mit einem Grafenamt betraut zu werden. Und so ist für viele Adlige Thüringens Karls Forderung, Hadrads Tochter solle sich nach fränkischem Recht mit einem Franken vermählen, nur ein Beleg mehr dafür, wie wenig Respekt dieser König vor ihrer alten Stammesordnung, vor ihren alten Sitten und Bräuchen hat.

Ganz in der Nähe von Hardrads Besitzungen in Haßleben haben Archäologen einen der wichtigsten altthüringischen Versammlungsplätze lokalisiert. Keine zwei Kilometer vom Zusammenfluss von Gera und Unstrut entfernt liegt bei Gebesee die Tretenburg. Heute kaum mehr als eine kleine Erhebung in der Landschaft, war die Tretenburg zu Hardrads Zeiten eine mächtige

Wallanlage, die den Thüringern als Versammlungsplatz diente. Hierher strömten die freien Männer des Stammes, um zu Gericht zu sitzen oder über die Zukunft ihrer Gemeinschaft zu beraten. Vermutlich versammelt Hardrad in der Tretenburg auch die thüringischen Stammeskrieger, um sie für den Aufstand gegen Karl zu gewinnen. Etliche der Großen scheuen allerdings die Konfrontation. Sie haben gemeinsam mit dem Franken gegen die Sachsen gekämpft. Daher wissen sie nur zu gut, dass Karl jeden Widerstand gegen seine Herrschaft im Blut ertränkt.

Der Aufstand der Thüringer

Wie viele Männer sich Hardrad anschließen, ist nicht überliefert. Aber für diejenigen, die es tun, gibt es von nun an kein Zurück mehr. Denn jetzt ist auch Karls Geduld am Ende. Er befiehlt eine Strafexpedition gegen die rebellischen Thüringer. Karl fürchtet einen Flächenbrand, deshalb drängt er zur Eile. Er will die Erhebung Hardrads bereits im Keim ersticken. Schneller als erwartet fallen Karls Krieger, eine kampferprobte Streitmacht, in das Rebellengebiet ein. Was haben Hardrad und seine Anhänger diesen hoch gerüsteten Franken entgegenzusetzen? Besitzen die Thüringer vielleicht noch bessere Waffen?

Wie es um die Ausrüstung eines thüringischen Kriegers bestellt war, zeigen die Grabungsfunde vom Frauenberg. Eine Lanze, ein Schild und zwei Schwerter, die sogenannte Sparta und der Sax, gehören, das zeigen die archäologischen Befunde, zur Standardausrüstung der Thüringer.

ET SYRIAM SOBAL · ET CONVERTIT
IOAB · ET PERCYSSIT EDOMINVAL
LE SALINARVM · XII MILIA ·

Karolingische Reiterei, Miniatur aus dem
»Psalterium aureum«, 9. Jahrhundert

Nur befinden sich diese Waffen seit der Völkerwanderungszeit im Arsenal
aller germanischen Stämme. Und im 8. Jahrhundert beziehen die Thüringer
ihre kostbaren Schwerter vermutlich sogar bereits aus denselben Waffen-
schmieden wie die Franken. Das heißt, eine waffentechnische Überlegenheit
gibt es auf keiner der beiden Seiten. Also zählt letztlich allein die Truppen-
stärke – und da hat Karl eindeutig die besseren Karten. Nur warum wagt
Hardrad trotzdem den Aufstand? Worauf hofft er, wenn ein Sieg der Thüringer auf dem Schlachtfeld so gut wie unmöglich scheint?

18

Alte Quellen nähren die Vermutung, dass Hardrad noch eine Trumpfkarte im Ärmel hat. Die Chronisten schreiben, dass die Rebellen selbst in Karls engster Umgebung Verbündete haben.

Die Annales Nazariani, die Hauptquellen im Fall Hardrad, berichten, dass die Aufständischen Karl nach dem Leben trachteten. Es scheint, als hätte der Thüringer im Verbund mit unzufriedenen Höflingen ein Mordkomplott geplant. Aber Hardrads Sympathisanten wagen sich nicht aus der Deckung. Die Krieger des Frankenkönigs dagegen leisten ganze Arbeit: Sie überrennen die Aufständischen und brennen deren Güter nieder.

Hardrad und seine Männer verlassen ihre Höfe und Familien. Sie weichen den Franken aus und schlagen sich auf verschlungenen Wegen nach Fulda durch. Hier, an der Grenze des alten thüringischen Stammesgebiets, befindet sich eine der wichtigsten Abteien des Karolingischen Reichs. Das Benediktinerkloster wurde im Jahr 744 gegründet und beherbergt bis heute die Gebeine des Heiligen Bonifatius. Schon im 8. Jahrhundert ist diese Grabstätte der größte Schatz des Klosters. Denn mit der Leiche des Missionars können die Mönche besonders bei den Thüringern punkten. Die pilgern in Scharen nach Fulda, um Bonifatius ihre Aufwartung zu machen und um Beistand zu bitten. Ist doch der Heilige nicht nur der Schutzpatron der Bierbrauer, sondern auch der von ihm zum Christentum bekehrten Thüringer.

Und genau davon profitiert Fulda. Durch zahlreiche Schenkungen frommer thüringischer Adliger wächst der Landbesitz der Abtei beträchtlich. So wird sie schnell zu einem der größten Grundbesitzer der Region und damit zu einem wichtigen Machtfaktor in Osten des Fränkischen Reichs. Da erstaunt es nicht, dass Baugulf, der Abt von Fulda, mit thüringischen Stammesgrößen wie Hardrad auf vertrautem Fuße steht.

Auch Abt Baugulf kann es nicht egal sein, wenn die Macht des thüringischen Adels geschmälert wird, wenn seine Gönner an Einfluss verlieren. Hardrad wähnt den Abt von Fulda auf seiner Seite und damit zugleich auch Bonifatius, den Schutzheiligen seines Stammes. In der Abtei des Heiligen Bonifatius scheinen die Rebellen nun ausharren zu wollen, bis ihre Mitverschwörer am Königshof endlich zuschlagen.

Doch die sehnlich erwartete Nachricht von einer Gefangennahme oder gar Ermordung Karls bleibt aus. Die Anwesenheit der Rebellen bringt den Abt von Fulda in Bedrängnis. Gewährt er den Thüringern Schutz, ist er die längste Zeit Abt gewesen. Liefert er sie dem König aus, wäre der Ruf der Mönchsgemeinschaft ruiniert. Welche Thüringer Adelsfamilie würde Baugulf noch ihren Sohn anvertrauen, welche die Abtei mit Schenkungen bedenken?

Darstellung Karls des Großen
in der Chronik des Ekkehard von Aura
um 1112/14

Spätestens jetzt begreift auch Hardrad, dass sein Aufstand gescheitert ist. Nicht nur der Abt von Fulda, auch seine vermeintlichen Unterstützer am Königshof haben ihn fallen gelassen.

Karls Rache

Hardrad ist für Karls Imperium keine Bedrohung mehr. Dennoch weiß der Frankenkönig, dass er dessen stolzen Stamm nicht vollends düpieren darf. Also akzeptiert Karl einen Vermittlungsvorschlag des Fuldaer Abtes Baugulf und empfängt den Rebellenführer. Alles was Karl von diesem Treffen erwartet, ist die bedingungslose Unterwerfung der Thüringer. Doch der ist dazu nicht bereit. Hardrad erklärt, nie einen Treueschwur auf den Franken geleistet zu haben und demnach dem König auch nicht zum Gehorsam verpflichtet zu sein. Karl ist klug genug, diesen Auftritt nicht sofort zu ahnden. Zumal Hardrads Rede, so anmaßend sie auch ist, einen wunden Punkt berührt. Sind die Thüringer doch tatsächlich nie eine Verpflichtung zum Gehorsam gegenüber dem König eingegangen. Hardrad, der unbekannte Rebell aus Thüringen, schreibt an diesem Tag wider Willen Weltgeschichte. Denn Karl zieht aus den Erfahrungen des Hardrad-Aufstands die Lehre, seine Herrschaft auch auf eine rechtlich fundierte Grundlage zu stellen. Fortan wird der König alle Großen seines Reichs zum Treueschwur zwingen.

Im Falle der Thüringer begnügt sich Karl jedoch nicht mit einem schnöden oder mittels Folter erzwungenen Eid. Sein Königtum, so glaubt der Franke, ist gottgewollt und damit unantastbar. Und genau das sollen Hardrad und seine Männer jetzt mit ihrem Unterwerfungsakt demonstrieren. Also lässt Karl die Rebellen auf getrennten Wegen zu den heiligen Stätten des Fränkischen Reichs bringen. An den Gräbern der christlichen Märtyrer in Aquitanien und Neustrien, also im heutigen Westen Frankreichs, sollen sie ihm und seinen Nachkommen feierlich die Treue schwören. Vermutlich bringt man die Thüringer auch nach Saint-Denis, wo der Heilige Dionysius, der erste Bischof von Paris, begraben liegt und auch Karls Vater, König Pippin, seine letzte Ruhestätte fand.

Wer sich auch an solch kultisch aufgeladenen Plätzen weigert, seinen Schwur auf den Frankenkönig abzugeben, wird an Ort und Stelle getötet. Hardrad überlebt. Als er im Sommer 786 von der erzwungenen Pilgerfahrt heimkehrt, ahnt er allerdings noch nicht, dass Karls eigentliche Rache erst jetzt auf ihn wartet. Der König hat die Großen seines Imperiums zum Reichstag nach Worms geladen. Hier will er öffentlich über die Aufrührer richten.

20

Vor den Augen der versammelten Stammes- und Kircheneliten des Reichs sollen sie für ihren Ungehorsam bestraft werden. Und zwar so hart, dass keiner der nach Worms gereisten Würdenträger jemals wieder vergisst, was es heißt, sich gegen den großen Karl aufzulehnen. Der König lässt den Scharfrichter kommen. Alle, die man auf dem Reichstag der Verschwörung gegen den König überführt, erwartet die Blendung – eine der grausamsten Strafen jener Zeit. Zuletzt wird Hardrad ein rotglühendes Stück Eisen vor die Augen gehalten. Die Wärmestrahlung zerstört die Netzhaut und erhitzt die Augenflüssigkeit. Unter grausamen Schmerzen verliert der Rebell aus Thüringen für immer sein Augenlicht. Aber damit nicht genug. Der Besitz der Aufständischen wird vom König konfisziert und unter seinen Günstlingen verteilt. Die Blendung Hardrads und seiner Anhänger soll als Warnung an alle Gegner Karls verstanden werden.

Doch dieses grausame Exempel ist nur eine Konsequenz, die der König aus dem Aufstand zieht. Die andere zeugt von der Lernfähigkeit Karls. Denn fortan respektiert der König die alten Rechtstraditionen der in seinem Reich vereinten Stämme. Wenige Jahre nach dem Hardrad-Aufstand wird in einem Kapitular Karls des Großen festgelegt, dass jeder in seinem Reich nach seinem Recht leben soll. Im Jahr 802 werden auf dem Aachener Hoftag auch die alten Stammesrechte der Thüringer bestätigt.

Für Hardrad kommt Karls Einsicht allerdings zu spät. Die Weigerung des Thüringers, seine Tochter nach fremdem, fränkischem Recht zu verheiraten, kostete ihm all seine Güter und das Augenlicht. Von dem Rebellen verliert sich nach seiner grausamen Verstümmelung zu Worms jede Spur. Angeblich wurde er außer Landes gejagt. Hardrads Tochter aber, so viel verraten uns die alten Schriften, heiratet Meginhars und zieht mit dem Franken westwärts.

Zeittafel

ONIV CIVITATV ET PVINCIARV GALLIE INS ALPES CH

HEINRICVS PRIMVS REX ROMANO

André Meier

Heinrich I.
Der erste Sachse auf dem Königsthron

Heinrich I. ist der Stammvater der deutschen Nation. Aus den Trümmern des in Erbstreitigkeiten zerborstenen Imperiums Karls des Großen formt der Sachse im 10. Jahrhundert ein Reich, das das Fundament des späteren Deutschlands bildet – das »regnum teutonicum«. Ohne größeres Blutvergießen eint und befriedet Heinrich die ehemalige karolingische Unruheprovinz Ostfranken. Hier, zwischen Maas und Saale, Nordsee und Alpen, schließen sich unter seiner Führung Franken, Thüringer, Bayern, Schwaben und Sachsen zusammen. Im siegreichen Abwehrkampf gegen die marodierenden Ungarn und in den Eroberungszügen gegen die heidnischen Slawen östlich der Elbe gewinnen die ehemals verfeindeten Stämme eine gemeinsame Identität.

Doch was prädestinierte ausgerechnet Heinrich, diesen Nobody aus dem frisch missionierten Osten, zum ersten deutschen König aufzusteigen? Und wie gelang es dem Sachsen, dem großen Angstgegner der Christenheit, den Ungarn, Paroli zu bieten?

Im Harz, im Südosten des alten sächsischen Stammesgebiets, werden die Ungarn im Jahr 907 zu ersten Mal gesichtet. Auf der Suche nach reicher Beute dringen die Reiterhorden des kriegerischen Nomadenvolks immer weiter westwärts und hinterlassen eine Spur des Grauens. Sie plündern, morden und brandschatzen. Niemand kann die Eindringlinge aufhalten, auch sächsische Ritter nicht. Denn so plötzlich wie die Ungarn aus dem Nichts auftauchen, sind sie wieder verschwunden.

Ohnmächtig muss Heinrich, der Sohn des Sachsenherzogs Otto, mit ansehen, wie die Ungarn seine Heimat verwüsten, seine Bauern massakrieren. Die Klosterchroniken jener Zeit beschreiben die Ungarn in den grässlichsten Farben. Wilde Raubtiere seien sie. Kahlgeschoren, bar jeden Mitgefühls würden sie das Blut ihrer Opfer saufen und deren Herzen verschlingen. Aber nicht nur ihre angebliche Brutalität macht die Ungarn zum Angstgegner der

> *Sein Sinn für das Mögliche und Notwendige schufen ein funktionierendes Herrschaftsgebilde, das regnum teutonicum, das Königreich der Deutschen.*
> *Wolfgang Giese*

Heinrich I. auf dem Karlsschrein im Aachener Dom, um 1215

Heinrich I. kämpft gegen die Ungarn, Miniatur in der Sächsischen Weltchronik, um 1270

ostfränkischen Stämme. Mehr noch fürchten die christlichen Ritter die Pfeile der berittenen Heiden, die sie mit unheimlicher Schnelligkeit und Treffsicherheit abfeuern können. Der Bogen der Ungarn ist die Wunderwaffe des 10. Jahrhunderts. Weder die Sachsen noch die anderen ostfränkischen Stämme finden ein Mittel, sich dagegen zu wehren. Die Furcht vor den Heiden ist so groß, dass der damalige Papst Benedikt in die Liturgie ein Bittgebet einfügen lässt: »Gott beschütze uns vor den Pfeilen der Ungarn!«

Die Ungarn, der Angstgegner der Christenheit

Doch wer waren diese Ungarn, was zog sie nach Westen und was hat es mit jener Wunderwaffe auf sich, die selbst gestandene sächsische Krieger wie Heinrich das Fürchten lehrte? Im Jahr 896 ließen sich ein halbes Dutzend von Fürst Arpad geführter Nomadenstämme auf dem Gebiet des heutigen Ungarns nieder – das Ende einer langen Wanderschaft. Die ursprüngliche Heimat der Magyaren lag in den ausgedehnten Steppenzonen südlich des Urals. Von dort brachten sie nicht nur ihre heidnischen Bräuche mit nach Europa, sondern auch ihre gefürchtete Kampftechnik.

Die Ungarn des frühen 10. Jahrhunderts schossen ihre Pfeile vom galoppierenden Pferd aus ab. Mit einer Anfangsgeschwindigkeit von 250 km/h verließen sie den Bogen. Tausende dieser schnellen Pfeile ließen die Reiterhorden während einer einzigen Angriffswelle auf ihre Feinde niederregnen. Anders als die aus einem Holzstück gefertigten Stabbögen der christlichen Krieger ist der sogenannte Kompositbogen der Ungarn aus den verschiedensten Materialien zusammengesetzt. Im 10. Jahrhundert kommen dabei neben Ahornholz auch Hornplättchen, Tiersehnen- und Knochenteile zum Einsatz. Das macht die Waffe extrem biegsam. Und zusätzlich sorgen die zurückgebogenen Wurfarm-Enden des Bogens auch noch dafür, dass sich der Wirkungsgrad der Waffe beträchtlich erhöht.

Von ihrer neuen Heimat in der ungarischen Tiefebene brechen die Steppenreiter am Beginn des 10. Jahrhunderts zu ausgedehnten Raubzügen in Richtung Westen auf. Die Angriffe werden nicht zentral koordiniert. Einzelne Kriegerhorden verlassen allein oder in losen Verbänden das Karpatenbecken. Ihr bevorzugtes Ziel ist das alte Reich Karls des Großen. Das ehemals so mächtige Frankenreich ist nach langen Erbstreitigkeiten in ein westliches und ein östliches Königreich zerfallen. Aber eine starke Königsmacht gibt es weder hier noch dort. Auch die ostfränkischen Stämme sind heillos zerstritten.

Im Mai 919 greift der Sachse Heinrich nach der vakanten Krone des ostfränkischen Reichs. In Fritzlar will er sich von den Stämmen des Reichs zum König wählen lassen. Heinrich ist jetzt Anfang 40 und seit sieben Jahren Herzog von Sachsen. Bislang kämpfte er gegen die Königsmacht, versuchte mit allen Mitteln die Unabhängigkeit seines Stammes zu wahren. Doch nun bekommt Heinrich die Chance, das Reich unter seiner Führung zu einen. Und die will er nutzen. Als König aber muss der Sachse ab jetzt die Interessen des Reiches über die seines Stammes stellen.

Und das Reich braucht vor allem eines: Frieden im Innern. Denn soviel ist Heinrich klar, nur gemeinsam können die ostfränkischen Stämme, Sachsen, Thüringer, Franken, Bayern und Schwaben, den Ungarn trotzen. Noch aber hat der Sachse nicht alle ostfränkischen Stämme auf seiner Seite. Noch leisten etliche Adlige Widerstand.

Mit dem Schwert wird Heinrich sie kaum für sich gewinnen können. Daran sind schon seine Vorgänger kläglich gescheitert. Will er ihre Gunst gewinnen, muss er ihre Herzen und Köpfe gewinnen. Heinrich, so der Plan seiner Berater, soll auf die feierliche Salbung zum König verzichten. Die Salbung symbolisiert das Gottesgnadentum der königlichen Macht – darauf zu verzichten, fällt Heinrich schwer. Doch er weiß um die Wirkung, die ein solch spektakulärer Akt auf seine Widersacher hat. So kann er ihnen zeigen, dass er als neuer König nicht mehr als »primus inter pares«, Erster unter Gleichen unter den ostfränkischen Stammesführern sein will.

Siegel Heinrichs I. an einer Urkunde vom 18. Oktober 927

Diese Politik der ausgestreckten Hand hat Erfolg. Keine zwei Jahre nach seiner Königserhebung hat der Sachse mit allen seiner einstigen Widersacher »Freundschaftsbündnisse«, sogenannte amicitiae geschlossen und damit seine Macht im Reich gesichert. Franken, Bayern, Schwaben, Thüringer, sie alle erkennen Heinrich nun als ihren König an.

Wesentlich beschleunigt wird der Wille zur Einheit durch die immer dreister werdenden Raubzüge der Ungarn. Kein Stamm im Reich kann sich vor den Überfällen der räuberischen Reiterhorden sicher wähnen. Die Bayern verlieren bei dem verzweifelten Versuch, die Eindringlinge zu stoppen, ihren Herzog Luitpold. Im Reich macht sich Endzeitstimmung breit. Nicht wenige glauben angesichts der mörderischen Attacken der Steppenreiter an ein himmlisches Strafgericht. Auch Heinrich, der neue König des Ostfrankenreichs, kann dem grausamen Treiben der Eindringlinge zunächst nur ohnmächtig zuschauen.

Die mittelalterlichen Chronisten geißeln die Gottlosigkeit und Mordlust der Ungarn. Tatsächlich aber wissen sie von den fremden Eindringlingen so gut wie nichts. Selbst heute gibt das kriegerische Nomadenvolk der Forschung jede Menge Rätsel auf. Wohin sind all die Schätze, all das Gold und die Kostbarkeiten verschwunden, deren Verlust die alten Chroniken wortreich beklagen?

Im Sommer 2000 entdeckte man im niederösterreichischen Gnadendorf das Grab eines jungen ungarischen Kriegers. Der knapp Sechzehnjährige war seinen Verwundungen erlegen und zusammen mit seinem Pferd bestattet worden. Gut 1000 solcher Reitergräber hat man bis heute im alten Siedlungsgebiet der Ungarn freigelegt. Beleg für die innige Beziehung zwischen den Nomadenkriegern und ihren Pferden.

Besonders bemerkenswert sind bei dem Gnadendorfer Grab eine Handvoll Silbermünzen, die man unter dem Schädel des Toten fand. Sie alle stammen aus der Zeit um 900, sie alle wurden in Franken oder Italien geprägt und sind durchlocht. Sie wurden nicht als Münzen genutzt, sondern als schmückende Pailletten in das Zaumzeug der ungarischen Pferde geflochten. Das ist typisch für den Umgang der Ungarn mit ihrem Beutegut. Sie nutzten es hauptsächlich als Rohmaterial für ihre Schmuck- und Gebrauchsgüterproduktion.

Ein kostbarer Gefangener

Im Sommer 926 sind es wieder einmal die Sachsen, die von den Ungarn heimgesucht werden. Heinrich hat noch immer kein Mittel gefunden, den heidnischen Reiterhorden Einhalt zu gebieten. Er flieht mit seinen Männern in die bei Goslar gelegene Festung Werla und hofft so, den Pfeilen der Ungarn zu entgehen. Heinrich harrt hinter dicken Mauern aus, während die Ungarn seine Dörfer niederbrennen.

Selbst der sächsische Hauschronist Widukind von Corvey muss in seiner Sachsengeschichte, der »Res gestae Saxonicae«, die Schmach des Königs eingestehen: »Die Ungarn steckten Burgen und Flecken in Brand und richteten allerorten ein solches Blutbad an, dass eine gänzliche Entvölkerung drohte. Der König aber vertraute seinen ungeübten und im offenen Krieg mit so einem wilden Stamm unerfahrenen Kriegern nicht.«

In dieser scheinbar hoffnungslosen Lage kommt Heinrich der Zufall zur Hilfe. Bei einem kleinen Scharmützel fällt seinen Männern ein ungarischer Heerführer in die Hände. Ihr Gefangener entpuppt sich als junger Stammesfürst. Ein Glücksfall. Spricht doch einiges dafür, dass dieser Ungar ein Sohn des legendären Großfürsten Arpad ist.

Die Söhne Arpads sind in den Augen der Ungarn Halbgötter. Wie viele Steppenvölker glauben auch die Magyaren, dass ihr Stamm seine Herkunft der direkten Vereinigung von Mensch und Tier verdankt. Ein falkenähnlicher Raubvogel, der »Turul«, soll – so geht die Sage – eine Stammesschönheit geschwängert und damit die Dynastie der Arpaden begründet haben.

Heinrichs Gefangener könnte ein Spross dieses von den Ungarn als heilig verehrten Fürstengeschlechts sein. Denn tatsächlich sind die Ungarn nun bereit, mit Heinrich zu verhandeln. Für die Freilassung des Fürstensohns bieten sie dem Sachsen einen befristeten Waffenstillstand an. Der König willigt ein, auch wenn er für diese Atempause teuer bezahlen muss. Die Ungarn fordern für ihre neue Friedfertigkeit eine jährliche Tributzahlung.

Kurze Zeit später, im Herbst 926, lädt Heinrich die Großen seines Reichs zum Hoftag nach Worms. Er will sich mit ihnen über das weitere Vorgehen gegen die Ungarn abstimmen. Wichtigster Baustein der in Worms beschlossenen Abwehrstrategie ist die sogenannte Burgenordnung: Im ganzen Reich sollen Fliehburgen im Falle eines Angriffs der Bevölkerung Schutz bieten. Denn soviel weiß man aus den bisherigen Zusammenstößen mit den Ungarn: für längere Belagerungen fehlen den Reiterhorden die Geduld und das Know-how.

Die Stiftskirche Quedlinburg

Der Bau dieser Befestigungsanlagen obliegt nicht dem Adel, sondern kriegstauglichen Bauern. Sie müssen aus ihren Reihen einen Burgward bestimmen. Von der Landarbeit befreit, ist er für den Erhalt und die Bevorratung der Wehranlagen zuständig. Nicht zuletzt aber auch für das regelmäßige militärische Training seiner Gefährten. Die Burg wird so zum Sammelplatz, zu einem Ort, an dem man sich nicht nur im Gefahrfall trifft, sondern auch zu Gerichtsverhandlungen und großen Gelagen.

Doch mit solchen Anlagen allein kann Heinrich sein Reich auf Dauer nicht vor den beutesuchenden Ungarn schützen. Ebenso wichtig wie Burgen, in denen das Volk Zuflucht finden kann, ist ein Heer, das stark genug sein muss, um den Angreifern auch auf dem offenen Feld die Stirn bieten zu können. Gegen die schnellen Pferde und Pfeile der Ungarn konnten seine in Leinen gehüllten Fußtruppen bislang nur wenig ausrichten.

Heinrich reformiert das schwerfällige ostfränkische Wehrsystem radikal. Das Kriegshandwerk wird professionalisiert. Seine Männer lernen neue Kampftaktiken und bekommen eine Ausrüstung, die sie endlich vor den gefährlichen Pfeilen der Ungarn schützt.

30

Gottesfurcht und Kampfmoral

Doch fast noch wichtiger als militärisches Training und schützende Ketten-hemden, das weiß Heinrich, ist ein fester Glaube. Die ostfränkischen Krieger sind erst seit wenigen Generationen Christen. Ihr Gottvertrauen steht auf tönernen Füßen und ihr Lebenswandel ist oft alles andere als fromm. Gegen die wilden Steppenreiter können Heinrichs Männer aber nur siegen, wenn sie den Tod nicht fürchten und den Kampf gegen die Heiden als gottgefällige Tat ansehen. Und so beginnt der Sachse nun auch, seine Ritter zur Einhaltung ihrer religiösen Pflichten anzuhalten und sie in ihrem christlichen Glauben zu stärken.

Heinrich macht das im östlichen Harzvorland gelegene Quedlinburg zum religiösen Zentrum seiner Herrschaft. Hier verbringt der König nachweislich den Großteil der Osterfeste. Hier will er bestattet werden und hier gründet er auch ein Frauenstift für die Damen des Adels. Sie sollen nach Heinrichs Tod das Gedächtnis an den König und seine Getreuen wachhalten und ihnen durch ihre Fürbitten die Tür zum Paradies öffnen. Die Großen des ostfränki-schen Reichs gehen sogenannte Gebetsverbrüderungen ein, um den Zusam-menhalt in den eigenen Reihen zu stärken.

Die Ungarn holen sich bei ihren Schamanen Mut, bevor sie zu ihren Plünderungszügen aufbrechen. Sie bitten ihre Tierahnen um Beistand, lassen sich durch magische Rituale den Glauben an die eigene Unbesiegbarkeit einimpfen. Ein Falke am Horizont genügt, um sie furchtlos in den Kampf ziehen zu lassen. Der Gott der Christen dagegen ist unsichtbar, ja er schickte nicht einmal Blitze vom Himmel, um die Ungläubigen zu strafen.

Was Heinrich also fehlt, ist ein magisches Symbol, ein göttliches Siegeszei-chen, das auch seinen Kriegern den Rücken stärkt. Und er wird fündig. Die christliche Reliquie, die ihm als schützendes Kampfsymbol angemessen er-scheint, ist die »sacra lancea«, die Heilige Lanze. Angeblich soll in ihrer Spitze einer jener Nägel eingearbeitet sein, mit denen man Jesus ans Kreuz schlug. Die Waffe selbst soll dem römischen Offizier und späteren Märtyrer Longinus gehört haben, der sie in die Seite des Gekreuzigten stieß und so mit dem Blut Jesu tränkte. Nach zähen Verhandlungen bekommt Heinrich die Heilige Lanze vom König von Burgund. Im Gegenzug muss er dafür Teile des Herzogtums Schwaben an seinen Nachbarn abtreten.

Endlich hält Heinrich den Zeitpunkt für gekommen, das Ungarnproblem ein für alle Mal zu lösen. 932 lädt der König zu einer großen Reichssynode nach Erfurt. Hier holt sich Heinrich die Zustimmung der Großen des Reichs

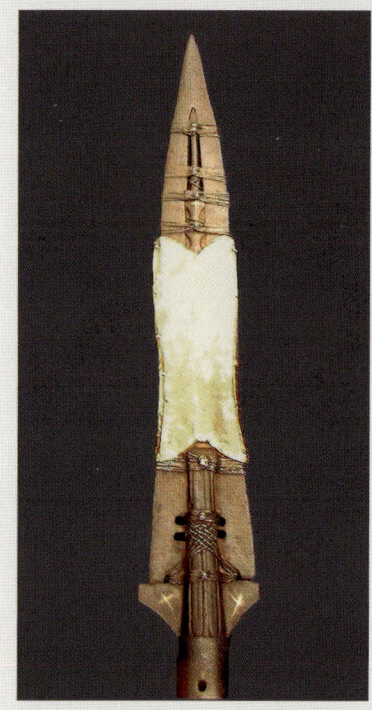

Die Heilige Lanze

31

für seinen Schlag gegen die Ungarn ein. Als nur kurze Zeit später die Emissäre der Ungarn eintreffen, um den jährlichen Tribut für ihr Stillhalten einzutreiben, kommt es zum Eklat. Statt Gold, so die Legende, soll Heinrich den Heiden einen Hundekadaver präsentiert haben. Damit ist der Waffenstillstand aufgekündigt. Heinrich behält das Gold und wappnet das Reich gegen den erwarteten Rachefeldzug der Ungarn.

Die Schlacht von Riade

Aber richtig ernst scheinen die Ungarn ihren neuen alten Feind aus Sachsen nicht zu nehmen. Denn als sie Anfang 933 aus der Theißebene aufbrechen, zieht nur ein kleiner Teil nach Nordwesten, während das Gros der Reiterhorden plündernd ins reiche Italien einfällt.

Wie viele ungarische Krieger das frühdeutsche Reich ansteuern, wissen wir nicht, wohl aber, dass sich dieser Trupp noch einmal teilt, als er Thüringen erreicht. Die eine, nun nach Südwesten ziehende Reiterhorde wird Anfang März 933 von einem sächsisch–thüringischen Kriegerverband gestellt und nach einer ersten Attacke zum Nahkampf gezwungen. Bei dem Scharmützel fällt der Anführer des Ungarntrupps. Seine Männer können ihre Bögen nicht mehr einsetzen und suchen das Heil in der Flucht. Die ostfränkischen Krieger haben ihre Hausaufgaben gemacht. Heinrich erwartet mit dem Gros seiner Männer nun den zweiten Ungarnverband, der in Richtung Unstrut reitet. Besser hätte es für den Sachsen gar nicht laufen können, denn hier hat er die Möglichkeit, die Reiterhorden in einer offenen Feldschlacht zu stellen. Zufall oder eine göttliche Fügung, dass mit der Morgendämmerung das Fest des Heiligen Longinus anbricht. Der Ehrentag jenes römischen Offiziers und christlichen Märtyrers also, dessen Lanze Heinrich nun als Siegeszeichen mit sich führt.

In den Chroniken wird der Ort, an dem Heinrich mit seinem Heer auf die Ungarn stößt, Riade genannt. Einen Flecken gleichen Namens gibt es heute nicht mehr. Aber vieles spricht dafür, dass sich die Schlacht im südöstlichen Harzvorland in der Nähe von Kalbsrieth ereignet haben muss.

Heinrich selbst führt seine Krieger in die Schlacht. Mit dabei die »Heilige Lanze«, sein kostbares Siegeszeichen. Viele Jahre hat Heinrich auf diesen Tag gewartet. Genügend Zeit, um die Taktik des Feindes genauestens zu studieren. Bislang hatten stets die Ungarn das Überraschungsmoment auf ihrer Seite. Jetzt dreht Heinrich den Spieß um. Der König startet mit einem Täuschungs-

Verwandtschaftstafel der Ottonen
mit Heinricus rex und Methildis regina
im Doppelkreis, Miniatur in der
»Chronica Pantaleonis«, zweite Hälfte
des 12. Jahrhunderts

manöver. Er lässt einen kleinen Trupp seiner Fußsoldaten gegen die Ungarn antreten, die alte unzulängliche sächsische Kampftechnik simulierend. Heinrichs Plan geht auf. Die Ungarn reiten in die Falle. Jetzt lässt Heinrich seine schweren Panzerreiter aus ihrer Deckung heraus auf den Feind losstürmen. Von der unerwarteten Attacke völlig überrumpelt, ergreifen die Ungarn die Flucht.

Heinrich lässt sie ziehen. Seine Panzerreiter haben gegen die ausdauernden Steppenpferde der fliehenden Ungarn keine Chance. Die Zahl der getöteten Feinde hält sich in Grenzen und, nüchtern betrachtet, verdient die Auseinandersetzung von Riade nicht einmal die Bezeichnung Schlacht. Trotzdem ist die Signalwirkung, die von Heinrichs Sieg über die Ungarn ausgeht, gewaltig. Der Unbesiegbarkeitsnimbus der Magyaren ist nun gebrochen und die Steppenreiter selbst sind so demoralisiert, dass sie zu Lebzeiten Heinrichs I. keinen neuen Angriff auf das Reich mehr wagen. Noch 300 Jahre später wird die Schlacht von Riade in der Sächsischen Weltchronik als epochaler Triumph des Königs über die Heiden gefeiert.

Heinrich steht jetzt im Zenit seiner Macht. Mit dem Sieg über die Ungarn hat der Sachse sein Königtum zementiert. Niemand in dem ehemals so zerstrittenen Reich wagt es noch, sich seinem Willen zu widersetzen. Auch nicht, als Heinrich im Frühsommer 936 zum Hoftag nach Erfurt lädt, um dem versammelten Adel seinen Nachfolger zu präsentieren. Der König ist jetzt 60 und von einem Schlaganfall schwer gezeichnet. Er weiß, dass seine Tage gezählt sind und will nicht, dass das Reich nach seinem Tod erneut im Chaos versinkt. Und die Gefahr besteht. Schließlich hat der König vier Söhne, und bislang war es in den fränkischen Herrscherhäusern Brauch, das Land unter den männlichen Nachkommen aufzuteilen. Mit dieser unseligen Tradition will Heinrich jetzt brechen. Das Reich soll komplett in die Hand seines Lieblingssohnes Otto übergehen.

Otto allein soll die Königswürde erben. Und diesem schon lange gehegten Plan Heinrichs, den er bereits in der sogenannten Hausordnung von 929 fixieren ließ, geben nun auch die Großen des Reichs ihre Zustimmung.

Damit beginnt die Monarchie, das Einkönigtum. So werden durch Heinrich die Einheit des Reiches garantiert und die Grundlagen für ein späteres Deutschland gelegt. Nach der öffentlichen Kür seines Sohnes Otto zum künftigen Herrscher des ostfränkischen Reichs begibt sich der König nach Sachsen. Heinrich will in der Heimat den Tod erwarten. Ziel der ersten Reiseetappe ist die Pfalz Memleben. Hier erleidet der geschwächte König einen zweiten Schlaganfall, an dessen Folgen er am 2. Juli des Jahres 936 stirbt.

Wunschgemäß findet Heinrich auf dem Burgberg in Quedlinburg seine letzte Ruhe. Die Gebeine Heinrichs I. sind verschollen. Heinrichs Lebenswerk aber, die Vereinigung der alten Stammesherzogtümer der Sachsen, Thüringer, Bayern, Schwaben, Franken und Lothringer zu einem wehrhaften, starken Reich, hatte Bestand.

Zeittafel

ca. 876   Heinrich wird als Sohn des Liudolfingers Otto im Harzgebiet geboren.

895   Die Ungarn fallen unter Fürst Árpád in das Karpatenbecken ein.

um 906   Heinrich führt ein militärisches Kommando gegen die slawischen Daleminzier im Raum Meißen.

906   Erste Ungarneinfälle im ostfränkischen Reich

909   Heinrich heiratet Mathilde, eine Nachfahrin des Sachsenherzogs Widukind.

911   Mit Ludwig dem Kind stirbt der letzte ostfränkische Karolinger. Konrad I. wird König des ostfränkischen Reichs. Das Land wird von äußeren Feinden bedroht und ist im Innern durch Stammesfehden geschwächt.

912   Nach dem Tod seines Vaters Otto wird Heinrich Herzog von Sachsen

918   Tod König Konrads

919   In Fritzlar wird Heinrich im Mai zum neuen König des Ostfrankenreichs erhoben.

921 Gegenkönig Arnulf resigniert, nachdem der westfränkische König Karl III. Heinrich als König der Ostfranken anerkannt hat.

925 Bis 928: Heinrich kann Lothringen an das ostfränkische Reich binden.

926 Erneute Ungarneinfälle, Abschluss eines mehrjährigen Waffenstillstands

Auf dem Wormser Hoftag werden Maßnahmen zur Ungarnabwehr beschlossen, darunter die »Burgenordnung«.

928/29 Feldzüge gegen die Slawen

929 Erwerb der Heiligen Lanze

929 Heinrich regelt mit der sogenannten Hausordnung seine Nachfolge.

932 Verweigerung der Tributzahlung an die Ungarn

933 Sieg über die Ungarn in der Schlacht bei Riade

936 Tod Heinrichs in Memleben. Sein Sohn wird König Otto I.

Gabriele Rose

Mathilde von Quedlinburg
Vom Mädchen zur Machtfrau

Mathilde von Quedlinburg ist eine Ausnahmeerscheinung des Mittelalters: als einzige Tochter Ottos des Großen aus seiner Ehe mit Adelheid von Burgund wird sie im Alter von nur elf Jahren zur ersten Äbtissin des Damenstifts in Quedlinburg geweiht – und zwar von allen Erzbischöfen und Bischöfen des Reiches. Das gab es zuvor noch nie. Zeitgenossen rühmen ihre Weisheit schon, als sie noch ein junges Mädchen ist. Dreißig Jahre später ernennt ihr Neffe, Kaiser Otto III., sie zu seiner Stellvertreterin – ein ebenfalls einmaliger Akt: Mathilde ist die erste und einzige Äbtissin im Mittelalter, die den Kaiser in seiner Abwesenheit in Sachsen vertritt. Normalerweise wird diese Aufgabe nur Erzbischöfen oder Herzögen übertragen. Aber Mathilde hat diese Auszeichnung verdient, vor allem bei dem »Brautraub von Quedlinburg« beweist sie ihr diplomatisches Geschick und politisches Können.

Der »Brautraub von Quedlinburg«

Winter des Jahres 998. Eine Gruppe Ritter galoppiert entlang der dichten Wälder des Harzes. Ihr Ziel: Quedlinburg – genauer das dortige Damenstift. Ihr Anführer: Werner von Walbeck – ein junger Mann aus einer der mächtigsten Familien des Landes. Hinter den Mauern des Damenstifts sind Männer zwar verboten, aber von solchen Konventionen lässt sich Werner von Walbeck nicht aufhalten. Er will sich holen, was ihm seiner Meinung nach zusteht: Liudgard, das Mädchen, das ihm als Braut versprochen und dann wieder genommen wurde. Mit seinem Gefolge stürmt Werner das Stift. Ohne große Gegenwehr bringen die kampferprobten Männer die hochadelige Tochter des Markgrafen von Meißen in ihre Gewalt.

Auch wenn ein solcher Brautraub im Mittelalter nicht ungewöhnlich ist – der Konflikt um den Brautraub von Quedlinburg ist besonders schwerwiegend.

Die Weihe der elfjährigen Mathilde zur Äbtissin. Das historisierende Wandbild im Sitzungssaal des Quedlinburger Rathauses zeigt Mathilde mit ihrem Vater Otto dem Großen. Der Berliner Maler Otto Marcus schuf dieses Fresko Anfang des 20. Jahrhunderts.

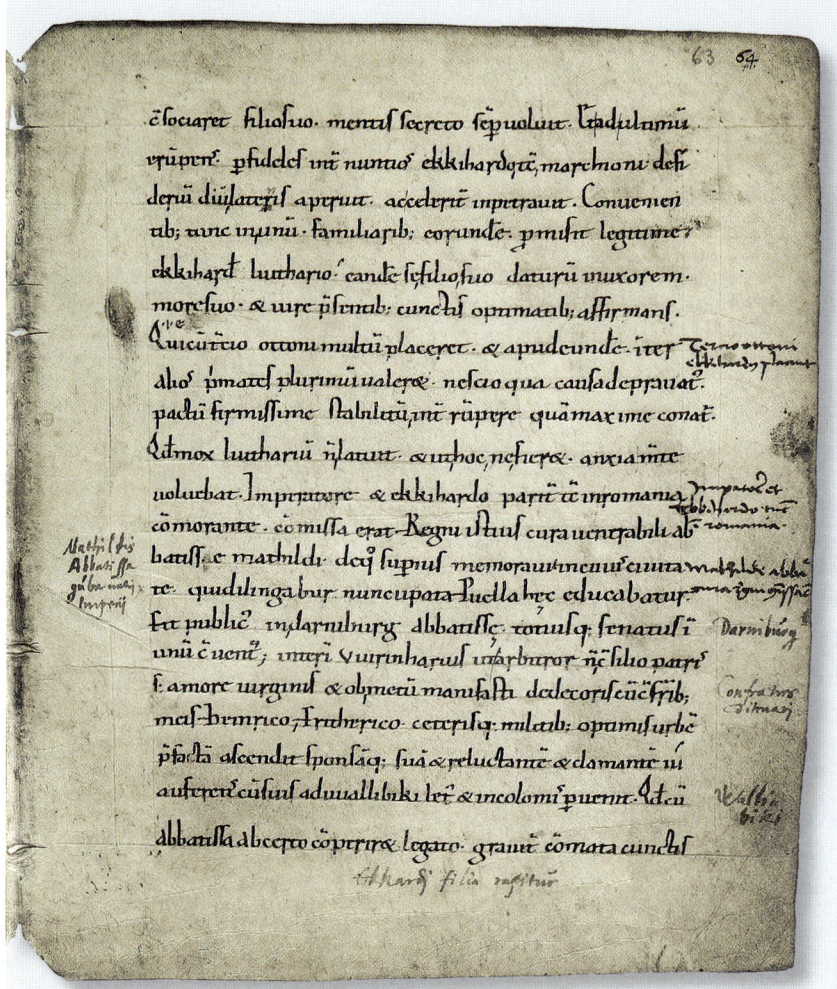

Ausschnitt aus der Chronik von Thietmar von Merseburg, in dem er die Ereignisse des »Brautraubs von Quedlinburg« beschreibt

Denn: sowohl die geraubte Braut als auch der Brauträuber entstammen den zwei mächtigsten Adelsfamilien des Landes. Dementsprechend ist Sachsen nun gespalten, die Familien müssen sich entscheiden, wen sie unterstützen. Eine der schwierigsten Aufgaben hat allerdings Mathilde: Einerseits ist sie als Leiterin des Damenstifts persönlich von dem Brautraub betroffen. Als Äbtissin ist es ihr Ziel, das geraubte Mädchen in ihr Stift zurückholen. Andererseits ist Mathilde auch die Tante des regierenden Kaisers und im Jahr 998 die mächtigste Frau des Landes. Als Stellvertreterin des Kaisers ist es ihre Aufgabe, den Frieden wiederherzustellen: Sie muss verhindern, dass aus dem Konflikt um den Brautraub ein politischer Flächenbrand wird, der die Königsherrschaft in Sachsen ins Wanken bringt.

Während des Überfalls ist Mathilde einen halben Tagesritt von Quedlinburg entfernt auf einem Hoftag. Solche Hoftage sind Versammlungen, die vom König einberufen werden, um aktuelle politische und rechtliche Probleme zu behandeln – in unregelmäßigen Abständen und an wechselnden Orten. Diesmal sind die wichtigsten und einflussreichsten Männer Sachsens in Derenburg zusammengekommen. Und Mathilde leitet diese Versammlung der Reichen und Mächtigen. Ihre Aufgabe ist es, Bitten zu erhören, Ämter neu zu besetzen, Recht zu sprechen. In diesem Moment erfährt Mathilde durch einen Boten von dem Überfall in Quedlinburg. Der Chronist und Bischof Thietmar von Merseburg hat diesen Vorfall in seiner Chronik aufgeschrieben.

Zahlreiche Bischöfe und Ritter sind in Derenburg erschienen, auf ihnen ruht die Macht des Königs. Um die Anwesenden hinter sich zu versammeln, wendet Mathilde ein wirksames Mittel an: »Mathilde klagt tief erregt unter Tränen allen Fürsten« – so zumindest beschreibt es der Chronist Thietmar. Diese Tränen haben nichts mit Emotionalität oder Schwäche zu tun, im Gegenteil: Im Mittelalter weinen Könige, Päpste und auch Äbtissinnen in öffentlichen Situationen. Tränen sind eine wichtige Geste der mittelalterlichen Politik. Je mehr Tränen, um so ernster ist die Angelegenheit und umso unmöglicher ist es für die Zuhörer, dem weinenden Herrscher ihre Unterstützung zu verweigern. Mathilde spielt hier ganz gekonnt auf der damaligen Klaviatur öffentlicher Gesten. Und so folgt nach den Tränen auch der Befehl an die Anwesenden: »Die Äbtissin richtet das Verlangen an die Fürsten, sofort gemeinsam in Waffen die Friedensbrecher zu verfolgen, um zu versuchen, ihr nach deren Festnahme oder Tötung das Mädchen zurückzubringen.« Diese Aussendung der Ritter ist nicht nur eine Machtdemonstration Mathildes, sie will damit verhindern, dass die geraubte Braut und ihr Räuber eine Nacht miteinander verbringen. Der Brautraub ist nur der Höhepunkt einer Geschichte, die aus Eheversprechen, Wortbrüchen und verletzter Ehre besteht. Die beiden jungen Leute waren sich seit langem versprochen. Öffentlich hatten beide Familien die Verlobung verbindlich bekannt gegeben. Doch dann entschließt sich der Brautvater, diese Verbindung zu lösen – wohl in der Hoffnung auf eine bessere Partie für seine Tochter. Aber eine öffentlich gemachte Verlobung zu lösen, ist ein gewaltiger Wortbruch und eine Ehrverletzung für Werner und seine Familie, die gerächt werden muss. Und so ist Werners Reaktion für die Regeln der Zeit durchaus verständlich. Im Mittelalter werden Probleme nicht ausdiskutiert – jeder will sein Recht mit Gewalt durchsetzen. So entstehen Fehden zwischen Familien, die nicht selten mit Mord und Totschlag enden. Und es ist eine hohe Herrscherkunst, Konflikte unter den Mächtigen möglichst schnell und unblutig zu lösen.

Mathilde – Mitglied der Herrscherfamilie

Mathilde ist die Reichspolitik seit Kindertagen vertraut. Immerhin entstammt sie der regierenden Königsfamilie der Ottonen. Sie ist die Enkelin des Sachsenherzogs und ersten ottonischen Königs, Heinrich I., und die Tochter Ottos des Großen. Und was Herrschaft bedeutet, lernt Mathilde früh: Sie muss sich dem Willen ihres Vaters unterordnen. Männer bestimmen im Mittelalter die Regeln, nach denen eine Frau zu leben hat. Da macht auch eine Königstochter keine Ausnahme. Otto I. führt folgende Regel ein: Der Adel des Reiches hat keine Chance, Königstöchter zu heiraten. Das schaffe nur Neid unter den Familien und gefährde die Königsherrschaft. Wenn es auswärtige Könige gibt, heiraten Töchter auswärtige Könige – aber wenn nicht, bleibt ihnen nur die Rolle der Nonne und der Äbtissin in den Familienklöstern.

So wie bei Mathilde. Ihr Vater lässt sie von allen Erzbischöfen und Bischöfen des Landes zur Äbtissin weihen – mit elf Jahren. Im Mittelalter ist das allerdings kein ausgesprochen kindliches Alter. Kinder gelten mit Erlangung der Geschlechtsreife als erwachsen. Bei Jungen ist das mit ungefähr 14/15 Jahren, bei Mädchen früher. Außerdem haben alle Mitglieder der Königsfamilie eine besondere Aura und somit bereits im Kindesalter eine natürliche Autorität. So wird Mathilde also Äbtissin des bedeutendsten Damenstifts des Reiches in Quedlinburg.

Quedlinburg – heiliger Ort der Ottonen

Vor tausend Jahren liegt Quedlinburg am Rand des Reiches der Ottonen und am Rand der christlichen Welt. Östlich der Grenze leben nur noch heidnische Slawen. Der erste ottonische König, Heinrich I., macht Quedlinburg zu einem wichtigen Machtzentrum seines Reiches. Über Jahrzehnte hinweg wird in Quedlinburg Reichspolitik gemacht und der christliche Glauben gefestigt. Immer wieder feiert die ottonische Königsfamilie auf dem Stiftsberg das wichtigste Fest der Christen – das Osterfest.

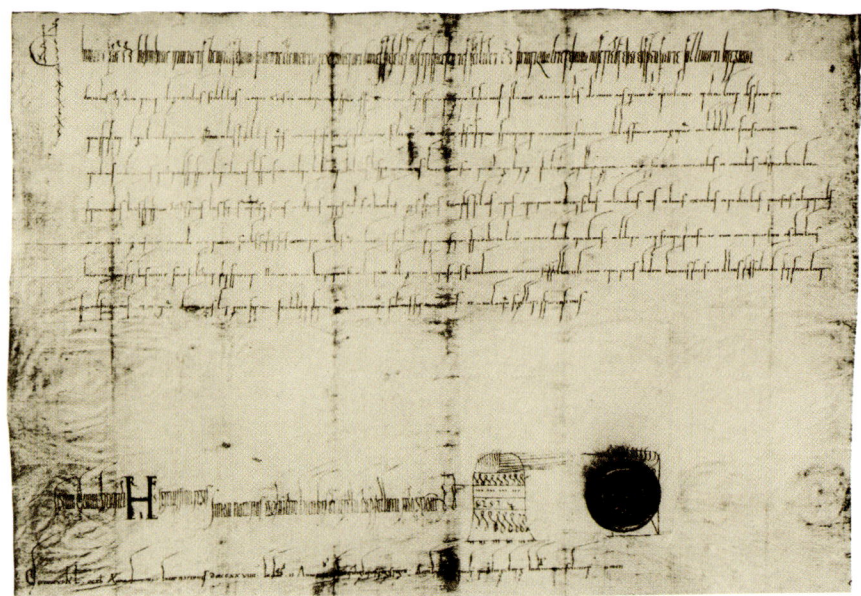

Gründungsurkunde des Damenstifts
durch Otto I. vom 13. September 936

Mathilde verbringt die ersten Jahrzehnte ihres Lebens fast ausschließlich in Quedlinburg. An dem Ort, den ihr Großvater Heinrich I. zum heiligen Ort der Ottonen formt, aufgewertet mit wertvollen Kunstschätzen und kostbaren Reliquien. Dort will König Heinrich I. auch begraben werden. Als er im Jahre 936 stirbt, wird sein Wunsch erfüllt: Die Kirche auf dem Burgberg in Quedlinburg wird zum Königsgrab. Neben dem König lässt sich 968 auch seine Frau bestatten. Mathildes Großmutter ruht bis heute in einem Sarkophag in Quedlinburg. Im Gegensatz zu Heinrich I. – seine Gebeine gelten als verschollen. In den kommenden Jahrhunderten wächst über dem Sarg des Königs eine prachtvolle Stiftskirche.

Als Mathildes Vater Otto der Große seinem Vater auf den Thron folgt, gründet er 936 das Damenstift auf dem Burgberg. Er schenkt dem Stift Ländereien und stellt es unter den Schutz der Könige. Im Gegenzug gibt er den frommen Damen einen Auftrag: Sie sollen für das Seelenheil der Königsfamilie beten. Damit wird Quedlinburg zum Ort der Erinnerung an die Ottonen. Und Mathilde kommt gehorsam dem Auftrag ihres Vaters nach, mithilfe des Totenbuchs der Familie. Wie in einem Kalender werden darin Todesdaten von Verwandten oder Personen, die den Ottonen nahestehen, aufbewahrt. In der täglichen Messe lesen die Frauen aus dem Totenbuch, erinnern sich an die notierten Verstorbenen und beten für deren Seelenheil. Denn am Tag des Jüngsten Gerichts werden die Menschen mit Christus wiederauferstehen und das ewige Heil erlangen. Und damit die Verstorbenen zusammen mit den Lebenden an der Erlösung teilhaben können, muss das Gedächtnis der Ahnen bewahrt werden.

Der Damenstift Quedlinburg – ein Ort der Spannungen

Neben der Kirche befinden sich die Gebäude des Damenstifts. Dicht nebeneinander liegen die Privatgemächer für die Äbtissin und andere Stiftsfrauen, die Schulzimmer, Vorratsräume und eine Küche. Im Vergleich zu den dörflichen Ansiedlungen mit Hütten aus Lehm und Holz unterhalb des Berges ist das Damenstift ein privilegierter Ort: Für frisches Wasser auf dem Berg sorgt im Innenhof ein dreißig Meter tiefer Brunnen. Und verderbliche Lebensmittel werden in gemauerten Kellerräumen gelagert, in denen das ganze Jahr lang die Temperatur niedrig bleibt. Aber auf dem Stiftsberg in Quedlinburg leben auch nur privilegierte Frauen. Nur wer aus einer der reichsten und mächtigsten Familien des Landes stammt, wird aufgenommen. Immerhin leitet eine Königstochter die Gemeinschaft. Mathilde ist als Äbtissin eine Nonne – aber ein Stift ist kein Kloster.

In einem Stift leben Frauen in einer religiösen Gemeinschaft, für die meisten ist es jedoch nur ein Aufenthalt auf Zeit. Ältere Witwen verbringen hier ihren Lebensabend mit Gebeten und dem Gedenken an Verstorbene. Aber vor allem sind hier junge Mädchen untergebracht, die unterrichtet und erzogen werden, bis sie heiraten. Gerade für die jungen Frauen bringt ein Leben in einem solchen Stift Spannungen mit sich, von denen in vielen Quellen berichtet wird: Einerseits sollen die Mädchen ihren Alltag als Nonne verbringen, andererseits bereiten sie sich darauf vor, so schnell wie möglich Ehefrau und Mutter zu werden.

Disziplin und Gehorsam bestimmt den Alltag der Mädchen. Tagsüber haben sie einen dichten Stundenplan mit Latein, der Sprache der Kirche. Sie pauken Grammatik, lernen Gebete und Gesänge. Fortgeschrittene Schülerinnen studieren dann das Evangelium und Heiligenviten. Alle drei Stunden rufen die Glocken zum Gebet. Selbst nachts wird gewacht, gesungen und gebetet. Während ihrer Zeit im Stift müssen alle Frauen Keuschheit und Gehorsam geloben. Aber aus Überliefungen weiß man, dass nicht jede der hohen Töchter zu strikter Abkehr von der Welt bereit ist. Diese jungen Damen gehören zur »Upperclass« des Landes. Und im Gegensatz zu Nonnen sind sie nicht dem Armutsgebot verpflichtet, sondern sie verfügen auch im Stift über ihren persönlichen Besitz. Manche haben sogar Diener und eine eigene Haushaltung. Von der armen Bevölkerung, die derbe Wolle trägt, will sich die reiche Tochter abheben, ihren hohen Stand zeigen. Sie kann sich Kleidung aus feinen Stoffen mit kostbaren Stickereien leisten. Und natürlich Schmuck: Ringe sind bei Männern und Frauen gleichermaßen beliebt. Frauen tragen zusätzlich Ohrringe und Armreifen, die mit Schmucksteinen besetzt sind. Das Tragen von teurem Schmuck oder kostbaren Gewändern ist im Stift zwar nicht erwünscht – es gilt als eitel und lüstern –, aber trotz der Ermahnungen können viele der jungen Frauen dem Luxus und der gewohnten adligen Lebenweise auch im Stift nicht entsagen. Es wird berichtet, dass immer wieder Brautwerber das Stift aufsuchen, um einen Blick auf mögliche Bräute zu werfen. Grund genug, schon mal der Eitelkeit zu verfallen. Das ist das Dilemma eines solches Stiftes: eine religiöse Frauengemeinschaft zu sein, aber gleichzeitig eben auch der Aufenthaltsort heiratsfähiger Töchter des Hochadels – und somit ein zentraler Ort des ottonischen Heiratsmarktes.

Politik im Frühen Mittelalter

Ein Dilemma, dessen Auswirkungen Mathilde im Jahr 998 beim »Brautraub von Quedlinburg« zu spüren bekommt. Die Verfolger der Räuber kehren mit schlechten Nachrichten zurück: Die Entführer sind bereits in Sicherheit und haben die Tore ihrer Burg geschlossen. Werner »wolle sterben oder sich dort behaupten und keinem jemals seine Braut ausliefern«, berichtet der Chronist Thietmar. Damit hat der nächste Akt des Dramas begonnen. Die Burg von Werners Familie zu erstürmen, würde nur Blutvergießen nach sich ziehen. Für Mathilde keine Option. Sie muss nun beide Familien dazu bringen, in irgendeiner Weise einzulenken. Daher bestimmt sie Folgendes: Vertreter beider Familien sollen gemeinsam mit einem neutralen Beobachter zur Burg reiten, wo sich Werner samt Liudgard verschanzt haben. Aber die Vermittler sollen nicht nur mit dem Entführer über eine Lösung verhandeln, sondern auch die geraubte Braut befragen, was sie will. Mathilde handelt hier sehr überlegt, sie benutzt Vermittler, die garantieren, dass der Konflikt nicht unkontrolliert eskaliert. Damit setzt sie ganz bewusst die Traditionen ottonischer Könige fort, auch wenn sie dabei zum ersten Mal eine Frau nach ihrer Meinung fragen lässt.

Schon in jungen Jahren erfährt Mathilde, wie Politik funktioniert. Sie erlebt ihren Vater auf Hoftagen und beobachtet, wie er Konflikte löst. Als Äbtissin muss sie sich nun selbst durchsetzen. Immerhin ist sie nicht nur die geistliche Leiterin eines Stiftes, sondern aufgrund der Schenkungen ihres Vaters auch Großgrundbesitzerin. Sie muss ihre Interessen gegen adlige Nachbarn verteidigen, über das Wohl von Bauern, Rittern und Predigern in ihrem Besitztum entscheiden. Als sie 13 Jahre alt ist, wird ihr eine Art »Handbuch zum Herrschen« geschenkt: die »Res gestae saxonicae«, eine Geschichte der Sachsen, die der Mönch Widukind von Corvey im Jahr 968 beendet hat. Er beschreibt darin die Stammessage der Sachsen, berichtet von Mathildes Großvater Heinrich I. und vor allem von den Taten Ottos des Großen. Dieses Buch ist voller Geschichten über Intrigen, Fehden und Morde – aber eben auch voller Schilderungen von Gesten und Ritualen, um solche Konflikte beizulegen. Wissen, das Mathilde nicht zuletzt bei der Lösung des Brautraubes anwenden kann.

Endlich kehren die Vermittler nach Derenburg zurück. Sie bringen zwiespältige Neuigkeiten: das Mädchen Liudgard ist zwar unverletzt, aber sie will bei Werner bleiben. Das ist keine Lösung. Mathilde beschließt einen weiteren Hoftag diesmal nach Magdeburg einzuberufen und stellt dem Entführer ein Ultimatum: »Der Verlobte soll sich auf dem Hoftag mit seiner Braut einfinden; als Schuldiger erscheinen oder andernfalls das Land verlassen«, so der Chronist Thietmar. Mathilde kann nun nach Quedlinburg zurückkehren.

Quedlinburg – ein Machtort der Ottonen

In den letzten Jahrzehnten hat die Äbtissin das Stift ständig ausgebaut und durch Schenkungen von ihrem Bruder Otto II. und ihrem Neffen Otto III. den Besitz erweitert. Viele der Orte in der Region sind inzwischen ihr unterstellt, unter anderem zahlreiche Dörfer im Harzvorland. Dieses Harzvorland ist gekennzeichnet durch überaus fruchtbaren Boden, der pro Jahr zwei Ernten erlaubt. Die vielen Nahrungsmittel braucht Mathilde auch, um all die Handwerker zu versorgen, die sie nach Quedlinburg holt. Denn die Äbtissin lässt die Stiftskirche erweitern, baut ein dreischiffiges Langhaus. Gleichzeitig wird die Krypta neu gebaut und aufwendig farbig gestaltet. Von Mathildes Dom ist heute nur noch diese Krypta samt der Königsgräber erhalten, der Rest wurde bei einem Brand zerstört.

Die Besitzungen
des Stiftes Quedlinburg

Beinahe gleichzeitig mit dem Ausbau der Stiftskirche lässt Mathilde zur Erinnerung an ihren 968 gestorbenen Bruder Otto II. auf dem Berg gegenüber des Stifts ein Kloster für Benediktinerinnen bauen. Bis 1525 ist das Marienkloster auf dem Münzenberg in Betrieb, im Zuge der Reformationsbewegung wird es aufgegeben. Nur noch wenige Überreste erinnern heute an diese Klosteranlage.

Von Otto III. sichert sich Mathilde im Jahr 994 das Markt-, Münz- und Zollprivileg für Quedlinburg. Das bringt ihr nicht nur mehr Einnahmen, es macht den Marktplatz unterhalb des Stiftsbergs auch für andere attraktiv. Immer mehr Handwerker siedeln sich an, Händler ziehen in den Ort. Das Marktrecht ist der Startschuss für das Aufblühen Quedlinburgs: Aus den wenigen Hütten entwickelt sich dank Mathildes Interessenpolitik eine aufstrebende Stadt.

47

Das Grab Mathildes –
die helle Platte im Vordergrund –
in der Krypta der Quedlinburger
Stiftskirche

Das Ende des Brautraubs

Auf dem Hoftag im Magdeburg will Mathilde im Januar 999 den Konflikt um
den Brautraub endgültig beenden. Ähnlich einer Staatszeremonie heutiger
Tage ist auch die Beilegung eines Konfliktes durch ein Ritual damals eine
Inszenierung. Nichts geschieht spontan; jedes Wort, jede Bewegung wurde
vorher geplant und fest versprochen. Und so erscheinen Werner und mit ihm
seine Helfer mit nackten Füßen und im Büßerhemd. Werner ergibt sich auf
Gnade und Ungnade und legt sein Schicksal in die Hände Mathildes. Das ist
eine eindeutige, öffentliche Demonstration völliger Unterwerfung. Mathilde
weiß, was im letzten Akt des Dramas von ihr erwartet wird: Sie muss das
Publikum um Rat fragen. Auch das gehört zur Inszenierung. Einige Adlige
sprechen sich für Werner und seine Helfer aus, erbitten Mathildes Gnade.

Und Mathilde gewährt sie. Damit zeigt die Stellvertreterin des Kaisers in aller Öffentlichkeit ihre Machtfülle. Aber auch, dass sie es versteht, diese Macht mit Milde auszuüben – nach angemessener Genugtuung für die erlittene Schmach. Und die geraubte Braut? Auch die hat Werner nach Magdeburg mitgebracht. Liudgard wird nun in die Obhut Mathildes zurückgegeben. So endet der Brautraub ohne Blutvergießen. Die Ordnung ist wiederhergestellt. In einer Zeit, in der es keine Polizei oder Gefängnisse gibt, greifen die Könige oft auf diese Art Konfliktbeilegung zurück. Allerdings wird das Ritual hier zum ersten Mal bei einem Brautraub angewendet.

Mathilde hat sich bei der Lösung des »Brautraubs von Quedlinburg« auf der ganzen Linie als ottonische Herrscherin bewährt. Demnach zeichnen die mittelalterlichen Quellen zu Recht ein Bild von einer außergewöhnlichen Frau ihrer Zeit. Schon die Zeitgenossen erkannten Mathildes politisches Talent und schätzten es. Die Chronisten loben weniger die fromme Äbtissin als die geschickte Herrscherin: Mathilde hat den Frieden in den Vordergrund gestellt und damit erreicht, dass im zerstrittenen Sachsen jener Zeit auch während der Abwesenheit des Königs schwere Konflikte nicht eskaliert sind.

Drei Jahre nach dem Hoftag in Magdeburg stirbt der Vater von Liudgard unter ungeklärten Umständen. Damit ist der Weg frei für die beiden jungen Leute. Im Januar 1003 verlässt Liudgard endgültig das Stift in Quedlinburg, um Werner zu heiraten. Ob die spätere Heirat bereits zu den Absprachen zwischen Mathilde und den beiden Familien gehört, ist nicht bekannt.

Die Hochzeit der beiden erlebt Mathilde nicht mehr. Nur wenige Tage nach dem Hoftag in Magdeburg stirbt die Äbtissin mit 44 Jahren nach einem Fieber im Februar 999 in Quedlinburg. Begraben wird sie in der Krypta der Stiftskirche – zu den Häuptern ihrer Großeltern. Der Sarg ist im Boden eingelassen. In der Inschrift auf ihrem Sarg lässt ihr Neffe Otto III. Mathilde als »matricia« über Sachsen bezeichnen – ein hoher Ehrentitel, abgeleitet vom römischen Patricius, der noch nie zuvor einer Frau verliehen wurde.

» *Mathilde habe »nicht mit weiblichem Leichtsinn regiert, sondern mit dem diplomatischen Talent des Großvaters und Vaters, im besten Einvernehmen mit den weltlichen und geistigen Großen.* «
Aus den Quedlinburger Annalen

Zeittafel

955 Geburt Mathildes. Weder ihr genauer Geburtsort noch ihr exakter Geburtstag sind bekannt. Die einzige Tochter Ottos des Großen aus dessen Ehe mit Adelheid von Burgund wird nach ihrer Großmutter, der Königin Mathilde, genannt. Im gleichen Jahr wird auch ihr Bruder Otto geboren, der spätere Otto II.

966 Als 11-Jährige wird Mathilde in Gegenwart der kaiserlichen Familie und zahlreicher Großen des Reiches von allen Erzbischöfen und Bischöfen zur ersten Äbtissin des Damenstifts von Quedlinburg geweiht.

968 14. März: Königin Mathilde stirbt in Quedlinburg. Kurz vor ihrem Tod übergibt sie ihrer Enkelin das Nekrolog (Totenverzeichnis) der Familie. Wie in einem Kalender sind dort die Todesdaten von Personen aufbewahrt, die der ottonischen Familie nahestehen. Damit wird Mathilde zur Hüterin der familiären Erinnerung.

968 Widukind von Corvey, der sächsische Geschichtsschreiber, stellt seine »Res gestae Saxonicae«, eine Sachsengeschichte, fertig. In drei Bänden beschreibt er die Stammessage der Sachsen, überliefert die Taten von Heinrich I. und berichtet vor allem von Otto I. Jeder Band hat eine Vorrede, die zugleich Widmungsschreiben für Äbtissin Mathilde ist. Widukind preist die Weisheit der jungen Äbtissin, nennt sie »des Kaiserhauses ausgezeichnetes Juwel, Gebieterin von ganz Europa«.

973 7. Mai: Tod Ottos des Großen in Memleben

978 Als sich das zunächst gute Verhältnis zwischen der Kaiserin-Mutter Adelheid und ihrem Sohn Otto II. verschlechtert, verlässt Adelheid Deutschland in Richtung Burgund. Mathilde begleitet ihre Mutter und verlässt Sachsen.

983 Dezember: Mathildes Bruder Otto II. stirbt im Alter von 28 Jahren in Rom, sein dreijähriger Sohn wird zum König Otto III. gekrönt.

984 Der bayerische Zweig der ottonischen Familie will die Königskrone an sich reißen. Der bayerische Herzog Heinrich nimmt Otto III. in seine Gewalt und beruft zu Ostern einen Reichstag in Quedlinburg ein. Er muss die Vormundschaft über den unmündigen König aber an dessen Mutter Theophanu abtreten, die gemeinsam mit ihrer Schwiegermutter Adelheid die Regentinnenschaft übernimmt. Mathilde kehrt gemeinsam mit den Kaiserinnen nach Deutschland zurück, wo den drei Frauen der kleine Otto III. übergeben wird.

986 Zum Gedenken an ihren Bruder Otto II. lässt Mathilde ein Kloster für Benediktinerinnen auf dem Münzenberg gegenüber dem Burgberg bauen. Gleichzeitig wird die Stiftskirche erweitert. Die Servatius-Kirche erhält ein dreischiffiges Langhaus (997 geweiht) sowie Neubauten von Chor und Krypta.

991 Nach dem Tode der Kaiserin Theophanu erhält Adelheid die Vormundschaft über den jungen König. Mathilde tritt politisch in den Hintergrund.

994 Bald nach Antritt der Alleinherrschaft Ottos III. sichert Mathilde Quedlinburg ein umfassendes Markt-, Münz- und Zollprivileg – der Beginn für die Entwicklung Quedlinburgs als Stadt.

997 Vor seinem zweiten Italienzug bestimmt Kaiser Otto III. seine Tante Mathilde zu seiner Stellvertreterin in Sachsen.

998 Mathilde hält sächsische Landtage ab. Als sie auf einem Hoftag in Derenburg weilt, raubt der Marktgrafensohn Werner von Walbeck Liudgard, die Tochter des Markgrafen von Meißen, aus dem Stift Quedlinburg.

999 Ende Januar: Mathilde ruft einen Reichstag in Magdeburg ein. Dabei unterwirft sich Werner mit einem Demutsritual und gibt Liudgard zurück. Mathilde hat damit den Konflikt um den Brautraub unblutig gelöst.

999 Anfang Februar: Mathilde stirbt nach kurzer fieberhafter Erkrankung in Quedlinburg. Nach ihrem Tod wird sie in der Stiftskirche beigesetzt. Ihr noch erhaltener Sarg weist einen ungewöhnlichen Grabtitel auf: Otto III. lässt seine Tante »matricia« nennen.

Angelika Nguyen

Der Tannhäuser
Rebell des Minnesangs

Thüringen, Sommer 1226: Erhaben und weithin sichtbar für Untertanen wie auch Feinde steht die Wartburg bei Eisenach, einer der Landgrafensitze von Thüringen. Vor 150 Jahren erbaut, ruht sie auch an diesem Vormittag majestätisch in der Ferne – eine Festung von Ludwig IV., uneinnehmbar. Auf sie zu reitet ein junger Mann, ganz in Blau gekleidet, mit lockigem, modisch langem Blondhaar. Ein zweites Pferd mit dem Knappen hat er dabei und ein drittes als Packpferd mit Rüstung und Proviant. Sein Schwert und die Laute auf seinem Rücken weisen ihn als einen fahrenden Rittersänger aus. Der junge Mann nennt sich der Tannhäuser. Als Minnesänger wird er gerade bekannt im Land. Seine Lieder sind skandalumwittert, denn er besingt nicht nur das Ideal der keuschen Liebe – den bedingungslosen Frauendienst der Hohen Minne –, sondern lobpreist ganz offenherzig auch die erotischen Reize der Angebeteten.

Der Reiter hält an und betrachtet abschätzend die imposante Burg, die da in der Ferne auf ihn wartet. Er ist einer von vielen Sängern, die zu einem großen Fest eingeladen sind, um ihre Kunst zu zeigen. Auch sein Kollege, der berühmte Altmeister Walther von der Vogelweide, wird kommen. Der Tannhäuser schiebt sich die Laute zurecht und reitet weiter.

So könnte es sich zugetragen haben im Sommer 1226 – aber auch ganz anders. Wenn wir uns heute ein Bild vom Leben der Minnesänger machen wollen, sind wir auf eine lebhafte Phantasie angewiesen. Bis auf wenige urkundlich verbürgte Daten und die in mittelalterlichen Handschriften überlieferten Lieder wissen wir kaum etwas über die fahrenden Dichter. So auch im Falle des Tannhäuser: Die geschichtliche Person ist längst hinter Sagen und Mythen verschwunden. Was wir mit Sicherheit wissen, lässt sich in wenigen Zeilen zusammenfassen: Das Gewand, das er auf dem ihm zugeordneten Bild in der Großen Heidelberger Liederhandschrift – dem prachtvollen

> *Auf, auf, Mädchen, genießt das Leben! Weil uns Gott den Leib gegeben hat, so werden wir singen und fröhlich tanzen.* «
> *Der Tannhäuser: Für uns kommt eine freudenreiche Zeit*

Der Tannhäuser,
Miniatur im »Codex Manesse«,
erste Hälfte 14. Jahrhundert

Walther von der Vogelweide
Miniatur im »Codex Manesse«,
erste Hälfte 14. Jahrhundert

»Codex Manesse« – trägt, weist ihn als Angehörigen des Deutschritterordens aus. Angenommen wird seine Herkunft aus dem Nürnberger Raum. Von den sicher zahlreichen Liedern, die er als Berufsdichter verfasste, sind nur wenige überliefert. Das wichtigste ist das Bußlied »Der tanvser« – denn mit großer Wahrscheinlichkeit bildet es den Ausgangspunkt der Tannhäuser-Saga. Viel mehr kann nicht gesagt werden. Und da uns die schlichten Fakten nicht weiterbringen, bleibt uns, um ihm näherzukommen, nichts übrig, als seinen Werdegang und seine Begegnungen mit anderen Minnesängern zu imaginieren:

Ein Ritter aus Franken

Geboren um 1200 in Franken, erhält er ab dem siebten Lebensjahr bei Hofe seine ritterliche Ausbildung. Dazu gehören Schwertkampf, Reiten, Bogenschießen, Schwimmen. Mit der Schwertleite wird er in den Kreis der erwachsenen Männer aufgenommen – da ist er um die 20 Jahre alt.

In den Krieg ziehen will der Tannhäuser nicht unbedingt. Denn ein anderes, viel größeres Talent bricht sich bei dem jungen Ritter Bahn: Er kann mit Sprache umgehen, fängt an zu dichten. Und was er da dichtet! Unverblümt sinnlich feiert er in seinen Liedern die Schönheit nackter Frauenkörper. Er billigt dem werbenden Mann und der begehrten Frau auch sexuelle Erfüllung zu und beschreibt explizit wie kaum ein anderer, was die Liebenden fühlen. Das erotische Minnelied wird Markenzeichen des Tannhäuser.

Für seinen Lebensunterhalt ist der Wanderer auf die Gaben und Gunstbeweise der Herrscher angewiesen. Ein standesgemäßes Ritterleben ist nicht billig. Drei Pferde zu haben ist eine Frage der Ehre, allein ein Schlachtpferd kostet 30 Schweine. Die bis zu 30 kg schwere Rüstung mit Kettenhemd, Helm und Schwert ist ein Vermögen wert. Und dann ist da noch der Unterhalt für den Knappen.

Der Dichter singt nicht nur über Frauen in seinen Liedern, sondern auch über sich und seine Armut. Wie Walther von der Vogelweide zählt der Tannhäuser zu denen, die sowohl im Minnesang als auch in der Spruchdichtung zu Hause sind. Und dazu gehört die Fürstenschelte: »Die Herren teilen's unter sich«, klagt er, »da gaffen wir, die Armen; / Während wir jammervoll zuschauen, füllt man ihnen die Taschen.«

Der Tannhäuser beklagt nicht nur die Verhältnisse. Er durchbricht auch die Rollenverteilung in der »Hohen Minne« und erfindet in Anlehnung an die traditionelle Fürstenschelte eine neue Gattung: die Damenschelte. In dem

Lied »Beständiger Dienst, der tut gut« parodiert der Tannhäuser die Wünsche der hochmütig fordernden Dame, kritisiert die rituelle Ergebenheit des Ritters und gibt dem devoten Untergebenen seine Würde zurück. So heißt es da: »Eines hat sie von mir gefordert, / nämlich dass ich ihr die Rhone umleite / aus der Provence hin in das Land / um Nürnberg: dann könnte ich Erfolg haben (…) Sie sehnt sich schmerzlich nach der Arche, / die Noah beschlossen hat. / Heia hei / brächte ich die, wie lieb ich ihr dann wäre! …«

Des Dichters spöttischer Ton und seine kritische Haltung sind mit einigem Risiko verbunden. Wenn er seine Herrschaft mit solchen Liedern verärgert, sind Gunst und Unterkunft in Gefahr.

Streit um die richtigen Verse

Ob sich der Tannhäuser, Walther von der Vogelweide und Neidhart von Reuental, der andere »Skandaldichter«, jemals tatsächlich begegnet sind? Wir wissen es nicht. Eine spannende Konstellation aber ist es in jedem Fall. Wie würden sie zueinander stehen? Was würden sie über die Dichtung des anderen denken? Und wie wäre so ein Aufeinandertreffen wohl abgelaufen? Folgen wir unserer Imagination:

An den Texten des Tannhäuser scheiden sich die Geister. Gut vorstellbar, dass Neidhart von Reuental seine Lieder mag. Der Landgraf, die Landgräfin? Schwer zu sagen. Ziemlich sicher aber ist, dass der berühmte Walther von der Vogelweide, Jahrgang 1170, sie nicht mag. An den verschiedenen Höfen hat man wohl voneinander gehört, sich auch schon mal gesehen. Der alternde Walther mag den neuen Minnesang eines Neidhart und auch eines Tannhäuser nicht.

Der Tannhäuser dagegen ist in einer Zeit aufgewachsen, in der Walther sich großen dichterischen Ruhm erwarb. Aber nach seinem Geschmack geht der Alte nicht weit genug. Da ist ihm Neidhart, immerhin zehn Jahre jünger als Walther, schon näher.

Eins von Neidharts deftigen Liedern hat sich der Tannhäuser besonders gut gemerkt: »Beweg nur deinen Hürzelbürzel tüchtig, dann macht der Gimpel-Gempel alles richtig. Hurra! Oh ja! Wer kommt da?« Dass Neidhart solche Texte bei Hofe vorträgt und nicht nur gelitten wird, sondern sogar sehr populär ist, grämt Walther von der Vogelweide. In seinen Minneliedern bleiben die Damen Damen und werden nicht als einfache Frauen dargestellt. Für den Tannhäuser ist das schwer zu verstehen. Sind die gepriesenen Damen

Der Schenk von Limpurg, Miniatur im »Codex Manesse«, erste Hälfte 14. Jahrhundert

des Hofes etwa weniger Frau als die Schäferinnen, die lüstern in den Hirten-
liedern besungen werden? Und hatte Walther nicht einst selbst gegen die
»Hohe Minne« aufbegehrt, der Lobpreisung Sinnlichkeit verliehen und sie
dem Reich des bloß Geistigen entrissen? Aber er ist eben älter geworden, der
Walther. Wird man so, wenn man alt wird? So fromm und gottesfürchtig?

Das Fest auf der Wartburg

Der junge Landgraf Ludwig IV. ist stolz: Vor kurzem hat er vom Staufen-
Kaiser Friedrich II. die Eventualbelehnung mit der Markgrafenschaft Meißen
erlangt. Als Gegenleistung wird Ludwig dem Kaiser bei dessen bevorstehen-
dem Kreuzzug beistehen. Doch nicht nur wirtschaftliche, sondern auch reli-
giöse Gründe lassen ihn in dieses Geschäft einwilligen – schließlich ist die
Vertreibung der Muslime aus dem Heiligen Land Gottes Wille, und eine
Teilnahme am Kreuzzug bietet Gelegenheit, für begangene Sünden zu büßen.
Zunächst jedoch soll drei Tage lang gefeiert werden.

Ludwigs Vasallen waren über Tage und Wochen damit beschäftigt, all die
Lebensmittel von den Höfen herschaffen und verarbeiten zu lassen. Auf dem
exklusiven Speiseplan stehen feinstes Geflügel wie Fasane, Reiher, Kraniche,
abwechselnd mit Wildschwein, Lamm, Rind. Dazu viel Obst und gute Sorten
Wein. (So appetitlich das klingen mag – für heutige Gourmetgaumen wäre
das meiste in der damaligen Zubereitung wohl ungenießbar.)

Dass Ludwig für diese Veranstaltungen keine Kosten scheut, dafür ist er
bekannt. Er hält an ihnen fest, obwohl er weiß, dass Elisabeth solche Feste
nicht mag. Sie hält sie für gewissenlose Verschwendung und würde das Geld
lieber an die Armen verteilen. Es gab Streit deswegen. Aber all das spielt jetzt
keine Rolle, Ludwig ist glücklich. Mit gerade 26 Jahren hat er eine schöne und
kluge Frau gewonnen, die ihm drei gesunde Kinder geboren hat. Auch politisch befindet er sich auf dem Höhepunkt seiner Macht. Er steht in der Gunst
des Kaisers und konnte seinen Machtbereich beständig ausbauen. Jetzt hat
sich Ludwig die Chance auf Meißen gesichert, streckt er den Arm nach Osten
aus. Wenn das kein Fest wert ist, was dann?

Zu seinen hunderten Gästen zählen auch die fahrenden Sängerdichter. Er
ist ihnen zwar nicht so herzlich zugetan wie sein seliger Vater Hermann I.,
der sie als Mäzen großzügig unterstützte, aber unterhaltsam findet Ludwig
sie allemal. Ihre Gesänge, insbesondere die Minnelieder, verbreiten immer
gute Stimmung am Hof. Ritterspiele sind natürlich ebenfalls geplant, zudem
Gesang, Tanz, Spiele, reichlich zu essen und zu trinken.

Die Wartburg bei Eisenach

Der Tannhäuser freut sich auf das ungewohnt gute Essen, saubere Wäsche und ein sicheres Nachtlager, auf ein Heim für ein paar Tage. Zwar geht es ihm gerade recht gut, immerhin ist Unterhalt für die drei Pferde und den Knappen da. Aber auch hier bei Ludwigs Fest auf der Wartburg gilt es für den Tannhäuser in erster Linie, sich ins Zeug zu legen, um ein Stück Zukunft zu sichern. Gut wäre es, mal an einem Hof bleiben zu können.

Ankunft auf der Wartburg:
Der Tannhäuser und Walther von der Vogelweide

Nun ist also der Moment gekommen: Er wird den Alten treffen. Die 50 wird er schon überschritten haben. Bei Hofe hat Walther von der Vogelweide einen festen Stand. Die Gunst des Landgrafen ist dem Etablierten sicher. Das sieht der Tannhäuser gleich, als er vom Pferd steigt. Walther steht mit Ludwig und Elisabeth zusammen, plaudert und scherzt. Zum Tannhäuser sieht er nur kurz herüber.

Den Tannhäuser schüchtert das nicht ein. Er hat den Vorteil der Jugend, ist unbekümmert und frei von Selbstzweifeln. Schade, der aufmüpfige Neidhart, des Tannhäuser Verbündeter im Geiste, ist bei diesem Fest nicht dabei. So wird er Walther allein gegenübertreten – und gegen ihn um die Gunst des Publikums buhlen.

Da kommt die Landgräfin über den Hof auf ihn, den Tannhäuser, zu. Er geht auf die Knie, küsst ihr die Hand. Elisabeth begrüßt ihn freundlich, ihre besondere Aura entgeht ihm nicht. Der Tannhäuser sieht ihr nach. Auch die Landgräfin ist eine Frau. Der Landgraf könnte Anstoß nehmen, wenn der Tannhäuser in Elisabeths Gegenwart allzu erotische Texte vorträgt. Und von Ludwigs Gunst hängt für ihn alles ab: Anerkennung, ein Dach über dem Kopf, Speis und Trank. Aber muss er sich wirklich Sorgen machen? Seine Lieder sind, wo immer er sie zum Besten gegeben hat, gut angekommen, auch wenn es hin und wieder Ärger gab. Die Leute bei Hofe schmunzeln, verstehen des Tannhäuser Spott auf die »Hohe Minne«, die auch ihnen manchmal zu wirklichkeitsfern, zu vergeistigt scheint. Trotzdem wird er nachher auf einem schmalen Grat wandern. Einerseits gilt es, den eigenen Künstlerstolz zu bewahren, die Leute gut zu unterhalten und Beifall zu bekommen, andererseits will er sich die Gunst des Herrn nicht verscherzen.

Altmeister Walther von der Vogelweide hat es leichter. Sein neues Genre ist die Altersklage. Darin rühmt er die Jungfrau Maria als keusche Geliebte und entsagt der Fleischeslust. Er pocht auf den Standesunterschied zwischen Damen und Frauen. Für den Tannhäuser sind sie alle eins: Frauen aus Fleisch und Blut.

Walther ist müde von der langen Reise – und von seinem langen Leben. Freilich hat er ausgesorgt. Durch sein Lehen hat er sein gutes, stabiles Einkommen. Gelassen sieht er dem kommenden Sängerwettstreit entgegen. Für den Jungen dagegen steht mehr auf dem Spiel: Geht es bei ihm doch auch darum, wovon er künftig lebt: als Ritter, den der Krieg Gesundheit und das Leben kosten kann, oder als Minnesänger, der sein Künstlertum auslebt.

Dennoch: Vorhin, als Walther den jungen Tannhäuser ankommen sah, erinnerte er sich, wie er selbst einmal jung gewesen war und gegen die »Hohe Minne« aufbegehrt hatte. Damals galt ihm das echte Liebesglück mehr als die Anbetung aus der Ferne. Auch die Nacktheit hatte Walther einst in die Texte geholt, das war unerhört. Nur galant will er es, gern auch humorvoll. Sein eigener Frauenpreis »Die wunderbar geschaffne Frau« schildert, wie ein edler Ritter der Schönen beim Bade zusieht. Wie keck hatte er aufbegehrt, gegen den Alten damals, den entsagungsvollen Reinmar.

Jetzt ist Walther selbst der Alte.

Ruhig ist er geworden und melancholisch. Gern beklagt er das Alter und am besten gleich die ganze Welt. Vor allem aber die Jugend von heute. Der Tannhäuser ähnelt in gewisser Weise dem frechen Neidhart von Reuental.

»Der Sängerkrieg«,
Miniatur im »Codex Manesse«,
oben: die Landgräfin und der Landgraf,
unten: die Sänger Walther von der Vogelweide, Wolfram von Eschenbach, Reinmar
der Alte, der Tugendhafte Schreiber,
Heinrich von Ofterdingen, Klingsor von
Ungarland

Die »Hofzucht« des Tannhäuser,
eine Liste mit Benimmregeln bei Hofe,
aus einer Sammelhandschrift
aus dem 14. Jahrhundert

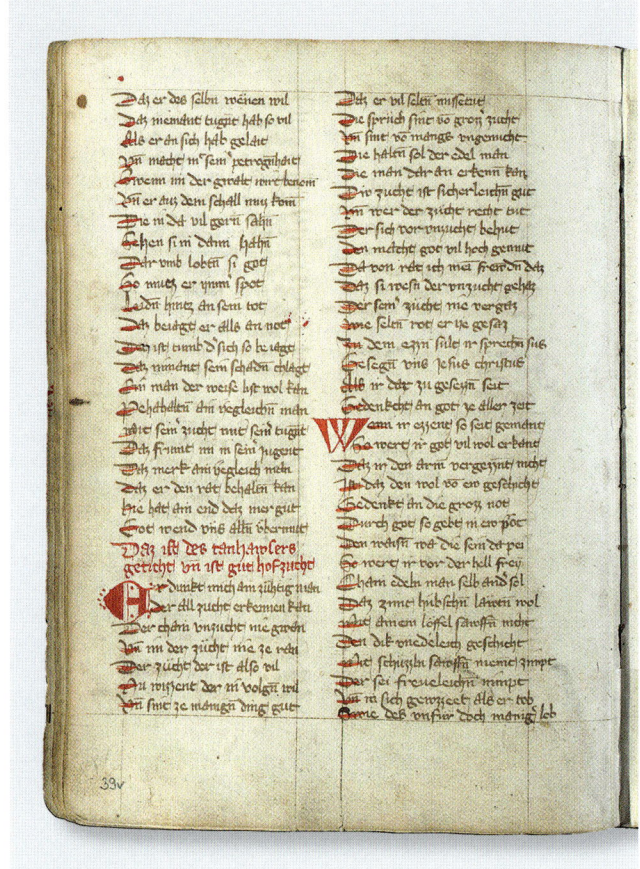

Walther will den Jungen etwas von seiner Lebenserfahrung mit auf den Weg
geben. In einem neuen Lied hat er gerade erst gebeten: »Welt, folg der alten
weisen Tugend! / Du richtest Dich noch zu Schand', / Buhlst Du mit törichter
Jugend! / Lass die alten Ehren / bitte wiederkehren / und an Deinem Hofe
wieder lehren!«

Wie jämmerlich die jungen Leute tun! Was gelten ihnen die Werte von
einst? Gerade mit Neidhart hatte Walther öfter Auseinandersetzung darüber,
wie Minnedichtung zu sein hat. Der Tannhäuser ist nicht besser. Seine Lieder
sind geradezu obszön.

Wie respektlos die beiden zu den Damen sind. Sie können es nicht hitzig
genug haben in ihren Liedern. Aber das Ganze kommt ohne Lieb daher. Dem
kann er, Walther, immer noch seine gute Minne entgegensetzen.

60

Das Duell

Die festliche Mahlzeit bei Hofe geht zu Ende. Der Landgraf Ludwig ist zufrieden. Er weiß: Durch Großzügigkeit verpflichtet man die Gäste. Gern hat er den Hof voll mit Leuten, denn das demonstriert, was sein Haushalt leisten kann. Die Größe eines solchen Festes zeigt die Macht des Herrn.

Jetzt ist man satt und gelöst. Die Stimmung ist gut. Die Gäste freuen sich auf den Auftritt der Minnesänger, den Höhepunkt dieses Nachmittags.

Von der Anspannung der beiden Rivalen merken sie wenig. Die Sängerdichter wissen, dass es heute um mehr geht als nur darum, die Gäste zu unterhalten. Hier treffen zwei Arten von Künstler aufeinander und zwei Generationen: der Arrivierte gegen den noch Hungrigen, Tradition gegen Rebellion.

Zuerst ist Walther von der Vogelweide dran mit seinem Maienlied »Herrin, nehmt mir meine Sorgen / Für mein Altenteil, / Sonst muss ich mir Freude borgen, / Für Eu'r Seelenheil. / Schaut Euch um, seht ein: / Heut ist draußen die gemeine / Welt voll Freude, doch nicht eine / Freud' davon ist mein!« Ein schönes Lied. Melancholisch. Dem Landgrafen gefällt es. Das Publikum applaudiert.

Dann ist der Tannhäuser dran.

Landgräfin Elisabeth hat dem jungen Dichter zuvor ins Gewissen geredet und ihn gewarnt, gegen christliche Gebote anzusingen. Es gab schon Fälle, in denen Sänger für ihre Texte einen Kopf kürzer gemacht wurden. Elisabeth zweifelt nicht daran, dass der Tannhäuser sich durchaus zu benehmen weiß. Davon zeugen seine leiseren Lieder und eine von ihm verfasste Liste mit Benimmregeln bei Hofe. Hofft sie, dass er sich heute gut benimmt?

Der Tannhäuser nimmt die Laute und steht zum Vortrag auf. Er sieht den braven Walther an, der seinen Blick nicht erwidert, er sieht den Landgrafen, die Landgräfin und das Publikum, das gespannt wartet. Da lässt der Tannhäuser alle Bedenken fahren. Ach zum Teufel damit! Er ist schließlich hier, um die Leute zu unterhalten.

Jetzt singt er: »Ich preise eine Frau« und bleibt anfangs noch sehr konventionell, vergleicht die Angebetete wahlweise mit Helena, Isolde, Blanscheflur, aber auch mit keiner Geringeren als der römischen Liebesgöttin Venus. Das erzählt sich gut. Das klingt artig. Dann jedoch, ganz plötzlich, wird das Lied von einer Zeile zur anderen ganz frivol und direkt. Auf dem Weg von den Beinen über den Po kommt der Tannhäuser unversehens zum intimsten Körperteil der Frau: »Braungelockt ist ihr Kleines – Ihr wisst schon, was ich meine.«

Der Sängerkrieg auf der Wartburg,
Fresko von Moritz von Schwind,
im »Sängersaal« der Wartburg, 1855

Der letzte Ton der Laute. Stille. Dann brandet Beifall auf. Der Tannhäuser lächelt. Er hat sein Publikum überzeugt.

Walther spürt, dass der andere besser ankommt. »Oh weh, wie kläglich betragen sich die jungen Leute« …

Ein Jahr nach diesem Fest, im Juni 1227, startet Kaiser Friedrich II. seinen Kreuzzug, und wie versprochen zieht der Landgraf von Thüringen mit ihm. Er verabschiedet sich von seiner Elisabeth, für eine überschaubare Zeit, wie er denkt. Von Creuzburg aus bricht Ludwig IV. mit seinem Heer auf, um sich in Süditalien den kaiserlichen Truppen anzuschließen, doch er stirbt noch vor der Seereise nach Jerusalem in Otranto an einem Fieber.

Auch sein Gefolgsmann, der Tannhäuser, ist mit auf diesem Kreuzzug. Doch er entkommt der Krankheit. Der Sänger ist nun kein Sänger mehr, sondern ein echter Krieger. Aber es hält ihn nicht lange. Nach nur zwei Tagen Jerusalem verlässt er die Heilige Stadt wieder auf dem Seeweg. Auf dem Rückweg sinkt das Schiff mit dem Tannhäuser – vor dem Strand von Kreta. Der Dichter verarbeitet das Seeunglück später in einem Lied und interpretiert es als Wink des Schicksals.

Statt den Kreuzzug als christliche Mission zu preisen und die Grausamkeit des Krieges zu verbrämen, wie es üblich war, schildert der Tannhäuser Entbehrungen, Sinnverlust und Schmerz der Kreuzfahrer. »Wo litt ein Mensch je so große Not / wie ich durch enttäuschte Zuversicht?«, fragt der Dichter. »Die Steuerruder zerbrachen mir / jetzt habt Acht, wie mir zumute war! Die Segel zerfetzten, sie flogen aufs Meer.« Die realistische Haltung, die den Tannhäuser schon als Minnesänger auszeichnete, zeigt sich auch in der poetischen Beschreibung des Kreuzzugs von 1227.

Später fand der Tannhäuser wie Walther von der Vogelweide und Neidhart von Reuental vor ihm am Wiener Hof Herzogs Friedrichs II. von Österreich ein längerfristiges Zuhause. Als der Herzog 1246 starb, verlor er Besitzungen und Unterkunft. In den überlieferten Altersliedern beklagt er seine Armut und den Zustand der Welt. Niemand weiß genau, wann der Tannhäuser starb. Nach 1266 sind keine Dichtungen mehr von ihm überliefert.

Alles nur ein Traum?

So könnte es gewesen sein – aber wohl auch ganz anders. Denn so plastisch und lebendig uns die Geschichte vom Sängerwettstreit auf der Wartburg auch vor Augen steht: Dass sie sich tatsächlich so zugetragen hat, ist eher unwahrscheinlich und lässt sich mit historischen Quellen nicht belegen. Vieles spricht dafür, dass der berühmte Sängerkrieg eine Fiktion ist. Es gab ein solches direktes Aufeinandertreffen der Sänger vielleicht allein in den großen Liederhandschriften des Mittelalters. Das wohl schönste dieser Bücher ist der um 1300 entstandene »Codex Manesse«. Er enthält auch über einhundert Bilder von Dichtern und Rittern. Diese berühmten und vielfach abgebildeten Miniaturen bestimmen unseren Blick auf die Minnesänger bis heute. Und unser Blick auf den Tannhäuser? Der ist vor allem ein Produkt des 19. Jahrhunderts. Entscheidend geprägt wurde er durch die gleichnamige Oper Richard Wagners – auch so ein Rebell. Inspiriert von den Liedern des Tannhäuser führte der Komponist zwei unterschiedliche Traditionen zusammen: die Tannhäusersaga mit der Venusberggeschichte und den Sängerwettstreit auf der Wartburg. Unserer Faszination für diese Geschichte und ihre Helden tut dies freilich keinen Abbruch. Warum sollte es auch?

Zeittafel

Vor 1200 Tannhäuser wird wahrscheinlich im Umfeld des niederen Adels im bayrisch-fränkischen Raum geboren.

1207 Es findet vermutlich ein Sängerwettstreit am Hofe des Thüringer Landgrafen Hermann I. statt, der als Mäzen und Kunstliebhaber den Minnesang förderte.

1217 Tod Hermanns I. Ludwig IV. wird als 17-Jähriger Landgraf von Thüringen und setzt die Territorialpolitik seines Vaters fort.

1220 Krönung Friedrichs II. zum Römischen Kaiser

1221 Hochzeit Ludwigs IV. mit Elisabeth von Ungarn

1224 Die Landgrafenresidenz wird auf die Wartburg verlegt.

1226 Am Fuße der Wartburg wird ein Hospital errichtet, in dem Elisabeth Kranke pflegt.

1227 Aufbruch Ludwigs zum Fünften Kreuzzug. Er stirbt durch eine Fieberseuche noch vor der Seereise.

1228 Erneuter Beginn des Fünften Kreuzzugs, eine Teilnahme Tannhäusers daran ist wahrscheinlich.

1229 März: Tannhäuser zieht mit Kaiser Friedrich II. in Jerusalem ein.

1230 Friedrich II. wird König von Jerusalem.

Tod Walthers von der Vogelweide

ab 1230	Tannhäuser lebt am Wiener Hof und erhält zahlreiche Güter als Schenkung. Er steht – wie seine Vorgänger, die Minnesänger Walther von der Vogelweide und Neidhart von Reuental – in der Gunst des dortigen Herzogs, Friedrichs des Streitbaren.
1231	Tod Elisabeths von Thüringen
1231	Bis 1233: Cyprischer Feldzug, Tannhäuser nimmt eventuell teil, er weilt in Nikosia
1235	Heiligsprechung Elisabeths von Thüringen
1246	Tod Friedrichs des Streitbaren in Wien. Tannhäuser verliert seine Besitzungen und ist wieder fahrender Sänger.
1247	Tannhäuser lebt am Hofe Ottos II. von Bayern, nachweisbar ist auch ein Aufenthalt bei König Konrad IV. in Augsburg.
Ab 1247	Wanderzeit Tannhäusers, vermutlich Aufenthalte am Brandenburgischen Hof und beim Grafen Dietrich von Brehna
Nach 1250	Tannhäuser beklagt seine Armut.
Nach 1266	Vermutlicher Tod Tannhäusers. Es gibt keine Dichtungen mehr von ihm.
1270	Die Tannhäuser-Sage entsteht.

Frank Kutter

Die Brockenhexe
Die Geschichte der Maria Kleinecke

Mitteldeutschland, im September 1619. Angst und Schrecken beherrschen die Region. In vielen Städten sollen Hexen ihr Unwesen treiben, Menschen und Tiere verzaubern. Es herrscht eine Atmosphäre von Angst und Misstrauen. Überall im Land brennen Scheiterhaufen. Vor allem Frauen fallen den erbarmungslosen Hexenjägern zum Opfer. Und es kann jede treffen.

Auch in Groß Salze an der Elbe wurden in den letzten zwei Jahren bereits 15 Frauen als Hexen hingerichtet. Die Stimmung im Ort ist angespannt. Niemand weiß, wen die eifrigen Stadtoberen als nächstes anklagen. Die Leute hier führen ein gottgefälliges Leben. Es sind einfache Menschen, Menschen wie die Schweinemagd Maria Kleinecke und ihr Mann Joachim. Doch auch Maria ist nicht vor einer Anklage sicher. Denn vor zwei Jahren wurde Marias Schwester als Hexe verbrannt. Und enge Verwandte sind schnell selbst verdächtig … Maria Kleineckes Geschichte ist beispielhaft für die damalige Zeit. Ihr Fall lässt sich anhand von Gerichtsakten genau nachvollziehen.

Die Verhaftung der Maria Kleinecke

Am Morgen des 24. September 1619 bricht das Unheil über Maria und Joachim herein. Ahnungslos gehen sie der Hausarbeit nach, noch ist es ein Tag wie jeder andere. Doch dann kommen die Stadtknechte – heute würde man sagen, Vollzugsbeamte des Bürgermeisters. Ihr Auftrag: Maria zu verhaften. Denn auch sie soll eine Hexe sein. Die Stadtknechte bringen Maria in das Rathaus von Groß Salze.

Hier trifft sie auf den Mann, der in den nächsten vier Tagen über ihr Schicksal entscheiden wird: Bürgermeister Ludewig Schneidewind. Wird sie ihn von ihrer Unschuld überzeugen können? Davon hängt nicht weniger als ihr Leben ab. Schneidewind ist ein eifriger Hexenjäger. Während seiner

» *Die Zauberinnen sollen getötet werden, weil sie Diebe sind, Ehebrecher, Räuber, Mörder … Sie schaden mannigfaltig. Also sollen sie getötet werden, nicht allein weil sie schaden, sondern auch, weil sie Umgang mit dem Satan haben.* «
Martin Luther in seiner »Hexenpredigt« vom 6. Mai 1526

Detail der Illustration aus der Flugschrift über die Hexenverbrennung zu Derneburg in der Grafschaft Reinstein (Harz) im Jahr 1555

67

Amtszeit finden besonders viele Hexenprozesse statt, allein zwischen 1616 und 1619 gab es rund 25 Anklagen. Denn ein Prozess zieht den nächsten nach sich, es ist eine Kettenreaktion: Auf die Verhöre der Ratsherren folgen oft weitere Verhaftungen – die gefolterten Frauen bezichtigen in ihrer Not vielfach ihre Nachbarn und Bekannten der Zauberei. Unzählige unschuldige Menschen geraten so ins Fadenkreuz der Hexenjäger. Aus den Akten jener Zeit lässt sich schließen, dass Bürgermeister Schneidewind besonders hart gegen die vermeintlichen Hexen und Zauberer vorgeht. Niemand soll seiner Stadt und ihren Bürgern schaden.

Zu Marias Lebzeiten ist Groß Salze bei Schönebeck ein wohlhabender Ort mit ungefähr 1500 Einwohnern. Im Stadtarchiv Schönebeck lagern noch heute die schriftlichen Spuren des Hexenwahns. Es sind verstaubte Akten, jahrhundertealte Schriftstücke, die im nüchternen Amtsdeutsch jener Zeit das Schicksal von Maria Kleinecke und das vieler anderer Frauen und Männer schildern. Sie geben tiefe Einblicke in die vergiftete Atmosphäre der Stadt, eine Stadt, in der ein Gefühl der Angst geherrscht haben muss.

Ein Streit, viele tote Schweine und zwei Zeugen

Doch warum wurde ausgerechnet die Schweinemagd Maria Kleinecke als Hexe verdächtigt? Helene Dorer, eine Nachbarin, nannte Kleineckes Namen bei ihrer eigenen Befragung. Sie bezeugte, dass sie die Magd auf dem Brocken gesehen habe. Zusammen mit anderen Frauen, die alle Zauberinnen gewesen sein sollen.

Der Brocken – Maria Kleinecke weiß, allein der Vorwurf eines Hexenfluges dorthin kommt einem Todesurteil gleich. Der höchste Berg der Region steht schon lange im Ruf, der Treffpunkt für die Gelage von Hexen und Teufeln zu sein. Beobachtet hat das allerdings noch niemand. Denn zu dieser Zeit wagt sich kaum einer in den undurchdringlichen Wald mit seinen gefährlich wilden Tieren. Ausgerechnet auf dem Gipfel des Brockens soll Maria Kleinecke gewesen sein – ein Berg, der 95 Kilometer von ihrer Heimatstadt Groß Salze entfernt liegt – gute 3 bis 4 Tagesmärsche.

Für Maria Kleinecke sieht es nicht gut aus, denn Helene Dorer ist nicht die einzige Zeugin. Auch die Herrin der Schweinemagd, eine gewisse Orthia Hohoff, hat gegen Kleinecke ausgesagt. Sie bezeugt, dass sich Maria mit der Magd Eva gestritten habe (Abb. 1 zeigt diese Textstelle). Für sich allein genommen, wäre das natürlich noch kein Verdachtsmoment. Doch kurz nach

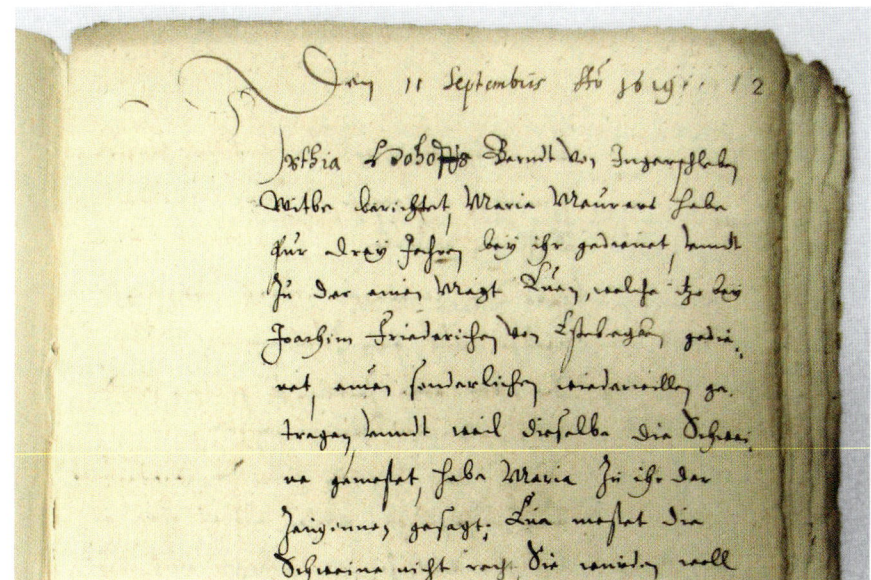

dem Streit habe Maria Kleinecke einigen Schweinen über den Kopf gestreichelt – kurze Zeit später seien diese tot gewesen. Und das, so sind sich die Ratsherren sicher, kann kein Zufall sein. So etwas muss mit dem Teufel zugehen. Hexerei, eindeutig! Was die Herrin von Maria, die Bäuerin Hohoff, dazu getrieben hat, im September 1619 gegen Maria auszusagen, kann man heute nur noch vermuten. Offensichtlich kam es auf dem Hof, auf dem Maria arbeitete, tatsächlich zu einigen Fällen von Schweinesterben. Es sind Dinge wie diese, Vorfälle, die sich die Menschen der damaligen Zeit nicht erklären konnten, die den Glauben an Hexerei und Zauberei nährten. Wenn bei der einen Familie das Vieh im Stall starb oder die Kinder krank wurden und starben, in der anderen Familie nicht, war man sich schnell sicher: Es musste jemand anderes an diesem Unglück schuld sein. Auch schlimme Unwetter und Ernteschäden wurden sofort mit Hexerei in Verbindung gebracht. Maria Kleinecke ist das ideale Opfer: Nicht nur, dass sie auf dem Hof gearbeitet hat, auf dem in kürzester Zeit mehrere Schweine starben – sie stammte auch aus einer Familie, in der es zuvor schon Fälle von Hexerei gegeben hatte: Ihre Schwester wurde einst auch als Hexe angeklagt und starb qualvoll auf dem Scheiterhaufen. Keine guten Voraussetzungen für die Schweinemagd.

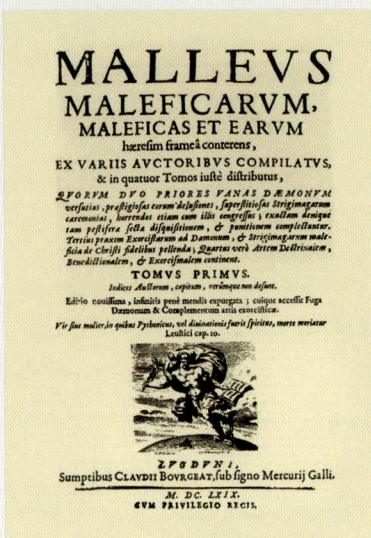

Titelseite des »Malleus maleficarum«,
des »Hexenhammers«, Lyon 1669

Von Zauberern und Hexenjägern

Doch woher stammt der Hexenglauben? Die Wurzeln dafür reichen Jahrhunderte zurück. Dabei ist der Glaube an Hexen und Zauberer nicht immer mit derart negativen Vorstellungen verbunden. Zunächst glaubte man einfach an Frauen und Männer, die mit übernatürlichen Kräften Menschen und Tiere verzaubern können – manchmal mit bösen, manchmal aber auch mit guten Absichten. In einer Phase von religiöser Unsicherheit kommt es dann im 13. Jahrhundert zu ersten Verurteilungen von Ketzern und bösartigen Zauberern. Dabei werden auch Männer angeklagt. Später sind 80 Prozent aller Beschuldigten weiblich. Anfänglich ist es vor allem das einfache Volk, das Jagd auf vermeintliche Hexen macht. Die Frage ist, wie man eine bösartige Zauberin erkennt? Wie kann man unzweifelhaft beweisen, dass jemand mit dem Teufel im Bund ist? In einigen Gegenden Deutschlands soll die sogenannte Wasserprobe Hexen überführen. Ist der oder die Angeklagte der Zauberei mächtig, schwimmen sie oben. Sind sie unschuldig, ertrinken sie – auch wenn sie einen qualvollen Tod sterben, ihre Seelen sind durch die Wasserprobe gerettet.

Dabei kümmert die »Hexenjäger« kaum, dass die Wasserprobe offiziell nicht als Mittel zur Beweisführung anerkannt wird, Geistlichen die Teilnahme daran sogar seit dem 13. Jahrhundert verboten ist. In Rom teilt man zwar den Hexenglauben, doch in Sachen groß angelegter Hexenverfolgung ist der Vatikan im Gegensatz zum Volk und zu den Kirchenoberen in der Provinz eher zurückhaltend. Trotzdem erlässt Papst Innozenz VIII. im 15. Jahrhundert die »Hexenbulle«. Darauf hat ein Mann besonders gewartet: Der übereifrige Hexenjäger und Inquisitor Heinrich Kramer erhält jetzt umfassende Vollmachten im Kampf gegen die Hexen. Kramer ist in ganz Deutschland gefürchtet – bald rühmt er sich, mehr als 200 Hexen überführt zu haben. Heinrich Kramer ist der Verfasser des »Malleus maleficarum«, zu deutsch »Hexenhammer«. Es ist ein Buch mit verhängnisvollen Folgen für Maria Kleinecke und Tausende anderer Frauen. Der »Hexenhammer« ist das erste gedruckte »Handbuch«, das genau beschreibt, was eine Hexe ist und welchen Schaden sie mit ihren magischen Handlungen anrichten kann. Obwohl auf Latein verfasst, verbreiten sich Kramers Vorstellungen bald überall. Nach der Erstauflage 1486/87 wurden ca. 30 weitere Auflagen gedruckt. Ratsbibliotheken, Klosterbibliotheken, städtische Obrigkeiten schafften »Hexenhammer« an, um eine Handhabe für Hexenverfolgungen zu haben. Der »Hexenhammer« entwickelte sich zu einem wahren Bestseller.

Hexerei – ein klar definiertes Verbrechen

Es ist davon auszugehen, dass man auch in Groß Salze den »Hexenhammer« kennt. Bürgermeister Schneidewind zumindest hat keinen Zweifel daran, dass Maria Kleinecke eine Hexe ist – ein Verbrechen, das mit dem Tod auf dem Scheiterhaufen bestraft wird. Schneidewind hält sich streng an Recht und Gesetz, er glaubt an die Gottgefälligkeit seines Handelns, will den Prozess streng nach geltendem Reichsrecht führen. Das schreibt ein intensives Verhör vor, und – wenn nötig – die »Peinliche Befragung« – die Folter. Die muss sich der Bürgermeister beim Schöffengericht in Halle genehmigen lassen. Er hat kaum eine andere Wahl, denn für die Verurteilung braucht er zwingend ein Geständnis – und das gibt es nur in den seltensten Fällen ohne Folter. Als Handbuch für den Prozess dient dem Bürgermeister vor allem der »Neue

Laienspiegel«. Anders als der »Hexenhammer« ist dieses Buch auf Deutsch verfasst. Dem Angeklagten werden im »Laienspiegel« kaum Rechte zugestanden: Schweigen sie zum Beispiel auf eine Frage oder geben sie nicht die erwünschte Antwort, könnten sie verzaubert sein – ein weiteres Indiz für ihre Schuld. Das Buch ist eine Art »Gebrauchsanleitung« für ungeübte Richter: Schritt für Schritt wird die Durchführung eines Prozesses erklärt – von der Verhaftung bis zur Hinrichtung. Der Laienspiegel wird schnell zum einflussreichsten Rechtsbuch der Frühen Neuzeit. Die meisten Amtsleute waren damals keine studierten Juristen – sie richteten sich schlicht nach den Angaben des »Laienspiegels«. Dort stand schwarz auf weiß, wie Zeugenaussagen zu gewichten sind, ob man ein Geständnis braucht zur Verurteilung oder nicht, welche Indizien Anlass für eine Verhaftung geben.

Nach ihrer Befragung wird Maria Kleinecke am gleichen Tag in ein Verlies im Stadtturm gebracht, den sogenannten Hexenturm. In Groß Salze ist er längst zerstört, doch in anderen Städten gibt es noch heute »Hexentürme«, auch Marter- oder Schreckensturm genannt. Aus einem hohen Turm mit kleinen Fenstern, so die Hoffnung damals, können die »Hexen« nicht entkommen, und der Teufel hat keinen Zugriff. Häufig müssen die Frauen Tage oder Wochen ohne Nahrung in dem ungeheizten Verliese ausharren.

Auch Maria Kleinecke muss warten, bis in Halle über den weiteren Verlauf des Prozesses entschieden wird. Sie, die nur wenige Jahre zuvor das Schicksal ihrer Schwester miterlebt hat, muss gewusst haben, was nun auf sie zukommt, wenn eine Genehmigung aus Halle eintrifft. Für sie müssen die Tage des Wartens einem Albtraum geglichen haben – wissend, dass es kaum einen Grund zur Hoffnung gibt. Zwar wurden schon einige Frauen freigesprochen oder »nur« des Landes verwiesen, auch Marias Schwester war zunächst für kurze Zeit freigekommen, schließlich aber wurde sie am Ende doch hingerichtet. Marias einzige Chance auf Freispruch: Sie muss der Befragung standhalten, darf auf keinen Fall gestehen.

Marias einziger Besucher im Hexenturm ist Pfarrer Christian Plochius. Er will ihr Seelenheil retten – auch wenn das ihr Leben kostet. Pfarrer Plochius kennt Maria schon seit Jahren. Wie alle Bürger der Stadt hat sie in der Kirche regelmäßig die Messe besucht. Doch auch der Gottesmann hat sein Urteil bereits gefällt. Für ihn ist Maria »eine Magd des Teufels«. Für ihn zählt nur eins: Er will seine Gemeinde rein halten. Zu dieser Zeit beherrscht die St. Johanniskirche das Stadtbild von Groß Salze. Mit Türmen, die die Erbauer einstmals höher geplant hatten als die des Magdeburger Doms. Auch wenn dies nicht realisiert werden konnte, beim übrigen Bau der Kirche wurde an nichts gespart. Die Bedeutung der Stadt und die Gottgefälligkeit ihrer Bürger sollten für alle sichtbar sein. Im Innenraum in der Nähe des Altars befindet sich die wahrscheinlich älteste Ansicht von Groß Salze aus dem 16. Jahrhundert. Ein Bild mit Symbolkraft. Hier ist der Ort in direkter Nähe zu Städten im Heiligen Land dargestellt. Im Archiv der Kirche findet sich – anders als in den Akten der Stadt – nichts zu den Hexenprozessen, nicht ein einziges Sterbedatum von Menschen, die in Hexenprozessen verurteilt und anschließend hingerichtet wurden. Der Grund: Pfarrer Plochius will sein Kirchenbuch rein halten, will niemanden verzeichnen, der sich von Gott abgewandt und dem Teufel zugewandt hat.

Doch wer nicht in den Büchern der Kirche verzeichnet ist, hat in der damaligen Zeit die schlimmsten Konsequenzen für sich und seine Angehörigen zu tragen: Die Verurteilten sind aus der christlichen Gemeinde ausgestoßen, ihre Familien für immer gebrandmarkt. Die Verurteilten werden nicht auf einem christlichen Friedhof begraben, sondern auf dem Schindanger. Sie werden verscharrt wie totes Vieh. Doch damit wird ihnen auch das Leben nach dem Tod verwehrt. Für Menschen, die ihr ganzes Leben nach dem christlichen Glauben ausgerichtet haben, ist das das Schlimmste, was ihnen passieren kann.

Wenn auch Rom die Hexenverfolgung weitgehend ablehnt, nutzen einige Pfarrer ihre Predigten, um die Vorstellungen von Hexen und Teufeln und einer weltweiten Verschwörung in den Köpfen der einfachen Menschen zu verankern. Trotz aller sonstigen Unterschiede, hier sind sich viele Katholiken und Protestanten einig. So fordert auch der große Reformator Luther: »Mit Hexen und Zauberinnen soll man keine Barmherzigkeit haben. Ich wollte sie selber verbrennen.« Schon Martin Luther war sich der Macht des Buchdrucks bewusst. Jetzt wird diese neue Technik auch von geistlichen und weltlichen Herren eingesetzt, um die öffentliche Meinung zu beeinflussen. So wird unter anderem die Vorstellung einer geheimen Hexensekte, deren Mitglieder sich von der christlichen Gesellschaft abgekehrt hätten, überall verbreitet. Flugblätter werden hergestellt. Sie sind so etwas wie eine frühneuzeitliche Boulevard-Zeitung. »Fliegende Händler« bringen sie unters Volk. Da die wenigsten Menschen lesen können, sind viele Flugblätter eindrucksvoll bebildert. Und viele Flugblätter beschäftigen sich mit »Hexen«. Sie sollen zeigen, welches Unheil diese Geschöpfe stiften können und wie mit ihnen zu verfahren sei. Die Botschaft ist eindeutig: Hexen müssen überführt und vernichtet werden.

Das Rathaus von Groß Salze, das heute zu Schönebeck (Sachsen-Anhalt) gehört. Hier wurde Maria Kleinecke am 24. September 1619 der Prozess gemacht.

Foltern nach Recht und Gesetz

Drei Tage nach der Verhaftung von Maria Kleinecke trifft die Antwort aus Halle ein. Sie darf »peinlich« befragt, sprich gefoltert, werden. Wie in solchen Prozessen vorgeschrieben, werden ihr die Instrumente zunächst nur gezeigt. Das soll die Angeklagte abschrecken, ihr ein freiwilliges Geständnis entlocken.

Eine der wichtigsten Folterinstrumente ist die Streckbank. Sie wird von den Scharfrichtern meist als Erstes eingesetzt und soll auch Maria Kleinecke zur Aussage zwingen. Die Streckbank führt oft schnell zum gewünschten Erfolg …

Falls nicht, gibt es zahlreiche andere Mittel. Besonders wirksam sind Daumen- oder Beinschrauben, die die Scharfrichter einsetzen, um die entsprechenden Gliedmaßen zu quetschen. Scharfrichter spielen in den Hexenprozessen eine zentrale Rolle – sie sorgen für die meisten Geständnisse. Ihr Wissen geben sie von Generation zu Generation weiter. Häufig besitzen sie exzellente anatomische Kenntnisse – eine Grundvoraussetzung, um ihre Instrumente »erfolgreich bedienen« zu können. Denn auf keinen Fall dürfen die Beschuldigten sterben, bevor sie offiziell verurteilt sind. Und so muss der Scharfrichter auch bei Maria Kleinecke mit Fingerspitzengefühl vorgehen. Stirbt sie zu früh, wird er zur Verantwortung gezogen. Die peinliche Befragung folgt einem genauen Ablauf, immer mit dem Ziel, dass Maria das Gewünschte zugibt.

Während der Folter wird Maria Kleinecke von Bürgermeister Ludewig Schneidewind befragt. Die Fragen des Bürgermeisters und Marias Aussagen werden vom Stadtschreiber in Protokollen festgehalten. Anfänglich leugnet Maria die Vorwürfe, doch dann, unter unendlichen Schmerzen, gesteht sie schließlich, den Teufel gesehen zu haben. In den Akten ist noch heute ihre Aussage nachzulesen: »Der Junker habe Hans geheißen, welcher ein braun Kleid und schwarzen Hut mit einer blauen Feder aufgehabt. … Er habe im Hause der Lehrmeisterin bei ihr geschlafen, in Gegenwart zweier Teufelsbuhlen.«

Dann musste Maria genau beschreiben, wie das Glied aussah. Sie sagt aus, es sei hart wie ein Kuhhorn gewesen. Maria Kleinecke schmückt ihre Aussage mit zahlreichen Details aus. Denn die Buhlschaft mit dem Teufel spielt die entscheidende Rolle in der Anklagestrategie des Bürgermeisters, ist sie doch der Ausgangspunkt für die Möglichkeit eines Hexenfluges – Marias einzige Möglichkeit, auf den Brocken zu gelangen, wo sie von Zeugen gesehen wurde. Konnte dies also nachgewiesen werden, stand einer Verurteilung und damit auch der Hinrichtung auf dem Scheiterhaufen nichts mehr im Wege.

Die Angst vor der Hinrichtung muss bei Maria Kleinecke wohl schwerer gewogen haben als die Schmerzen der Folter – laut Akten widerruft sie ihr Geständnis und bettelt um Verschonung: vergeblich – sie wird erneut gefoltert.

Für Maria wird es immer schwerer, der Folter standzuhalten – schließlich gesteht sie erneut. Nun nennt sie auch die Namen anderer Frauen und verliert sich immer mehr in Visionen, bis sie selber kaum noch weiß, was wahr ist und was nicht. Sie sieht Lichter, Teufel und andere Wesen. Am Ende gibt sie auch zu, auf den Brocken geflogen zu sein. Einen Berg, der viele Kilometer entfernt ist und den sie zu Lebzeiten wahrscheinlich nie gesehen hat.

Der Brocken – Treffpunkt mit dem Teufel

Mit über 1100 Metern ist der Brocken der höchste Berg Mitteldeutschlands. Heute kaum vorstellbar, aber bis zur Mitte des 16. Jahrhunderts verhindert eine undurchdringliche Wildnis – Bäume, Gebüsch und Gestein, viele Sümpfe und Morast – lange Zeit eine Ersteigung des Brockengipfels. Höchstens Holzfäller und Jäger verirren sich auf der Jagd nach Wölfen, Wildschweinen, Bären und Luchsen hierhin. Der Brocken ist ein idealer Ort für Sagen und Mythen, so gilt der Berg seit dem Mittelalter als Sammelplatz für Geisterwesen.

Im 16. Jahrhundert beginnen dann einzelne wagemutige Forscher, ihn zu besteigen. Doch noch hindern Wildnis und schlechte Wetterverhältnisse die meisten Menschen daran, sich einen Weg zur Spitze zu bahnen. Und ausgerechnet hier soll Maria den Teufel getroffen haben. Denn der Brocken erfüllt alle Voraussetzungen, die ein Treffpunkt der Hexen haben muss. Stets sind es schwer zugängliche Berge, Orte, die höher gelegen sind als die Dörfer und Städte, Plätze, die nicht für jeden erreichbar sind. Schließlich hat ja noch keiner gesehen, wie der Teufel mit den Hexen tanzt.

Und so wird der unzugängliche Brocken im 16. Jahrhundert in den Protokollen regionaler Hexenprozesse erstmals als Ort für das Zusammentreffen mit dem Teufel erwähnt. Als Zeitpunkt wird dabei meist die Walpurgisnacht genannt, die Nacht vom 30. April. Ursprünglich hatte dieses Datum nichts mit Hexen zu tun: Im Mittelalter wurde traditionell am 1. Mai der Gedenktag der heiligen Walpurga gefeiert.

Das Buch »Blocks-Berges-Verrichtung« sorgt im 17. Jahrhundert für die Verbreitung der Bezeichnung »Blocksberg« für den Brocken und der Idee der Walpurgisnacht. Zahlreiche Legenden und Sagen schildern die teuflischen Zusammentreffen auf dem »Hexenberg«. Der Name Blocksberg geht auf die Begriffe »Block« oder »Klotz« für das Hexenwesen zurück. In der ersten

Hälfte des 18. Jahrhunderts entstehen Bezeichnungen wie »Hexenaltar« und »Teufelskanzlei« für Felsformationen auf dem Brocken. Geschichten von der Walpurgisnacht werden immer beliebter. Gleichzeitig wird der Brocken touristisch erschlossen. Anfang des 20. Jahrhunderts erfreuen sich Walpurgisfeiern auf dem Berg großer Beliebtheit. Nach dem Zweiten Weltkrieg werden öffentliche Walpurgisfeiern verboten. Aus dem mythischen Versammlungsort wird für lange Jahre ein militärisches Sperrgebiet. Seine Bedeutung als Hexenberg hat der Brocken jedoch bis heute nicht verloren. Auch das Schicksal Maria Kleineckes ist untrennbar mit ihm verbunden.

Marias qualvolles Ende

Am vierten Tag nach ihrer Verhaftung wird Maria ein letztes Mal ins Rathaus geladen. Für ein Urteil muss sie ihr Geständnis noch mal öffentlich bestätigen. Doch Maria kämpft bis zuletzt. Wieder widerruft sie ihr Geständnis, und erneut droht Bürgermeister Schneidewind mit dem Scharfrichter. In den Gerichtsprotokollen ist die letzte Aussage der Maria Kleinecke festgehalten. Am Ende gesteht sie, eine Zauberin zu sein. Gesteht, mit dem Teufel auf dem Brocken getanzt zu haben. Gesteht, sich ihm hingegeben zu haben. Am 28. September 1619 ist das Urteil gefällt: Maria wird in allen Belangen für schuldig erklärt und soll verbrannt werden. »Die lange Maria betreffend!« so steht es lapidar auf einem der letzten Protokollpapiere. Danach verlieren sich die Spuren der Maria Kleinecke. Der Zeitpunkt ihrer Hinrichtung ist nicht überliefert.

Sicher ist nur, dass sie verbrannt wurde. Wie sieben weitere Frauen in Groß Salze im Jahre 1619. Diese grausame Strafe schien den Menschen der damaligen Zeit die einzig angemessene für Hexen. Auch über das Schicksal von Maria Kleineckes Mann ist nichts bekannt. Möglicherweise hat er Groß Salze verlassen.

Maria Kleinecke wird wahrscheinlich auf einer Wiese vor der Stadt verscharrt, wie noch viele vermeintliche Hexen nach ihr. Mit dem Beginn der Aufklärung ebben Hexenglaube und Prozesse allmählich ab. Ende des 17. Jahrhunderts wird die letzte Hexe in Mitteldeutschland hingerichtet. Heute feiern jedes Jahr am 30. April etwa 100 000 Menschen in und um den Harz herum das Walpurgisfest. Die »Brockenhexe« ist eines der wichtigsten Werbesymbole des Harzes. Entsprechende Puppen und Hexenzubehör sind die meistgekauften Souvenirs. Kaum jemand, der heute auf den Hexentanzplatz in Thale fährt, erinnert sich dabei an die traurigen Schicksale der einzelnen Frauen, die als Hexen verbrannt wurden. Frauen wie Maria Kleinecke, eine einfache Magd.

Zeittafel

1456 Seit der Erfindung des Buchdrucks mit beweglichen Lettern kommt es zu einer enormen Verbreitung von Schriften gegen Ketzer und Hexen. Dadurch verschärft sich auch die Hexenverfolgung.

1484 Ausfertigung der »Hexenbulle« durch Papst Innozenz VIII. Die Bulle erteilt dem Inquisitor und Hexenjäger Heinrich Kramer umfangreiche Vollmachten im Kampf gegen die Hexen.

1486 Heinrich Kramer verfasst sein Werk »Malleus maleficarum« (»Hexenhammer«). Das Buch des Dominikanermönches dient der Legitimation der Hexenverfolgung. Bis zum 17. Jahrhundert erscheint es in 29 Auflagen.

1509 Bis 1511: Ulrich Tengler verfasst das Handbuch »Der neue Laienspiegel«. Anders als der »Hexenhammer« ist dieses Werk auf Deutsch und nicht auf Latein verfasst. Es wird schnell zum einflussreichsten Handbuch zur Hexenverfolgung.

1572 Das in diesem Jahr verfasste Gesetzbuch Kurfürst Augusts von Sachsen (1553 – 1586) beinhaltet bedeutende Zaubereibestimmungen. Die Kursächsischen Konstitutionen sind die gesetzliche Vorlage für die weltlichen Hexenprozesse.

1619 September: Die 13-jährige Lehne Dorer gibt unter Folter an, die Schweinemagd Maria Kleinecke auf dem Brocken gesehen zu haben. Dieser Berg im Harz gilt zu jener Zeit als Treffpunkt der Zauberinnen mit ihren Buhlen, den Teufeln.

11. September: Die Ermittlungen gegen Maria Kleinecke beginnen. Bald melden sich weitere Zeugen.

24. September: Die erste Befragung vor dem Rat von Groß Salze erfolgt durch den Bürgermeister Ludwig Schneidewind. Maria bestreitet alle Vorwürfe.

27. September: Es folgt eine »peinliche« Befragung (Folter) durch den Scharfrichter aus Zerbst. Maria Kleinecke gesteht unter Folter, sich »dem Teufel mit laib und sehle verschworen« zu haben.

28. September: Vor dem Rat wird Maria Kleinecke erneut verhört. Zunächst widerruft sie ihr Geständnis, nachdem ihr erneut mit Folter gedroht wird, gesteht sie endgültig. Sie wird als Hexe verurteilt, nur in einer Abrechnung der Stadt über die vollzogenen Hinrichtungen taucht ihr Name noch einmal auf.

Angelika Nguyen

Katharina Lubomirska Fürstin von Teschen

Karrierefrau des Barock

Warschau Ende 1701. In einem Zimmer in der Warschauer Königsresidenz werden blutige Laken zusammengerafft. Fürstin Katharina Lubomirska, die junge Mätresse des Königs von Polen, August II., genannt August der Starke, hat entbunden. Das kleine Mädchen ist gleich nach der Geburt gestorben. Katharina hatte sich sehr auf das Kind gefreut, es war schön gewesen, seine Bewegungen in ihrem Leib zu spüren. Jetzt tragen sie es fort, und sie bleibt verwaist zurück.

Katharina hat mit ihren 21 Jahren schon einiges durchgemacht und war immer robust und stolz durch alles hindurchgegangen. Aber das hier ist ihre dunkelste Stunde, geschwächt von der Geburt, voll Trauer um das tote Kind.

Aber nicht nur das bewegt sie, auch die erneute soziale Unsicherheit als Mätresse, die jederzeit vom König fallen gelassen werden kann. Bedeutete doch ein Kind vom König eine gute Absicherung für die Zukunft. Nun ist wieder alles ungewiss.

Zudem erfährt Katharina ausgerechnet jetzt, dass Fatima, die Dauergeliebte Augusts, wieder schwanger geworden ist. Zum ersten Mal in ihrem Leben weiß Katharina, die kluge polnische Adlige, nicht weiter. Sie fürchtet die Zukunft.

Wie konnte es überhaupt so weit kommen?

100 000 Goldtaler

Rückblende: Polen 1696. Der König Jan III. Sobieski ist tot, und der Kampf um die polnische Krone beginnt. Denn anders als sonst in Europa wird hier die Krone nicht vererbt, sondern immer wieder neu von Polens Adel an einen geeigneten, gern auch einen ausländischen Kandidaten vergeben. Man könnte auch sagen: an den Meistbietenden.

> » *Katharina ist sicher eine der ganz großen Mätressen der Weltgeschichte, sie ist vergleichbar mit Madame Pompadour in Frankreich, auf deutschem Boden hat es etwas Vergleichbares überhaupt nicht gegeben. Man sollte ihr ein Denkmal in Dresden errichten, weil auch Dresden ihr viel verdankt.* «
> Eduard Prinz von Anhalt

Katharina Lubomirska, geb. von Altenbockum, Reichsfürstin von Teschen, Gemälde von Rosalba Carviera, um 1720

81

Der sächsische Kurfürst Friedrich August I. ist nur einer von einem Dutzend Bewerbern, die sich Hoffnung auf den frei gewordenen Thron machen. Besonders der Franzose Fürst Franz Ludwig von Bourbon-Conti liegt gut im Rennen. Kardinal Michal Radziejowski, Kardinalsprimas von Polen, nimmt in der Angelegenheit der Königswahl als Interrex eine Schlüsselstellung ein. Deshalb ist er auch der wichtigste Adressat für eingehende Bestechungsgelder, die August reichlich nach Polen versendet. Hier kommt die 17-jährige Katharina Lubomirska, die Nichte des Kardinalprimas, ins Spiel. Diskret soll sie als Geldbotin von August zum Kardinal fungieren.

1780 in Warschau in einer Adelsfamilie geboren, wächst Katharina behütet im Hause ihrer Eltern auf, die ihr viel Bildung und das gründliche Erlernen von Fremdsprachen wie Deutsch und Französisch ermöglichen. Als Katharina in das heiratsfähige Alter von 14 Jahren kommt, wird sie mit dem 26 Jahre älteren Kronoberkämmerer Fürst Lubomirski verheiratet. Die Lubomirskis gehören zu den einflussreichen Familien in Polen. Durch die Heirat gelangt Katharina in den Verwandtschaftskreis des Kardinalsprimas.

Sie nimmt das alles artig hin und versteht so schon früh Heirat als politisches Mittel. Gleichzeitig erfährt sie, was Liebe nicht ist – was bei der blutjungen Frau zu frühreifem Realitätssinn und Nüchternheit führt. Dies zusammen mit ihrem Charme und ihrer Schönheit bilden das Kapital der Katharina Lubomirska. Wie geschaffen scheint sie mit diesem Werdegang für das Amt der Mätresse bei August – und für eine politische Karriere.

Katharina überbringt dem Kardinalsprimas das Geld. 100 000 Goldtaler, die sie gegenüber Friedrich August I. quittiert hat. Und aufgekratzt wirkt Katharina: Sie weiß, sie hat dem Kurfürsten gefallen.

Posten zu vergeben: maîtresse en titre

Dem sächsischen Kurfürsten Friedrich August I. geht ein ungewöhnlicher Ruf voraus. Kriegsbesessen soll er sein, kunstliebend, durchtrainiert und exzentrisch. Das mag mit seinem Charakter, aber auch mit seinem besonderen Umweg zum Regententum zu tun haben. An Augusts Wiege wurde nämlich nicht gesungen, dass er einmal Kurfürst von Sachsen wird. Vielmehr war dazu sein älterer Bruder Johann Georg als Erstgeborener bestimmt. August war der unwichtige Zweitgeborene, was dem Heranwachsenden in Kindheit und Jugend entschieden mehr Freiheiten erlaubte als dem Kronprinzen. Mit 16 Jahren hat August sein erstes Liebesabenteuer – mit der um ein paar Jahre älteren Hofdame Marie Elisabeth von Brockdorf.

August der Starke,
Gemälde nach Louis de Silvestre,
um 1716

Dann, kurz nach seiner Heirat, wird August 1694 plötzlich doch Kurfürst. Sein Bruder hatte seine an Blattern verstorbene Geliebte unbedingt noch einmal küssen wollen, erkrankte selber und folgte Tage später der Toten. Solch ein romantisch-dramatisches Ereignis wird also Anlass für Augusts Regentschaft. Ohne Johann Georgs Leidenschaft für Sybilla von Neitschütz hätte es kein Augusteisches Zeitalter gegeben.

Seinen Beinamen »Der Starke« erwirbt sich August tatsächlich mit imposantem Körperbau und Körperkraft. Hufeisen soll er mit bloßen Händen zerbrechen können und Eisenstangen verbiegen. Mit 1,76 Meter ist er überdurchschnittlich groß. Sein Mund verrät Sinnlichkeit, und er liebt die Frauen. Seine Ehefrau Eberhardine soll jedoch von Sinnenfreude nicht viel halten.

Kardinal Radziejowski, Kardinalsprimas von Polen, Onkel der Fürstin
von Katharina, Gemälde von Francois
de la Croix, um 1702

Ständig hat August eine Geliebte. Den wiederholten Ehebruch begeht er aber
nicht heimlich, sondern im Gegenteil: Die jeweilige Geliebte ist offen an seiner
Seite. Das hat August vom Sonnenkönig in Versailles übernommen, seinem
Vorbild auch in prächtiger Hofhaltung und absolutistischer Herrschaftsweise.
Die Geliebten heißen dort maîtresse en titre, amtierende Mätresse.

Gerade ist der Posten wieder frei geworden – die launische Gräfin Esterle
hat von August den Laufpass bekommen. Seit August in Polen seine Königs-
pläne verfolgt, wirft er ein Auge auf diese schöne, kluge und entspannte
Fürstin Lubomirska, die durch ihre Verwandtschaft Zugang zu den höchsten
Machtkreisen in Polen hat. Das ist eine Kombination, die August gefällt. Die
Sache hat nur einen Haken: Katharina ist verheiratet mit Fürst Jerzy Lubomirski, der die sich anspinnende Romanze Augusts mit seiner Frau gar nicht
amüsant findet. Im katholischen Polen könnte Katharinas Seitensprung ein
Skandal werden.

Mit seinem Übertritt zum Katholizismus und dem vielen Bestechungsgeld gewinnt August schließlich den Wettlauf um die Wahl zum neuen polnischen König und wird am 15. September 1797 in Krakau gekrönt. Katharina Lubomirska ist bei den Feierlichkeiten in Warschau dabei. Er beginnt um sie zu werben.

Katharina bespricht die heikle Angelegenheit mit ihrer Mutter. Die Truchsess-Gattin Konstantia Tekla Branicka, eine kluge Frau, sieht in dem Interesse Augusts an ihrer Tochter die Möglichkeit zum Aufstieg. Von ihr hat Katharina Kühnheit und politischen Weitblick. »Du hast die Chance, die Geliebte eines Königs zu werden«, so könnte die Mutter sie beschworen haben. »Das ist etwas anderes, als nur die Ehefrau von Lubomirski zu sein.«

Onkel Radziejowski lässt seine Beziehungen zum Vatikan spielen – mit Erfolg. Der Papst höchstselbst annuliert die Ehe von Lubomirski und Katharina wegen »wenig Glück«. Ein damals ungewöhnlicher Vorgang. Jetzt steht der Besetzung des Mätressen-Amtes mit Katharina nichts mehr im Wege. Um 1700 wird die 20-Jährige Augusts offizielle Geliebte: maître en titre.

Katharinas Mätressen-Zeit wird fortan im Zeichen des Krieges gegen den Schwedenkönig Karl XII. stehen. Dieser Krieg geht auf das leichtsinnige Versprechen Augusts an die Bewohner Rigas zurück, sie im Falle seiner Krönung an Polen anzuschließen. Riga aber ist schwedisches Hoheitsgebiet. Augusts Lust an Krieg und Eroberung wird Katharinas ganzes politisches Geschick herausfordern.

Duell in Dresden: Katharina und Eberhardine

Ende des Winters 1702 reist August aus dem kriegsgeschüttelten Polen an den Dresdner Hof zur Eröffnung der Ballsaison, aber auch, um Gelder heranzuschaffen. Der Krieg gegen Schweden verschlingt Unsummen. An Augusts Seite in der Kutsche sitzt ganz offiziell Katharina Lubomirska. Er stellt sie nun am Dresdner Hof vor. Das schmeichelt Katharina, macht sie aber auch nervös.

Der Dresdner Hof ist ihr ein fremdes Terrain. In Warschau war sie auf vertrautem Boden. Hier fängt Katharina wieder von vorn an. Eifersucht und Missgunst der ehemaligen und gegenwärtigen Geliebten von August werden ihr sicher sein, ebenso der Argwohn der feinen Hofgesellschaft von Amtsträgern, Günstlingen, Ministern und Hofdamen, die es erst einmal kennenzulernen, dann zu erobern gilt. Diplomatie und Selbstkontrolle sind gefragt, Gefühle nebensächlich. Fatimas Kind zum Beispiel, das in diesem Sommer zur Welt kommen wird und auf das sie einst eifersüchtig war, wird sie ein-

---

Einige der Mätressen von August dem Starken:

- *Aurora von Königsmark*
- *Fatima, später Maria Aurora von Spiegel*
- *Gräfin Maximiliane von Esterle*
- *Ursula Katharina Lubomirska, Fürstin von Teschen*
- *Henriette Duval (auch Renard oder Francose genannt, soll die Tochter eines Weinhändlers aus Warschau gewesen sein)*
- *Anna Constantia von Hoym (Frau von Augusts Geheimen Rate Adolph Magnus von Hoym, geschieden 1706, die spätere Gräfin Cosel)*
- *Angelique Duparc (Tänzerin)*
- *Maria Magdalena von Dönhoff (Auf einem Ball 1714 riss August vor der Hofgesellschaft der Dönhoff die Kleider vom Leib. Zu Gründen dafür hat er sich nie geäußert.)*
- *Sofia von Dieskau*
- *Henriette von Osterhausen (die letzte offizielle Mätresse, gehörte zum Hofstaat von Christiane Eberhardine)*

Christiane Eberhardine,
Kurfürstin von Sachsen, Gemälde aus der
Werkstatt des Louis de Silvestre (Detail),
um 1736

fach zum Gegenstand ihrer eigenen Fürsorge machen. Das ist besser als jede Eifersuchtsszene.

Katharina will Fuß fassen in Sachsen. Sie will auf lange Sicht aus ihrem derangierten Heimatland Polen emigrieren in die pulsierende, prachtvolle Welt des Dresdner Hofes und teihaben am Aufschwung der Stadt, die sich unter Augusts Regentschaft anschickt, zu einer der wichtigsten Metropolen Europas zu werden.

Zunächst aber muss sie der Kurfürstin Christiane Eberhardine begegnen. Das hat Sprengkraft. Die Begegnung, weiß Katharina, erfordert Nerven, Kampflust und eine gehörige Portion Dreistigkeit.

Wie wird sie vor der Kurfürstin und Mutter des Kronprinzen bestehen? Man hört zwar, Eberhardines Position bei Hofe sei seit Längerem geschwächt. Deren Weigerung im Jahr 1697, ihrem Gemahl Friedrich August in den Katholizismus und auf den polnischen Thron zu folgen, sehen hier viele als Verrat an. Sogar ihr mütterliches Obhutsrecht über den kleinen Sohn wurde ihr daraufhin entzogen, eine gravierende Entscheidung. Wie mag sich Eberhardine eigentlich mit all den Geliebten ihres Mannes fühlen?

Und dennoch: Eberhardine ist nun mal die erste Frau hier am Dresdner Hof. In Warschau war es einfacher, da gab es die Kurfürstin gewissermaßen nicht, sondern nur sie an Augusts Seite: Katharina. Sie kämpft ihre Nervosität nieder, beschwört ihr Ansehen und ihre Macht, die sie in polnischen Adels- und Kirchenzentren besitzt. Sie hat doch auch etwas zu bieten.

Im Ballsaal dann stehen sie sich gegenüber und liefern sich ein Wortgefecht – so notiert vom Hofchronisten Freiherr von Pöllnitz: »Ach, da ist ja die Frau mit dem unaussprechlichen Namen«, stichelt Eberhardine zur Begrüßung. Katharina knickst zwar höflich, aber die Antwort bleibt sie nicht schuldig. »Seltsam, dabei ist er doch gerade in aller Munde« kann sie sich nicht verkneifen zu sagen. »Seit wann sind Sie denn in Sachsen?«, setzt die Kurfürstin notgedrungen die Unterhaltung fort. »Ich bin mit dem König gekommen, Majestät, und werde bald wieder mit dem König abreisen«, antwortet Katharina.

Eberhardine schluckt. Sie bleibt noch ein wenig in Gesellschaft an jenem Nachmittag und zieht sich dann zurück.

Dann, wie es Katharina prophezeit hat, fahren August und sie gemeinsam wieder nach Polen ab, wie ein offizielles Königspaar. Von diesem Affront wird sich die angeschlagene Eberhardine nicht wieder erholen. Sie hatte einst auf eine glückliche Ehe mit Friedrich August gehofft. Aber mit seiner Sinnlichkeit und Lebensgier konnte sie nie etwas anfangen und er nicht mit ihrer strengen Religiosität. Seine Jahre in Polen haben die Entfremdung zwischen ihnen befördert.

86

Dresden vom rechten Elbufer
unterhalb der Augustusbrücke, Gemälde
von Bernardo Bellotto, um 1750

Jetzt bringt August diese strahlend schöne, gebildete und schlagfertige Polin als
Souvenir nach Dresden mit und hat sich nie um ihre, Eberhardines Gefühle
geschert. Verletzt und religiöser denn je zieht sich Eberhardine endgültig auf
ihr Lieblings- und Zufluchtsanwesen Pretzsch zurück, wo sie 1727 vereinsamt
stirbt. Weder August noch ihr Sohn werden zur Beerdigung kommen.

Landesmutter auf Zeit

Seit Katharina und August wieder in Warschau zurück sind, beginnen Monate ihrer besten Gemeinsamkeit, trotz des Krieges. Sie leben zeitweise unter
einem Dach im komplett umgebauten Warschauer Schloss. Davor entstand
ein neuer Lustgarten, in dem sie den Frühling 1702 wie frisch Verliebte verbringen: der König und seine amtierende Mätresse. Man kann sich vorstellen,
dass Katharina trotz der Harmonie diese Konstellation nie vergisst. Ihre
Witterung ist fein, groß ihr Misstrauen zu Romantik, ihr Denken politisch.
Zum Glück. Denn mitten in den abgeschiedenen Spaß des Paares platzt des
Königs General Graf Flemming mit schlechten Nachrichten von der Front.

August muss wieder weg. Katharina bleibt dieses Mal in Warschau. Aber sie ist nicht die abgestellte Mätresse, die nur auf die Rückkehr des Königs wartet. Sie gilt praktisch als Augusts Stellvertreterin bei Hofe. Im Palais Wilanow wenden sich Höflinge und Minister mit Anliegen und Sorgen an Katharina. Zeitweilig waltet sie – mit 23 Jahren – wie eine Landesmutter. Auch nutzt Katharina ihre Verbindungen als Einheimische direkt, um August im Krieg zu unterstützen. Ein Verwandter ihres Ex-Mannes, Hieronym Augustyn Lubomirski, springt mit einer sogenannten Kronarmee den Sachsen bei, denn inzwischen wird dieser Krieg für August immer schwieriger.

Der polnische Adel unterstützt August aber nur lustlos. Kein Wunder. Nicht Polen, sondern August befindet sich im Krieg mit dem Schwedenkönig. So geschieht es, dass das sächsisch-polnische Heer trotz zahlenmäßiger Überlegenheit im Juli 1702 die Schlacht bei Klissow gegen die motivierteren Schweden verliert.

Anfang 1703 ist Katharina mit August wieder in Dresden. Es gilt die Kriegskasse aufzufüllen und ein neues Heer aufzustellen. In dieser Zeit erwirbt sich Katharina in Dresden Respekt und politische Anerkennung. Geschickt weiß Katharina dabei zu nutzen und zu verstärken, dass sie durch die permanente Abwesenheit der Kurfürstin Eberhardine praktisch die weibliche Spitze am Hofe ist. Auf ihr Betreiben hin wird der unbeliebte Minister Beichlingen abgesetzt und inhaftiert – er hat die Kriegskasse veruntreut. Das bleibt ein unvergesslicher Triumph in Katharinas Karriere am Sächsischen Hof. Sie gewinnt Sympathie und Verbündete auf Lebenszeit. Ihre Stellung in Dresden festigt sich, und das entspricht ihren Zukunftsplänen.

Vorerst jedoch ist Katharina hauptsächlich in Warschau, wo es für August immer riskanter wird. Der Krieg wächst ihm über den Kopf. Man sagt, Karl XII., ein Lutheraner, hätte persönliches Interesse daran, August abzusetzen. Der Schwede wird nicht lockerlassen. Katharina bleibt loyal zu August, auch noch, als sich die Stimmung in Polen wegen der missglückten Feldzüge immer mehr gegen ihn wendet. August hatte dereinst übermütig diesen Krieg angefangen, für den er nicht genug Soldaten, Waffen und Geld hat.

Katharina weiß: Wenn August den Krieg verliert, ist auch ihre Zeit an seiner Seite vorbei. Trotz ihrer gesellschaftlichen Erfolge in Dresden fürchtet sie ihren Machtverlust – und, dass sie als fallen gelassene Mätresse und geschiedene Frau im katholischen Polen zurückbleibt. Aus dieser Angst heraus und vielleicht auch aus Sorge um August, bittet Katharina den Kardinalsprimas um Unterstützung Augusts gegen Karl. Doch vergeblich. Seit einer Weile schon hat dieser beschlossen, die Seiten zu wechseln und von nun an

Karl zu unterstützen. Dieser Verrat ihres Onkels und seine stumme Inkauf-
nahme ihres Absturzes trifft Katharina hart.

Aber es gibt auch eine gute Nachricht: Katharina ist wieder schwanger.

Ein Anfang und ein Ende: der 21. August 1704

August schickt Katharina im Sommer vom Kriegsschauplatz Warschau nach
Dresden. Höchste Zeit! Katharina ist jetzt hochschwanger und besonders
gefährdet. Sie, die auch in der Gefahr in Augusts Nähe bleiben will, hat lange
gezögert. Die Kutsche ruckelt und schuckelt durchs kriegsgeschüttelte Polen
Richtung Sachsen. Katharina spürt jeden Stein zwischen Warschau und
Dresden. Vier Tage dauert die beschwerliche Reise, die längsten vier Tage in
Katharinas Leben. Während August den Krieg um Warschau und um seine
so teuer erkaufte Krone führt, setzen bei Katharina die Wehen ein. Das
Trauma des ersten toten Kindes sitzt tief. Und die Sorge um ihre eigene Zu-
kunft ist noch nicht ausgestanden.

Am Dresdner Hof ist schon alles vorbereitet für die Entbindung. Am
21. August 1704 wird Katharinas Baby geboren. Es lebt und ist gesund. Ent-
rückt hält sie es im Arm, zählt seine winzigen Finger. Der Sohn wird Friedrich
Georg genannt nach Augusts Vater. Katharinas Glück über das Kind ist groß.
Der kleine Mensch bedeutet für sie zugleich Mutterfreuden, finanzielle Absicherung, lebenslange Verbindung mit August – und der Macht.

Polen ist verloren. Aber gerade jetzt in der Krise zeigt sich, wie klug Katharina für sich vorgesorgt, wie gut sie nicht nur Machterwerb, sondern auch
den Machterhalt betrieben hat. Katharina will nun für immer in Sachsen
bleiben. Sie will nicht zurück nach Polen, in dieses krisengeschüttelte, von
Interessenlagen zerklüftete Land. Ihr Sohn soll in Ruhe aufwachsen. August
weiß das. Seine Fürsorge für seine illegitimen Kinder ist bekannt.

Noch im Wochenbett bekommt Katharina fünf Tage nach der Geburt des
Jungen, am 26. August 1704, den Titel »Reichsfürstin von Teschen«. Das ist
nicht selbstverständlich. Geschieht diese Ernennung aus Pflichtgefühl oder
sentimentaler Erinnerung bei August? Auf jeden Fall ist es für Katharina die
ersehnte Absicherung.

Es ist auch eine Art Abfindung, denn als August kommt, um den Sohn zu
sehen, hat er schon eine Neue, eine temperamentvolle Deutsche, die später
als Gräfin Cosel in die Geschichte eingeht. Von Beginn an hat Katharina, die
kluge Tochter aus gutem Hause, diesen Moment erwartet, aber jetzt, da er da
ist, trifft es sie doch.

Die Fürstin von Teschen muss Dresden zunächst verlassen. Sie geht ohne Murren, aber mit dem ihr eigenen stillen Stolz. Sie verlässt den Ort ihres einstigen Triumphes, mit dem Baby, Richtung Breslau. Die Auszeit tut ihr gut. Bald kommt sie wieder. August, schon etwas ernüchtert von der neuen Geliebten, ruft Katharina zurück, als Beraterin und Freundin. Und den Sohn will er in seiner Nähe aufwachsen sehen. Gräfin Cosel ist rasend eifersüchtig, aber der Fürstin von Teschen ist das herzlich egal. Politisch kann sie sich jetzt voll entfalten: mit der Herrschaft Hoyerswerda, die August ihr überschrieben hat. Sie muss das Schloss ausbauen, lässt Wasserleitungen und einen richtigen Toiletten-Trakt verlegen. In über 30 Jahren Herrschaft wird Katharina die Stadt Hoyerswerda zu wirtschaftlicher Blüte bringen.

Auch in späteren Zeiten ist Katharina als Reichsfürstin von Teschen am Dresdner Hof stets gern gesehen. Sie berät August weiterhin in politischen Fragen und vielleicht auch sonst. Eine Art Freundschaft hat Katharina mit August aufbauen können. Nie hat er ihre Loyalität im Nordischen Krieg sogar gegen ihre eigenen Landsleute vergessen. Finanziell ist sie abgesichert. Sie ist wohl die glücklichste aller maîtressen en titre, die es je am Dresdner Hof gegeben hat.

90

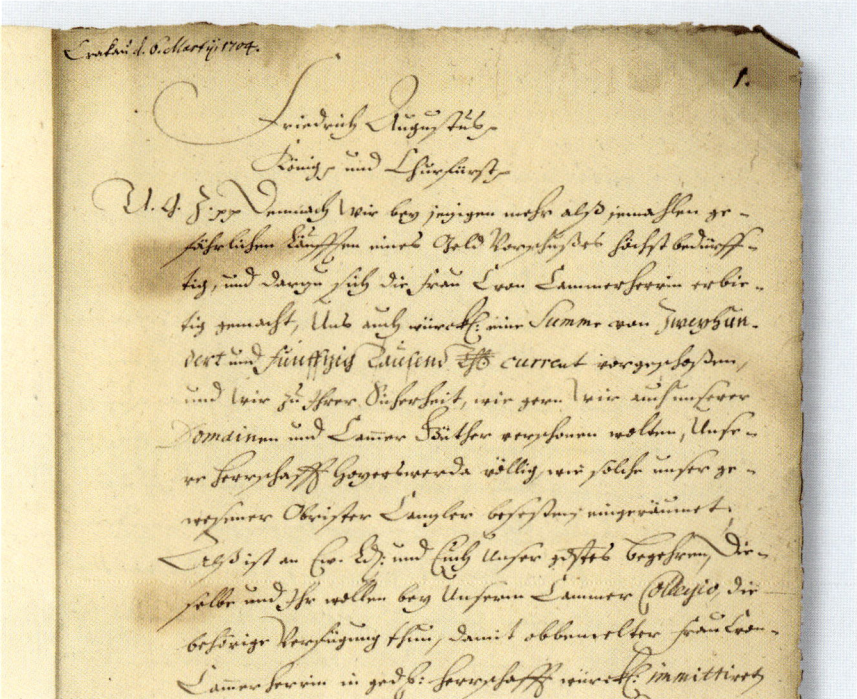

Spezialreskript an den Statthalter Fürst von
Fürstenberg und das Geheime Konsilium,
Verschreibung der Herrschaft Hoyerswerda
an die Katharina von Bockum
(im Dokument ohne Namennennung als
»Frau Cron Cammerherrin« bezeichnet),
Krakau 6. März 1704, erste Seite

Mit 42 Jahren, Katharina ist immer noch schön, lernt sie den zehn Jahre
jüngeren Prinzen Friedrich Ludwig von Württemberg-Winnental kennen. Sie
verlieben sich. Als Brautgeschenk kauft Prinz Ludwig ihr im Jahre 1721 das
Barockschloss Neschwitz und lässt es umbauen. Am 22. Oktober 1722 wird
heimlich geheiratet.

So hat ausgerechnet die Realistin aus Warschau, die umtriebige Karrierefrau
und erfolgreiche Politikerin, die Gefühle nie überschätzt hat, dann doch noch
die Liebe gefunden. Nach dem Kriegstod ihres Mannes 1734 betitelt sie sich
selbst als Prinzessin Württemberg-Winnental, als wolle sie dieser Liebe noch
einmal Ausdruck geben.

Katharina stirbt 1743 in Dresden, zehn Jahre nach August. Ihr Sarg wird
von jungen Adligen getragen. Noch heute ist in Hoyerswerda eine Straße nach
ihr benannt.

Zeittafel

1680   25. November: Katharina von Altenbockum wird als jüngste Tochter des litauischen Truchsessen Johann Heinrich von Altenbockum und seiner Gattin Konstantia Tekla Branicka in Warschau geboren.

1694   Heirat mit dem polnischen Kronoberkämmerer Fürst Jerzy Dominik Lubomirski, der 26 Jahre älter ist als sie. Die Lubomirskis zählen zu den einflussreichsten Familien Polens und sind verwandt mit Michal Radziejowski, dem Kardinalsprimas von Polen und Erzbischof von Gnesen, der nach dem Tod von König Jan III. Sobieski Königsvertreter (Interrex) wird.

1697   Juni: Friedrich August I., Kurfürst von Sachsen, genannt August der Starke, konvertiert heimlich zum Katholizismus.

25. September: August wird zum König von Polen gekrönt und regiert als August II.

Bekanntschaft mit Katharina. August beginnt um sie zu werben, um sie zu seiner Mätresse zu machen.

1700   Scheidung Katharinas von Fürst Lubomirski durch den Papst, ein damals sehr ungewöhnlicher Vorgang, mit der Begründung einer »wenig glücklichen« Ehe.

Katharina Lubomirska wird offizielle Mätresse des Königs von Polen. Beginn des Nordischen Krieges

1701   9. Juli: Niederlage der sächsischen Armee unter August II. in der Schlacht gegen die schwedische Armee unter Karl XII.

Ende des Jahres: Das Kind von Katharina stirbt kurz nach der Geburt.

1702 Frühjahr: Katharina reist mit August II. nach Dresden. Sie begegnet Kurfürstin Christiane Eberhardine.

18. Juli bis 19. Juli: Niederlage der Sachsen in der Schlacht bei Klissow gegen Schweden

1703 Anfang April: Sturz des Ministers Wolf Dietrich Beichlingen in Dresden, u. a. auf Veranlassung Katharinas

21. April: Niederlage der Sachsen in der Schlacht bei Pultusk

1704 21. August: Geburt eines Sohnes, der nach dem Vater von August, Johann Georg, benannt und später »Chevalier de Saxe« wird

26. August: Katharina wird als »Reichsfürstin von Teschen« in den persönlichen Fürstenstand erhoben.

Mitte September: August flieht aus Warschau.

1705 Anna Constantia von Brockdorff, die spätere Gräfin Cosel, wird neue offizielle Mätresse von August.

Katharina von Teschen übernimmt die Herrschaft Hoyerswerda.

1722 22. Oktober: Katharina von Teschen heiratet Prinz Ludwig von Württemberg-Winnental.

1733 1. Februar: Tod Augusts II. in Warschau

1737 Katharina tritt die Herrschaft Hoyerswerda gegen eine Jahresrente von 18 000 Reichstalern ab.

1743 4. Mai: Katharina von Teschen stirbt in Dresden.

Stephan Nachtigall

Karl Stülpner

Der Robin Hood des Erzgebirges

Soldaten durchstreifen in der Nacht des 12. Oktober 1795 den kleinen Ort Scharfenstein im sächsischen Erzgebirge. Unter der Führung des Gerichtsdirektors Carl Wilhelm Günther suchen sie einen Mann, den man in der Region heute noch als einen großen Volkshelden verehrt. Der Wildschütz, den sie alle nur den Stülpner-Karl nennen, ist beliebt beim Volk, das im Schatten der Burg und ihres Herrn ein elendes Dasein fristet. Stülpner versorgt die Ärmsten der Armen mit Wildbret und Schmuggelgut. Er beschützt sie vor Räubern und herrschaftlicher Willkür. Er lindert das schwere Leben und scheint in der Zeit nach dem großen Bauernaufstand der Inbegriff von Freiheitsdrang und Rebellion zu sein.

Stülpner sehnt sich in diesen Tagen nach dem Ende seines Wildererdaseins. Verliebt hat er sich, will sesshaft werden. Ausgerechnet die Tochter des Dorfrichters, die weit jüngere Johanna Christina Wolf, will er sich zur Frau nehmen. Mit ihr möchte er ein normales Leben führen. Ein Kuhhandel mit dem Herrn der Burg soll ihm die ungestrafte Rückkehr zum Militär ermöglichen und damit sichere Verhältnisse für die junge Familie schaffen. Doch es gerät anders, als es Stülpner mit Major von Einsiedel verabredet hatte. In der Abwesenheit des Burgherrn will der eifrige Gerichtsdirektor Günther aus der nahen Stadt Fakten schaffen. Es gilt, den Wildschütz und Deserteur in dieser Nacht endlich dingfest zu machen. Mit über zwanzig Musketieren durchkämmt er das Dorf. Nach Zeugen braucht der ehrgeizige Günther nicht zu suchen, denn die Bevölkerung hält zum Stülpner-Karl und gibt nichts über ihn preis. Rücksichtslos durchsucht der Trupp das Haus von Stülpners Mutter, ohne Erfolg. Der gewitzte Wildschütz ist nicht da. Nur seinen grünen Jägerrock und Jagdutensilien können sie beschlagnahmen. Als Stülpner vom rabiaten Umgang mit seiner Mutter hört, ist er außer sich vor Wut. Hat der Burgherr ihn getäuscht? Es wäre nicht das erste Mal gewesen, dass er mit seinem Misstrauen gegen die Obrigkeit Recht behal-

Stülpner und seine Genossen, kolorierte Lithografie von A. Gohde, zweite Hälfte 19. Jahrhundert

95

Bildnis Carl Stülpners,
Lithografie von Xaver Weingärtner,
ca. 1835

ten hätte. Mit der Jagdflinte im Anschlag eilt er zu der Burg, wohin sich die Offiziellen für die Nacht zurückgezogen hatten. Bis zum nächsten Abend soll er dort ausgeharrt und auf alles geschossen haben, was sich vor die Tore wagte. Am Ende sollte er seine Habe zurückbekommen.

Als die »Belagerung der Burg Scharfenstein« gingen diese Episode und viele andere Legenden in seiner Heimat herum. Mit jeder Geschichte machten sie ihn zu einem noch größeren Volkshelden, der über die Grenzen des Erzgebirges hinaus bekannt wurde. Wenige seiner Taten sind wirklich belegt. Was man heute über sein Leben weiß, hat er als alter und kranker Mann selbst aufschreiben lassen. Ein Leben zwischen Legende und Wirklichkeit.

Mit Hunger im Bauch geboren

Der legendäre Stülpner-Karl wurde in eine Zeit der Armut und der Entbehrungen hineingeboren. Als er am 30. September 1762 unter dem Namen Carl Heinrich Stilpner das Licht der Welt erblickte, war seine Heimat schon seit Jahrzehnten von Preußen besetzt, und der Siebenjährige Krieg lag in den letzten Zügen. Kursachsen war durch den Krieg verwüstet und finanziell ruiniert. Was den Ärmsten der Armen geblieben war, wurde ihnen von marodierenden Truppen oder den eigenen Lehnsherren genommen. So erging es auch seinen Eltern Johann Christoph und Marie Sophie, die als Tagelöhner und Landarbeiter von dem leben mussten, was man ihnen übrig ließ. Schon vor der Geburt ihres Sohnes Karl war der Hunger ein ständiger Gast am Tisch der mehrköpfigen Familie gewesen.

Für Familien wie die Stülpners gab es in dieser Zeit kaum eine Möglichkeit, ihre Situation zu verbessern. Die führenden Köpfe des Kurfürstentums waren schon während des Kriegs damit beschäftigt gewesen, das Land erneut zu wirtschaftlicher Stärke zu führen. Wer scherte sich da um die einfache und mittellose Landbevölkerung? Im Feudalismus blieben sie meist Opfer der Umstände, unter denen sie ihr Leben fristen mussten, geschröpft durch ihre adligen Lehnsherren – immer unter dem Joch der Obrigkeit. In jungen Jahren musste Karl Stülpner miterleben, wie sein Vater 1769 mit dem Gesetz in Konflikt kam. Wegen des Diebstahls einer Flasche Leinöls wurde er angeklagt. Wie vielen anderen ging es der Familie Stülpner so schlecht, dass sie auch zum Stehlen gezwungen waren. Doch die Lage sollte sich in Stülpners Jugendjahren noch gravierend verschlechtern.

Die Belagerungen und Kriege, die Sachsen erlebt hatte, waren nur die Vorboten für weit tiefgreifendere Ereignisse, die auch am jungen Karl Stülpner

Schloss Scharfenstein,
Zeichnung von Carl August Wizani,
um 1800

nicht spurlos vorübergehen sollten. Missernten und Hungersnöte erfassten seine Heimat in den Jahren 1771/72 und verschärften die Spannungen zwischen Bevölkerung und Obrigkeit zusehends. Wegen der schwierigen Witterungsbedingungen im Erzgebirge waren Missernten zwar nichts Unbekanntes, aber die Armen, Bettler und Hungerleidenden, die nun durch seine Heimat zogen, offenbarten den Zustand des ganzen Landes. Wer konnte, der verließ Kursachsen – egal in welche Himmelsrichtung. Stülpners Familie war dieser Ausweg nicht vergönnt. Ganz im Gegenteil, denn auch sein Vater fiel der Not zum Opfer. Die Lage der Familie verschlechterte sich so sehr, dass nun auch die Mutter aus lauter Elend zum Diebstahl gezwungen war. Als man sie mit ihrem zehn Jahre alten Sohn beim Klauen auf dem herrschaftlichen Schloss Scharfenstein erwischte, kam sie wegen Fleisch- und Getreidediebstahl vor Gericht. Nur zwei Jahre später musste die Familie ihr ärmliches Haus verkaufen.

Immer größer wurde nun auch die Verantwortung, die Karl für die Familie übernehmen musste. Mit zwölf Jahren verließ er die Knabenschule im benachbarten Ehrenfriedersdorf, die er, wie man später sagen würde, ohne großes Interesse besuchte. Bei einem Förster hatte er das Jagen erlernt und versorgte die Mutter mit allem, was er dem Wald abgewinnen konnte. Bereits im Alter von zehn Jahren soll er seinen ersten Rehbock geschossen haben. Ein nicht ungefährliches Unterfangen, dann das Jagen in den Wäldern war ein Privileg des Kurfürsten, das er allenfalls an die adligen Herren seines Landes abtrat.

Einfache Leute wie Stülpner begaben sich mit der Wilderei in höchste Gefahr. Sie durften allenfalls bei einer Treibjagd helfen und wurden durch die amtlichen Jäger vom Wald ferngehalten. Wer sich dennoch darauf einließ, hatte drakonische Strafen zu befürchten. Das Jagen und der Umgang mit Schusswaffen sollen eine große Faszination auf Stülpner ausgeübt haben. So verwundert es wohl nicht, dass er bereits im Alter von 16 Jahren im Tross des sächsischen Heeres am Bayerischen Erbfolgekrieg teilnahm, der sich von 1778 bis 1779 vor allem auf dem Gebiet des benachbarten Böhmens abspielte. Auf Bitten der Mutter kehrte Karl dem Militär den Rücken, doch nur für kurze Zeit.

Als Soldat und Deserteur durch Europa

Seine Heimat, das Erzgebirge, hatte dem jungen Karl wenig zu bieten. Wer nicht aus einer ehrenhaften Familie kam und wie Stülpner weder lesen noch schreiben konnte, hatte zu seinen Lebzeiten so gut wie keine Möglichkeit, sich aus eigener Kraft gesicherte Verhältnisse zu erarbeiten. Die Landwirtschaft war kaum eine Alternative, denn das Lehnswesen machte die Bauern zu den Knechten derer, denen das Land gehörte. Abgaben und Dienstleistungen bestimmten ihren Alltag, und wenn der Herr zu den Waffen rief, galt es, für den Adel die eigene Haut zu Markte zu tragen. Warum also nicht gleich zu den bunten Röcken gehen, könnte sich Stülpner gedacht haben, als er sich zum Ende des Jahres 1779 beim Chemnitzer Regiment »Prinz Maximilian« zu acht Jahren Militärdienst verpflichtete.

Es soll nicht lange gedauert haben, bis seine Vorgesetzten auf das wahre Talent ihres Untergebenen aufmerksam wurden. Schon bald konnte er wieder jagen, dieses Mal im Auftrag seiner Offiziere. Die ließen sich das Wildbret gern munden, wenngleich das Jagen in Uniform immer noch strafbar war. Als sein buntes Treiben bekannt wurde, versetzte man Stülpner strafweise in eine andere Kompanie in die Nähe von Zschopau, nur wenige Kilometer von seinem Heimatort Scharfenstein entfernt. Zurück in seinem Jagdrevier ließ er vom Wildern nicht ab. Als er wegen seiner Missetaten 1785 in Militärhaft kam, war es wohl mit der Loyalität seiner hochrangigen Auftraggeber nicht weit her. Von der Obrigkeit ausgenutzt zu werden, kannte er aus seinem zivilen Leben nur zu gut. Karl Stülpner desertierte im Sommer desselben Jahres in das benachbarte Böhmen und war von nun an ständig auf der Flucht.

Von Böhmen aus begab er sich auf eine lange Wanderschaft. Von Österreich-Ungarn über Tirol, Bayern, die Schweiz, Baden, Hessen und Hannover führte ihn sein Weg durch Europa, wie er im hohen Alter berichtete. Für einige Zeit verlor sich die Spur des Wilderers und Deserteurs Karl Stülpner. Erneut soll er in fremden Heeren Waffendienst geleistet haben. Womöglich kehrte er auch für einige Zeit nach Scharfenstein zurück und wilderte. Belege scheint es für die letzte Zeit seiner Flucht und Wanderzeit jedoch nicht zu geben. Während sich die unbändige Kraft der Französischen Revolution über den europäischen Kontinent ausbreitete, zog Stülpner erneut den bunten Rock an. Dieses Mal stand er als Rekrut des Infanterieregiments »Prinz Heinrich« in preußischen Diensten. So nahm er auch am ersten Koalitionskrieg (1792 bis 1797) gegen die französischen Revolutionstruppen teil. Im Kampf verwundet, soll er Ende 1793 erneut fahnenflüchtig geworden sein und den Rückweg in seine Heimat angetreten haben. In den darauffolgenden Jahren sollte sich Karl Stülpner noch ein weiteres Mal in den Militärdienst stellen, jedoch nicht, ohne zuvor seinen Ruf als Wildschütz zu begründen.

Der legendäre Wildschütz

Für das Osterfest des Jahres 1794 gilt die Rückkehr des Stülpner-Karl nach Scharfenstein als belegt. Seine Heimat, das Erzgebirge, war von den Ereignissen des sächsischen Bauernaufstandes wenige Jahre zuvor ebenso mitgerissen worden wie das ganze Land. Der Funkenflug aus dem fernen Frankreich, der die Kunde von Freiheit und Rebellion mit sich trug, entzündete auch in Sachsen ein loderndes Feuer. Die geknechteten sächsischen Bauern begehrten im Sommer 1790 gegen ihre Herren auf. Das fürstliche Jagdprivileg beschwor eine Wildplage, und da das edle Getier nicht bejagt werden durfte, zerstörte es große Teile der Felder und damit die Lebensgrundlage der Bauern. Diese war ohnehin durch einen strengen Winter und eine darauffolgende Dürreperiode verschärft worden, sodass es für die Bauern nur noch eine Lösung zu geben schien: Mit Dreschflegeln und Äxten verliehen sie ihrem Unmut Ausdruck. Nur unter massivem Militäreinsatz und mit großer Mühe wurde der sächsische Bauernaufstand im September des Jahres 1790 niedergeschlagen.

Der Aufstand wurde zwar abgewendet, aber der Geist der Befreiung schien in den Köpfen der Menschen geblieben zu sein, als Karl Stülpner wenige Jahre später in seine Heimat zurückkehrte. Der gestandene Wildschütz, mittlerweile ein Mann von über dreißig Jahren, machte nun keine Kompromisse mehr. Zu viel hatte er wohl auf den Schlachtfeldern Europas erlebt, als dass er eine Alternative zum Vasallendienst auf dem Land oder dem Militär gesehen hätte. Das Jagen wurde seine Profession und der Wald sein Revier. Einen Trupp von Wilderern soll er in dieser Zeit angeführt haben, und auch das Schmuggeln im

Nachdem in Gemäßheit eines unterm 4ten dieses Monats ergangenen höchsten Rescripts auf die Habhaftwerdung des eingezogener Erkundigung nach in der Gegend des im hiesigen Amtsbezirk gelegenen Rittergutbs Scharfenstein sich aufhaltenden Raubschützens, Carl Heinrich Stilpners, welcher, dem Verlaute nach, mehr langer als kurzer Statur seyn, einen grünen Tuchrock, ein dergleichen kurzes Jagdweschen, schwarzledernes Kuppel nebst Hirschfänger und Fangleine trägt, auch eine Jagdtasche, Flinte oder Kugelbüchse und ein großes Messer bey sich führet, fernerweit alle Sorgfalt angewendet, und die auf dessen Inhaftierung oder sichere Angebung bereits vorhin gesetzte Belohnung von 50 Thlr. auch unter andern in den öffentlichen Zeitungen nochmals zugesagt werden soll; als wird in Verfolg dieses höchsten Anbefohlnisses hierdurch nochmals zu jedermanns Wissenschaft bekannt gemacht, daß derjenige, welcher bemeldeten Stilpner zum Arrest bringen, oder auch selbigen zuverläßig und mit Entdeckung solcher Umstände, welche genugsame Anleitung geben, selbigen zur wirklichen Haft zu bringen, anzeigen wird, eine Belohnung von 50 Thlrn. zu erwarten haben solle.   Justizamt Wolkenstein mit Annaberg, den 16ten Nov. 1795.

Sr. Churfürstl. Durchl. zu Sachsen bestallter Cammerherr, Oberforst- und Wildmeister zu Bärenfels, sowohl Justiz- und Rentbeamten zu Wolkenstein mit Annaberg,

Johann George Friedrich Adolph von Zeng.   Johann Carl Ludwig Beyer.

Julius Friedrich David von Zinsky.

Steckbrief zur Ergreifung
Karl Stülpners in der Leipziger Zeitung
vom 17. Dezember 1795

sächsisch-böhmischen Grenzgebiet mag für ihn ein einträgliches Geschäft gewesen sein. Die Scharfensteiner versorgte er mit Fleisch und anderen nützlichen Dingen des Alltags. Sie schützte ihn dafür vor der Obrigkeit. Ohne ihre Loyalität hätte man dem Treiben des Stülpner-Karl wohl ein schnelles Ende gesetzt.

In dieser Zeit liegt auch der Ausgangspunkt für die unzähligen Legenden um den Wildschütz, die ihn noch heute zum Volkshelden des Erzgebirges machen. Als einfachen Räuber hatte ihn die Bevölkerung wohl nicht gesehen. Vielmehr erwarb er sich den Ruf eines Beschützers der Armen, der nur zu gern die Obrigkeit und ihre Vertreter zum Narren hielt. So soll er gleich sieben königlich sächsische Jäger auf einmal in Schach gehalten haben. Wie man sich erzählte, hatte er sie gezwungen, geschossenes Wild bis über die Grenze nach Böhmen zu tragen, bevor er sie frei ließ. Auch gegen Räuber soll er eingeschritten sein. Eine Leineweberfrau soll er gar vor Wegelagerern gerettet haben. Das war der Stoff, aus dem der Volksmund die Kunde vom Schussfesten ersann, dem nichts und niemand etwas anhaben konnte. Die Figur des Stülpner-Karl wurde für die Bevölkerung ein Rebell und Freiheitskämpfer, der jedem die Stirn bot und dem man sich kaum entgegenstellen konnte.

Die Wilderei mag für die Herrschenden das kleinere Übel gewesen sein. Gegen Schmuggelei war im sächsisch-böhmischen Grenzgebiet ohnehin nicht viel auszurichten gewesen, zu viel Schutz boten die dichten Wälder des Erzgebirges. Im Schatten des gerade überstandenen Bauernaufstandes wollten sie wohl keine Exempel statuieren. Doch einen Aufrührer und Rebellen ungeschoren durch die Lande ziehen zu lassen, ging für die Obrigkeit zu weit. Steckbrieflich wurde Karl Stülpner nun gesucht und für vogelfrei erklärt. Doch die Scharfensteiner hätten ihren Stülpner-Karl nicht einmal gegen eine stattliche Belohnung verraten. Das spornte den Wildschütz nur noch weiter an und es begann das, was er in seinen Erinnerungen als das »große Treiben« bezeichnete. Er jagte, was er dem Wald abtrotzen konnte und schmuggelte, was die Scharfensteiner begehrten. Immer wieder war er seinen Widersachern entkommen und nährte so noch mehr die Legenden, die sich um ihn rankten.

Mitten in der heißen, lebensgefährlichen Phase lernte er die Frau kennen, wegen der er sein wildes Dasein als gleichsam gefürchteter und verehrter Wildschütz aufgeben wollte. Die 17-jährige Johanna Christine Wolf hatte es ihm angetan. Ausgerechnet die Tochter des ehrbaren Dorfrichters. Dieser hätte den Stülpner-Karl eigentlich melden und damit dem bunten Treiben ein Ende setzen müssen. Nun aber wollte der Wildschütz seine Tochter zur Frau. Das kam für den ehrbaren Wolf nicht infrage. So sehr sich sein potenzieller Schwiegersohn die Sympathien und die Unterstützung der Bevölkerung erwarb, war er für seine Tochter weder standesgemäß noch ein Mann von Ehre. Eine Heirat war ausgeschlossen. Längst war es um das junge Paar geschehen, dennoch blieben sie sich treu und setzten ihre Liebschaft fort – im Verborgenen. Stülpner wollte seine Zukünftige nicht in Gefahr bringen, denn nach der »Belagerung« der Burg Scharfenstein war höchste Order zu seiner Verhaftung gegeben worden. Der Steckbrief wurde sogar Ende des Jahres 1795 in der Leipziger Zeitung abgedruckt. Nur wenige Monate später sollte Johanna von ihrem Karl ein Kind erwarten, doch der gemeinsame Sohn erblickte nicht lebend das Licht der Welt. Für Stülpner gab es wohl kein Zurück mehr. Zu weit war er gegangen, als dass es für das junge Paar eine Chance für normales Leben gegeben hätte.

Ein zweites Leben für den Stülpner-Karl

Viele Male zog es Karl Stülpner noch hinaus auf die gefährlichen Pfade des Erzgebirges. Immer mit dem Gewehr im Anschlag, um den Lebensunterhalt zusammenzuschießen und allerhand zu schmuggeln. Dabei galt in den dichten Wäldern das harte Gesetz, dass nur derjenige eine Chance hat, der es auch vermochte, den ersten Schuss auf seinen Gegner abzugeben. Warum ihn kein Förster oder Soldat in den vielen Jahren zur Strecke gebracht hatte, kann man nur vermuten. Womöglich wollte man aus dem sagenumwobenen Wildschütz nicht noch einen hingerichteten Helden machen, dessen große Taten das einfache Volk zu mehr als nur zu Bewunderung veranlassen sollten. Johanna muss sich in dieser Zeit sehr um ihren Karl gesorgt haben, denn als sie Mitte 1799 erneut von ihm schwanger wurde, schenkte sie ihm kurz darauf eine Tochter, die sicherlich auch einen Vater brauchte.

Abermals stellte Stülpner sein Wildererdasein in Frage, wie er es Jahre zuvor schon getan hatte, als er mit dem Herrn von Einsiedel seine Rückkehr zum Militär vereinbaren wollte. Dieses Mal brach er ganz und gar mit der Wilderei und kehrte mit dem Versprechen der Straffreiheit zu seinem Regiment in Chemnitz zurück. Doch Stülpner war kein Halbwüchsiger mehr wie einst, als er seinen Dienst antrat. Mittlerweile hatte der gestandene Stülpner eine Menge von der Welt gesehen. Er wusste, was es bedeutet, in militärischen Diensten zu stehen und kämpfen zu müssen. So musste er erneut mit der Waffe in der Hand in einen Krieg ziehen, dieses Mal gegen Napoleon. Während er auf dem europäischen Kriegsschauplatz versuchte zu überleben, war seine Johanna das dritte Mal schwanger, doch wieder starb das Kind kurz nach der Geburt. Karl war längst wieder zu den Waffen gerufen worden und kämpfte im Herbst des Jahres 1806 in der Schlacht bei Jena und Auerstedt.

Des Krieges müde, erhielt er Nachricht von der kranken Mutter. Er wollte nun das Militär verlassen, um sie, die zweite starke Frau in seinem Leben, pflegen zu können. Als sein Entlassungsgesuch abgelehnt wurde, nahm er sich einfach selbst die Freiheit und desertierte, wie viele Male zuvor. Seine Flucht führte ihn wieder nach Böhmen, an seiner Stelle pflegte Johanna die kranke Mutter, die jedoch kurze Zeit später starb. Seine Frau hatte viel auf sich nehmen müssen, damit ihre Liebe überhaupt eine Chance haben konnte. Johanna war die stille Heldin hinter dem berüchtigten Stülpner-Karl. Sie setzte sich Ängsten und Nöten aus und musste wohl geahnt haben, ihren Karl durch ihre Liebe selbst in Gefahr zu bringen. Schließlich zählte ihr eigener Vater zu den Männern, die jahrelang seiner habhaft werden wollten. Für Karl und Johanna wendete sich jedoch alles zum Guten. Von den Eltern enterbt, folgte ihm seine Liebste nach Böhmen, wo sie endlich heirateten und eine bescheidene Existenz aufbauen konnten. Als sie im Zuge einer Generalamnestie in ihre Heimat zurückkehrten, fand die gute Zeit ein Ende. Das erste eheliche Kind, das Johanna ihrem Karl gebären sollte, starb nur einen Monat nach der Geburt und auch Karl Stülpner soll wieder auf Schmugglerpfaden gewandelt sein. Erneut verließen beide die Heimat in Richtung Böhmen, wo sie schon einmal für ein paar Jahre das Glück fanden. Doch ein dunkler Schatten hatte sich bereits über die beiden gelegt. Nur kurz nach ihrem erneuten Fortgang aus Sachsen starb seine treue Frau Johanna Christine im Alter von 43 Jahren im böhmischen Preßnitz.

Als lebende Legende durch das Erzgebirge

Karl Stülpner soll es in Böhmen zu bescheidenem Reichtum gebracht haben. Dokumente belegen, dass er Zwirnfabrikant wurde. Doch der späte Erfolg war wohl ohne seine große Liebe nicht viel wert. Wenige Jahre nach ihrem Tod heiratete der kranke Stülpner im beachtlichen Alter von 63 Jahren seine zweite Frau, die nur halb so alt gewesen sein soll. Auch mit ihr währte das Glück nicht lang. Mittlerweile wieder am Armentisch angelangt, zog es den rastlosen Stülpner zurück in die Heimat. Der unruhige Geist nahm noch einmal die müden Knochen zusammen und streifte durch sein Revier, die Wälder des Erzgebirges. Dort erzählte er gegen Almosen seine Geschichten. Die des Wildschützen, des Schussfesten, der den Armen half und die Oberen brüskierte.

Schließlich diktierte er im Jahr 1835 seine Lebensgeschichte in die Feder eines Verlegers. Das Buch des alten Geschichtenerzählers, das er nun auf seinen Wanderungen und Reisen unter das Volk brachte, barg immer noch Zündstoff. Das sächsische Innenministerium hatte es umgehend verboten und als staatsgefährdend und aufwieglerisch eingestuft. So blieb der Stülpner-Karl auch bis zum Ende seines Lebens immer ein Feind der Obrigkeit. Die treuen Scharfensteiner nahmen ihn 1835 wieder in ihrer Mitte auf. Wie Stülpner sie einst versorgt hatte, so taten sie es nun mit ihm. Aus der Armenkasse konnte das Nötigste für ihn bezahlt werden und zur Pflege wurde er im Ort von Haus zu Haus gereicht.

Kurz vor der Vollendung seines 79. Lebensjahres starb der berühmt-berüchtigte Karl Stülpner am 24. September 1841. Der Nachwelt hat er viele tollkühne Geschichten hinterlassen. Er verkörperte die Botschaft von Freiheit und Selbstbewusstsein, die Jahre nach seinem Tod auch Sachsen erneut mitreißen sollte.

Von Buchs umrahmter Grabstein mit Bildmedaillon, Geweih und Widmung »Dem Sohn unseres Waldes Karl Stülpner« und »30.7.1763 – 24.7.1841 in Gedenken« auf dem Friedhof Großolbersdorf

Zeittafel

1762 30. September: Carl Heinrich Stülpner wird als Sohn von Johann Christoph Stülpner und Marie Sophie, geb. Schuberth, in Scharfenstein geboren.

1772 Marie Sophie Stülpner steht wegen eines auf Schloss Scharfenstein begangenen Fleisch- und Getreidediebstahls vor Gericht.

1771 Bis 1774: Carl Heinrich Stülpner besucht die Knabenschule in Ehrenfriedersdorf.

1778 Stülpner nimmt vermutlich als Trossknecht erstmals am Bayerischen Erbfolgekrieg teil. Auf Drängen der Mutter kehrt er von Dresden nach Scharfenstein zurück. Erste Wildereien

1779 18. November: Stülpner tritt freiwillig einen achtjährigen Militärdienst beim Regiment »Prinz Maximilian« in Chemnitz an.

1784 24. November: Wegen Wilderei wird Stülpner in eine andere Kompanie in der Nähe von Zschopau versetzt.

1785 Wegen Wilderei und einer Prügelei mit einem Jägerburschen gerät Stülpner in Militärhaft.

1785 3. Juli: Stülpner desertiert bei Döbeln auf dem Rückweg seines Regiments von den alljährlichen Manövern.

1785 Bis 1789: Karl Stülpner flieht nach Böhmen und beginnt von dort aus ein Wanderleben.

1789 Stülpner gelangt als Rekrut in das Preußische Infanterieregiment »Prinz Heinrich«.

1790 August: Sächsischer Bauernaufstand

1793 28. November: Stülpner wird im Kampf gegen die französischen Revolutionstruppen verwundet, desertiert und wandert der Heimat entgegen.

1794 Zum Osterfest soll Stülpner wieder in Scharfenstein sein und wird mit der 17-jährigen Tochter des Dorfrichters bekannt.

1795 12. Oktober: »Belagerung« der Burg Scharfenstein durch Stülpner

4. November: Höchste Order zur Verhaftung des Raubschützen Stülpner

17. Dezember: Veröffentlichung von Stülpners Steckbrief in den »Leipziger Zeitungen«

1796 26. Februar: Johanne Christiane Wolf bringt einen totgeborenen Sohn zur Welt, »in Unehren empfangen von Heinrich Stilpner«

1799 11. Juli: Geburt der Johanne Eleonore, »einer in Unehren erzeugten Tochter«

1800 11. September: Stülpner bricht mit dem Wildererdasein und kehrt straffrei zu seinem Regiment in Chemnitz zurück.

1806 4. Januar: Johanne Christiane Wolf bringt eine weitere uneheliche Tochter zur Welt, die bereits nach acht Tagen stirbt.

1806 Oktober: Stülpner kämpft im Krieg gegen Napoleon und nimmt an der Schlacht bei Jena und Auerstedt teil.

1807 Mai: Nachdem ein Entlassungsgesuch abgelehnt wird, desertiert Stülpner erneut und flieht nach Böhmen. Noch im selben Jahr folgt ihm seine Lebensgefährtin Johanne und die beiden heiraten.

7. September: Stülpners greise Mutter Marie Sophie stirbt mit fast 89 Jahren in Scharfenstein an Altersschwäche.

1813 Sachsen erlässt eine Generalamnestie. Das Ehepaar Stülpner kehrt in den folgenden Jahren nach Scharfenstein zurück.

1820 20. März: Das Ehepaar Stülpner zieht wieder nach Böhmen.

1820 31. Mai: Johanne Christiane stirbt im Alter von 43 Jahren im böhmischen Preßnitz. Im Sterbematrikel erscheint Stülpner als Zwirnfabrikant.

1823 11. August: Stülpner heiratet mit 63 Jahren zum zweiten Mal in Preßnitz.

1835 Stülpner selbst berichtet seinem ersten Biografen Schönberg vom Leben als Wildschütz. Auf seinen Wanderungen vertreibt er Exemplare des von diesem verfassten Buches.

1835 20. August: Das Buch wird beschlagnahmt und durch das sächsische Ministerium des Innern verboten.

1839 7. Oktober: Der Gemeinderat von Scharfenstein beschließt die Versorgung des greisen Karl Stülpner aus der Armenkasse und die Pflege durch die Dorfgemeinschaft.

1841 24. September: Karl Stülpner stirbt in Scharfenstein eine Woche vor Vollendung seines 79. Lebensjahres an Entkräftung. Er wird auf dem Friedhof von Großolbersdorf begraben.

André Meier

Friedrich August I. und Napoleon
Sachsen am Abgrund

Zwei Tage vor Beginn der Völkerschlacht erreicht der Tross des Sachsenkönigs Leipzig. Auf Wunsch Napoleons hat Friedrich August Dresden verlassen. In seiner Begleitung sind die Königin und das einzige Kind des Paares, Prinzessin Augusta.

Friedrich August hat bislang noch nie einer Schlacht beigewohnt. Jetzt ist er 62 Jahre alt und will mit dieser Tradition auch nicht mehr brechen. Napoleon, der sich ohnehin jeden militärischen Rat verbietet, ist dennoch froh, dass er den Sachsen in seiner Nähe weiß. Viele Verbündete sind ihm nicht mehr geblieben.

Erst vor wenigen Tagen hat Friedrich Augusts Schwager, der König von Bayern, die Seite gewechselt und Frankreich den Krieg erklärt. Napoleon weiß, dass auch der Sachsenkönig mit diesem Schritt geliebäugelt hat. Er weiß aber auch, dass Friedrich August nichts mehr scheut, als ein einmal gegebenes Versprechen zu brechen. Und so reitet der Kaiser der Franzosen der Kutsche der sächsischen Königsfamilie entgegen, um das fast auf den Tag genau vor sieben Jahren geschlossene Freundschaftsband zwischen ihm und Friedrich August persönlich noch einmal fester zu zurren. Bonaparte verspricht der Königin einen glänzenden Sieg und dankt dem König dafür, dass er die sächsischen Truppen wieder einmal dem französischen Oberbefehl unterstellt. Friedrich August ist gerührt. 48 Stunden vor Beginn der Völkerschlacht legt er sein Schicksal endgültig in Napoleons Hand.

Begonnen hat diese folgenschwere Liaison im Oktober 1806. Damals nannte sich Friedrich August noch Kurfürst und stand als treuer Bündnispartner an der Seite des preußischen Königs Friedrich Wilhelm III. Mit Preußen gemeinsam wollte der hochgewachsene Fürst aus dem altehrwürdigen Geschlecht der Wettiner den selbsternannten Kaiser der Franzosen stoppen. Hatte doch Napoleon die alte europäische Ordnung auf den Kopf gestellt. Unter den

> » *Es ist besser, nichts zu machen, als etwas Falsches.* «
> *Friedrich August I.*

Napoleon und König Friedrich August im Ostragehege 1813, Gemälde von Friedrich Trocholdt

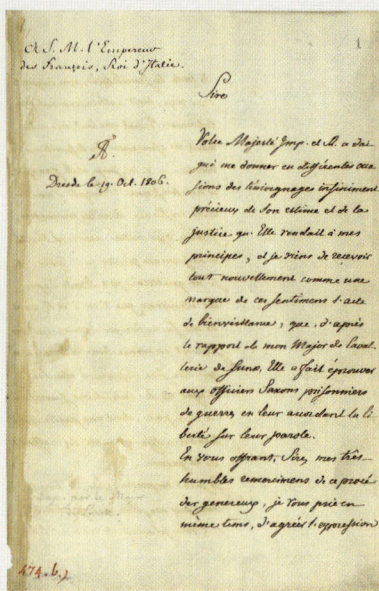

Brief des Kurfürsten Friedrich August III.
an Kaiser Napoleon vom 19. Oktober 1806

» *Ich möchte, Sire, Ihnen gegenüber
meine innige Geneigtheit ausdrücken,
wenn Sie mir das Glück verschaffen,
die Bekanntschaft eines Monarchen zu
machen, dessen große Talente zu der
großen Weisheit in der Lage waren,
ein Kaiserreich zu errichten, das Sie
ruhmvoll und mit solcher Größe beherrschen, und Ihnen die Versicherungen
der Gefühle der Dankbarkeit zu wieder-
holen, der Bewunderung und uner-
schütterlichen Anhänglichkeit, mit welchen ich die Ehre habe, zu sein, Sire,
Ihrer kaiserlichen und Königlichen
Majestät sehr ergebener Diener.* «

*Friedrich August
im Oktober 1806 an Napoleon*

Stiefeln seiner Soldaten war das fragile, »Kaiserreich« genannte deutsche Staatengebilde gerade erst auseinandergebrochen. Etliche süd- und westdeutsche Fürstentümer hatten sich dem Druck Napoleons gebeugt und waren als sogenannte Rheinbundstaaten an Frankreichs Seite getreten.

Ein überraschendes Angebot Napoleons

Bei Jena und Auerstedt will der Preußenkönig mit seiner in ganz Europa gefürchteten Armee dem Korsen entgegentreten. Es ist die letzte Chance, zu verhindern, dass auch der Rest Deutschlands zum Vasall Frankreichs wird. Der sächsische Kurfürst Friedrich August III. sieht die Entwicklung mit Sorge. Er ist jetzt 43 Jahre im Amt und hat bislang tunlichst darauf geachtet, dass in seinem Reich alles beim Alten bleibt. Doch der Modernisierungsdruck, der seit der Französischen Revolution auf Europas Herrscherhäusern lastet, ist mit Napoleons Vormarsch noch bedrohlicher geworden. Indem er seine Truppen an die Seite Preußens stellt, hofft Friedrich August, das Gespenst zu vertreiben.

Doch daraus wird nichts. Das französische Heer schlägt die Armeen Preußens und Sachsens am 14. Oktober 1806 in der Doppelschlacht von Jena und Auerstedt vernichtend. Sachsen ist schutzlos dem Zugriff Napoleons ausgeliefert. Friedrich August ist entsetzt. Niemals hätte er damit gerechnet, dass die ruhmreiche preußische Armee, die Armee Friedrich des Großen, so schmählich untergeht. Im alten Schloss am Elbufer macht sich Panik breit. Die Franzosen marschieren auf Dresden zu und der sächsische Hofstaat rechnet mit dem Schlimmsten. Sind die Franzosen doch dafür bekannt, fürstliche Häupter gern aufs Schafott zu legen.

Und selbst wenn Friedrich August, ein leidenschaftlicher Hobbybotaniker und Insektensammler, den Kopf behält, so muss er doch damit rechnen, sein Reich zu verlieren. Napoleon gefällt es, frisch eroberte Territorien neu zu sortieren und unter seinen zahlreichen Verwandten zu verteilen. Eilig packen die Bediensteten der kurfürstlichen Familie die Koffer ihrer Herrschaften.

Dann aber erscheint Ferdinand von Funck, Dichter und Offizier in Friedrich Augusts Diensten. Bei Jena gefangen genommen, soll Funck dem Kurfürsten eine Botschaft Napoleons überbringen. Als der sächsische Kurfürst Bonapartes Schreiben in den Händen hält, kann er seinen Augen kaum trauen. Verspricht doch der Kaiser der Franzosen, Sachsens Souveränität nicht anzutasten. Die Teilnahme der sächsischen Truppen an der Schlacht von Jena und Auerstedt, so Napoleon, sei für ihn kein Anlass zu feindlichen Gefühlen. Er wisse, dass der Kurfürst von den kriegslüsternen Preußen zu diesem

Waffengang nur genötigt wurde. Am Ende seines Briefes bietet der Kaiser dem sächsischen Herrscher sogar seine Freundschaft an. Er nennt den Wettiner »Bruder« und überschüttet ihn mit Komplimenten. So geschmeichelt und aller Schuld freigesprochen, greift Friedrich August nach der ausgestreckten Hand des Franzosen. Noch am selben Abend lässt er ein Antwortschreiben voller Ergebenheitsbekundungen aufsetzen.

Friedrich August ist von der Großzügigkeit Napoleons tatsächlich gerührt. Der Mann, der Europa seit gut zehn Jahren in Angst und Schrecken hält, hat sich als Kavalier alter Schule erwiesen. Der Kaiser lässt dem Wettiner Kopf und Reich und versichert den Sachsen, die gerade noch gegen ihn in den Kampf gezogen sind, sein Wohlwollen.

Hatte Friedrich August bis zu diesem Tag Napoleon noch als Emporkömmling und Umstürzler verachtet, so hält er ihn fortan nicht nur für ein militärisches Genie, sondern auch für ein Werkzeug der Vorsehung. Wer mit so viel Fortune Kriege führt und Politik betreibt, glaubt der tiefreligiöse Wettiner, muss Gott an seiner Seite wissen.

König von Napoleons Gnaden

In Juli 1807 treffen die beiden Monarchen in Dresden das erste Mal persönlich aufeinander. Inzwischen ist auch Friedrich August dem Rheinbund beigetreten und lässt seine sächsischen Truppen mit den Franzosen marschieren. Dafür wird er von Napoleon reich belohnt. Sachsen bekommt das ehemals preußische Gebiet um Cottbus und schließlich auch noch mit dem neugeschaffenen Herzogtum Warschau einen Großteil Polens. Als Sahnehäubchen gibt es für den sächsischen Kurfürsten die Königskrone obendrauf.

Verständlich also, dass die Sachsen dem Kaiser der Franzosen zujubeln, als der im Sommer 1807 an der Elbe eintrifft. Für den Gast aus Frankreich wird ein großes Feuerwerk gezündet, und auch sonst scheut Friedrich August weder Kosten noch Mühe, um seinem neuen Freund zu imponieren.

Aus Anlass des kaiserlichen Besuchs hat der sächsische König eine neue Auszeichnung kreiert, den »Orden der Rautenkrone«. Und Napoleon, dem man eine Schwäche für dergleichen Ehrungen nachsagt, bekommt ihn als Erster verliehen. »Eingedenk der Vorsehung« ist auf dem Orden zu lesen.

Napoleon seinerseits macht den Wettiner zum Mitglied der französischen Ehrenlegion. Spontan schenkt der Kaiser der Franzosen dem hochgewachsenen Sachsenkönig aus diesem Anlass sein leider viel zu kurzes rotes Ordensband. Aber es bleibt nicht bei Orden allein. Auch Haarsträhnen werden

Napoleon I., Kaiser der Franzosen,
im Krönungsornat, Gemälde aus der
Werkstatt François Gérards, 1806/10

zwischen König und Kaiser ausgetauscht, um sich gegenseitig ewiger Freundschaft zu versichern. In der Dresdner Rüstkammer zeugt noch heute ein
kleines Medaillon von der innigen Beziehung der beiden Monarchen. Kunst-
voll miteinander verflochten und von Lorbeer gekrönt liegen dort hinter
Uhrenglas Napoleons und des Sachsenkönigs Haare.

Napoleons Besuch in Dresden hinterlässt bei der Königsfamilie einen
tiefen Eindruck. Die Königin und ihr einziges Kind, Prinzessin Augusta,
schließen den dynamischen Franzosen in ihr Herz und hoffen Gleiches auch
von Napoleon. Der sächsische König weiß, dass es höchste Zeit ist, seiner
Tochter einen würdigen Gatten an die Seite zu stellen. Und es gibt auch schon
einen Bewerber. Gerade erst war die Gemahlin des österreichischen Kaisers

verstorben, und der frisch verwitwete Franz I. lässt 1807 in Dresden anfragen, ob vielleicht Prinzessin Augusta für ihn als Braut zur Verfügung stünde.

Friedrich August zögerte die Antwort hinaus. Er glaubt ernsthaft, auch Napoleon könnte sich für seine Tochter interessieren. In ganz Europa weiß man, dass Napoleons Ehe mit seiner einstigen Förderin Joséphine de Beauharnais kurz vor der Auflösung steht. Der französische Kaiser brauchte einen Thronerben und den kann ihm die sechs Jahre ältere Joséphine, so viel steht inzwischen fest, nicht mehr schenken. Bonaparte sucht eine neue junge Frau – und was liegt da für den Sachsenkönig näher, als vorsichtig in Paris anzufragen, ob dies nicht seine Augusta sein könnte. Im Juli 1807 informiert Friedrich August in einem Brief Napoleon über die Hochzeitsabsichten Franz' I., fragt, ob er das Angebot aus Wien annehmen soll. Oder ob Augusta vielleicht auf eine noch bessere Partie hoffen dürfe.

Napoleon bleibt ihm eine Antwort schuldig. Trotzdem gibt Friedrich August die Hoffnung nicht auf, doch noch Napoleons Schwiegervater werden zu können. Dann aber führt Bonaparte 1810 die 18-jährige Marie-Louise von Österreich zum Traualtar. Als Kaisertochter ist die junge hübsche Wienerin für Napoleon wertvoller als die Prinzessin aus Dresden. Friedrich August hatte sich verspekuliert. Napoleon bekommt von einer Habsburgerin den lang ersehnten Thronfolger geschenkt. Und Augusta gilt alsbald – ob ihres fortgeschrittenen Alters – als schwer vermittelbar.

Das Blatt wendet sich

Augustas gescheiterte Vermählung ist die erste große Enttäuschung, die der Sachsenkönig an Napoleons Seite erfährt. Die zweite und weitaus folgenschwerere beginnt im Sommer 1812: Am 24. Juni 1812 fällt der Kaiser der Franzosen mit einer Streitmacht von einer halben Million Mann in Russland ein. Wieder einmal zieht Napoleon in den Krieg und wieder marschieren Friedrich Augusts Sachsen mit. Der Feldzug endet mit einer Katastrophe. Napoleons Große Armee erreicht zwar Moskau, doch schon bald nach ihrer Ankunft steht die Stadt in Flammen.

Ohne Quartiere, ohne Vorräte und den russischen Winter vor der Tür, entschließt sich Napoleon zum Rückzug. In der Nacht vom 13. zum 14. Dezember 1812 erreicht der Kaiser Dresden. Er will weiter nach Paris, um neue Truppen aufzustellen. Für ein paar Stunden hat er seine Reise unterbrochen. Im Bett liegend empfängt er Friedrich August in der Wohnung des französischen Gesandten. Napoleon kann den arglosen sächsischen König über das

König Friedrich August I., Gemälde von Carl Christian Vogel von Vogelstein (Detail), 1823

wahre Ausmaß seiner militärischen Niederlage hinwegtäuschen. Doch es dauert nicht lange, dann holt die bittere Wahrheit auch Friedrich August ein. Nicht einmal ein Sechstel der Großen Armee kehrt lebend aus Moskau zurück. 20 000 sächsische Soldaten liegen tot im russischen Schnee.

Der Vormarsch der Russen ist nicht mehr zu stoppen. Inzwischen stehen sie bereits vor Berlin. Der preußische König schließt auf Drängen seiner Berater eine Allianz mit dem Zaren und ruft seine Untertanen zu den Waffen: »Weil ehrlos der Preuße und Deutsche nicht zu leben vermag!« Solche patriotischen Töne aus dem Munde eines deutschen Monarchen sind neu.

Freiwilligenverbände werden gebildet und Tausende – Handwerker, Lehrer, Studenten, Bauern – schließen sich ihnen begeistert an. Das Volk, so heißt es jetzt, soll Deutschland vom Franzosenjoch befreien. Solche Töne fallen auch im kriegsmüden Sachsen auf fruchtbaren Boden. Friedrich August merkt nicht, wie die Stimmung seiner Untertanen kippt. Er will nicht sehen, wie das Volk unter der Anwesenheit der französischen Truppen leidet. Friedrich August, der noch immer zu Napoleon steht, sieht sich plötzlich als Vaterlandsverräter geschmäht. Was nicht so schlimm wäre, hätte nicht das Kriegsglück den Kaiser der Franzosen verlassen.

Die Armeen der Preußen und Russen marschieren auf Dresden zu. Friedrich August vertraut die Verteidigung der Stadt französischen Offizieren an und flieht mit seinem Hofstaat von Dresden ins bayrische Regensburg. Friedrich August versucht, Zeit zu gewinnen. Der König hofft, dass die Franzosen Sachsen halten können und ihm so einen neuerlichen Frontenwechsel ersparen.

Doch daraus wird nichts. Dresden und Leipzig fallen, Napoleons Truppen ziehen sich weit nach Westen zurück. Die Österreicher, bislang ebenfalls mit Napoleon verbündet, erklären sich plötzlich für neutral und bieten sich als Friedensvermittler an. Friedrich August ist begeistert, endlich eine Position, die seinem Naturell entspricht. Und so fragt er bei Kaiser Franz an, ob Österreich als neue Schutzmacht für Sachsen zur Verfügung stünde. Friedrich August ahnt allerdings, dass seine Anfrage nie und nimmer die Zustimmung Napoleons finden wird. Also flieht er aus dem französischen Bayern ins österreichische Böhmen. Am 25. April 1813 erreicht der sächsische Tross Prag. Zugleich befiehlt Friedrich August seinen Offizieren, sich künftig aus allen Kämpfen herauszuhalten.

Spätestens jetzt merkt auch Napoleon, dass ihm sein Verbündeter aus Dresden die Gefolgschaft aufkündigen will. Der Kaiser von Frankreich ist empört. Er schickt einen Brief nach Prag und fordert, dass sich der wankelmütige Sachse klar zu ihm bekennen möge.

Noch hofft der sächsische König, dass Kaiser Franz I. auf sein Angebot eingeht. Doch die Garantieerklärung aus Wien lässt auf sich warten. Kein Wunder, denn inzwischen verhandelt der österreichische Kaiser auch mit Preußen und Russen über ein Bündnis. Und weder Friedrich Wilhelm III. noch Zar Alexander haben großes Interesse daran, Sachsen mit ins Boot zu holen. Sie haben sich längst darauf geeinigt, Friedrich Augusts Reich als Kriegsbeute unter sich aufzuteilen. Und so ziehen sich die Gespräche hin, während durch Sachsen erneut die Armeen marschieren.

Napoleon ist zurück. Anfang Mai schlägt er die preußischen und russischen Truppen bei Großgörschen. Kurze Zeit später stehen die Franzosen bereits wieder vor Dresden. Napoleon lässt Friedrich August aus dem nun wieder französisch besetzten Dresden wissen, dass er längste Zeit König von Sachsen gewesen ist, sollte er nicht unverzüglich in seine Heimat zurückkehren. Eiligst lässt Friedrich August die Koffer wieder packen.

Er verlässt Prag und kehrt nach Sachsen zurück, um sich reumütig in Napoleons Arme zu werfen. Die Dresdner ächzen unter der neuerlichen französischen Besatzung und hoffen, dass ihnen ihr heimgekehrter König Erleichterung verschaffen kann. Aber Friedrich August schottet sich ab, versteckt sich in seinem Schloss. Nach einem kurzen Waffenstillstand beginnen die Kämpfe im August 1813 erneut. Und wieder wird Sachsen zum Hauptschauplatz des Krieges.

Das blutige Finale

Inzwischen haben sich auch die Österreicher auf die Seite der Napoleon-Gegner gestellt. Am 16. Oktober 1813 beginnt schließlich die große Entscheidungsschlacht vor den Toren Leipzigs. Bonaparte steht bei seinen Männern im Kugelhagel. Der Zar, der Preußenkönig und der Kaiser von Österreich dirigieren vom Feldherrnhügel aus ihre Armeen, und Friedrich August tut, was er besten kann – nichts. Er sitzt in seinem Leipziger Stadthaus am Markt. Nur einen Steinwurf vom Rathaus entfernt wartet er darauf, dass man ihm die versprochene Siegesnachricht Napoleons bringt. Und tatsächlich sieht es schon bald so aus, als könnte der Kaiser der Franzosen auch diesmal triumphieren.

Am Nachmittag des ersten Kampftages läuten in Leipzig die Glocken. Napoleon hat im Süden den Angriff von Russen und Österreichern zurückgeschlagen und wähnt sich bereits als sicherer Sieger. Nur mischt sich in das Jubelgeläut schon bald wieder neuer Kanonendonner. Im Norden gehen die

Die Völkerschlacht bei Leipzig:
Kampf vor dem Grimmaischen Tor
am 19. Oktober 1813, Gemälde von
Ernst Wilhelm Straßberger

Preußen in die Offensive und schaffen es bis zum Abend unter großen Verlusten, die französischen Verteidigungslinien zu durchbrechen. Als die Nacht hereinbricht und rings um Leipzig die Wachtfeuer brennen, endet der erste Tag der Völkerschlacht mit einem Patt.

Die Versorgungslage ist katastrophal. Im umlagerten Leipzig fehlt es an allem. Die Straßen füllen sich mit den Verwundeten der Schlacht. Es sind Tausende verletzter und ausgehungerter Soldaten, die zum Entsetzen der Leipziger in die Stadt drängen. Schon seit Monaten ist Sachsen Kriegsgebiet, müssen Friedrich Augusts Untertanen für die Bündnistreue ihres Königs zahlen. Die Sachsen können nicht verstehen, warum ihr König nicht dem Beispiel anderer deutscher Fürsten folgt und Napoleon die Freundschaft aufkündigt. Auch in den Reihen der sächsischen Truppen wächst die Unzufriedenheit. Die Einheiten des Königs werden von französischen Generälen kommandiert. Immer mehr sächsische Offiziere fordern von ihrem König, dass er ihnen die Erlaubnis zum Seitenwechsel gibt. Doch Friedrich August schweigt. Als nach einem Tag relativer Ruhe die Kämpfe am 18. Oktober 1813 mit neuer Wucht ausbrechen, schickt Generalleutnant von Zechau, der Befehlshaber der sächsischen Truppen, einen Kurier in Friedrich Augusts Quartier, der auf eine Entscheidung drängen soll. Und tatsächlich bekommt er diesmal eine Antwort: Der König ermahnt seine Truppen, ihre Pflicht zu erfüllen. Was im Klartext heißt, sie sollen weiter an der Seite der Franzosen kämpfen. Trotz dieses unmissverständlichen Befehls ihres Königs gehen an diesem Tag 3000 Sachsen unter Mitnahme von 19 Kanonen bei Paunsdorf geschlossen zu den Alliierten über. Damit ist Friedrich Augusts Autorität endgültig untergraben.

Am Ende dieses dritten Kampftages muss auch Napoleon erkennen, dass er gegen die Truppen der Alliierten chancenlos ist. Er kehrt nach Leipzig zurück und bereitet seinen Rückzug vor. Am Morgen des 19. Oktober 1813 beginnen Preußen und Russen mit der Erstürmung Leipzigs. Es ist Tag vier der Völkerschlacht.

Um 9 Uhr sehen sich Napoleon und Friedrich August zum letzten Mal. Bevor der Kaiser die Stadt verlässt, will er sich von der sächsischen Königsfamilie verabschieden. Persönlich bittet Napoleon seinen treuen Verbündeten, ihm zu folgen und in Paris Schutz zu suchen. Doch der Sachsenkönig lehnt ab. Unter Tränen verabschieden sich die Königin und Prinzessin Augusta von dem Kaiser.

Kaiser Napoleons Abschied vom König der Sachsen, Friedrich August I., von der Königin und deren Tochter in Leipzig am 19. Oktober 1813, Lithografie nach Eugène Devéria

Der König in Gefangenschaft

Kaum ist Napoleon fort, schickt Friedrich August einen Brief an dessen Bezwinger: »Der Sieg hat entschieden. Die guten Voraussetzungen, die Sie mir anbieten werden, können nur richtig sein und meinen Interessen und denen meiner Völker entsprechen.« Doch der Zar, der König von Preußen und der österreichische Kaiser antworten nicht. Damit ist das Spiel für Friedrich August aus. Von Kosaken eskortiert, wird der sächsische König nach Berlin gebracht. Sein Reich stellen die Sieger von Leipzig unter russische Verwaltung. Im Schloss Friedrichsfelde wird der Wettiner mit seinem kleinen Gefolge für Monate interniert. Er ist Gefangener der Preußen, auch wenn für Kost und Logis die sächsische Staatskasse aufkommen muss.

Derweil stürmen Napoleons Gegner bis nach Paris. Der Kaiser dankt ab und zieht sich auf die Insel Elba zurück. Europa soll nun neu geordnet werden. Die eben noch im Kampf gegen Bonaparte vereinten Herrscher beginnen in Wien erbittert, um Grenzverläufe und Einflusssphären zu feilschen. Friedrich Augusts Reich steht dabei ganz oben auf der Liste. Seine polnischen Gebiete soll der Zar, den Rest der Preußenkönig bekommen.

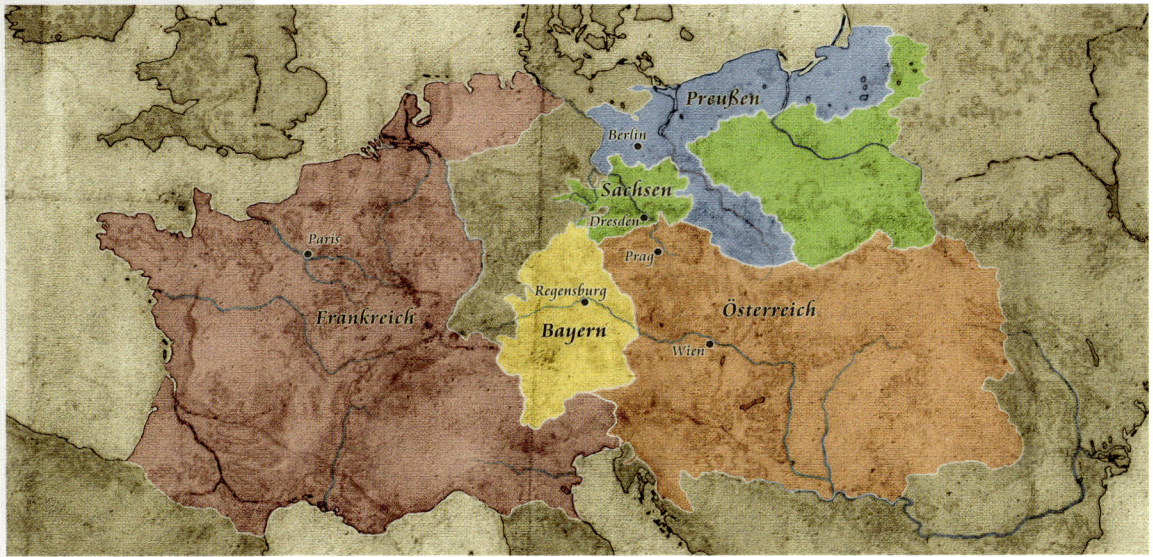

In dieser für ihn scheinbar ausweglosen Lage beginnt der König plötzlich politischen Ehrgeiz zu entwickeln. Im Januar 1815 bittet er seinen Bruder Anton, Verbindung mit jenen Mächten aufzunehmen, die Sachsen wohlgesonnen sind. Prinz Anton soll versuchen, eine Allianz gegen Preußen und Russland zu schmieden. Die Chancen dafür stehen gut. Schließlich ist Anton, der mit dem sächsischen Hofstaat von Dresden nach Prag geflohen war, mit der Schwester des österreichischen Kaisers verheiratet. Und Österreich hat kein Interesse daran, dass sich Preußen Sachsen einverleibt. Es will an seinen Grenzen nicht schon wieder eine neue aggressive Großmacht auferstehen sehen.

Pech nur, dass zur selben Zeit Napoleon sein Exil in Elba verlässt und Frankreich im Sturm zurückerobert. Ganz Europa ist geschockt. Eiligst schließen sich die eben noch in Wien streitenden Mächte zu einer neuen antinapoleonischen Allianz zusammen. Damit findet das Intrigenspiel des inhaftierten Sachenkönigs sein jähes Ende. Der englische Gesandte beendet den Streit um Sachsen durch einen Kompromissvorschlag. Nicht ganz Sachsen, sondern nur große Gebiete im Norden des Landes sollen an Preußen fallen.

Friedrich August wird von Berlin in das österreichische Pressburg gebracht. Man braucht seine Unterschrift, um diesem Deal wenigstens einen Anschein von Legalität zu geben. Schnell muss der Sachsenkönig erkennen, dass ihm keine andere Wahl bleibt als dem Vertrag zuzustimmen. Jedenfalls, wenn er König bleiben und nach Dresden zurückkehren will. Am 21. Mai 1815 ratifiziert

Friedrich August I. die Wiener Beschlüsse. Sachsen verliert das Herzogtum Warschau und drei Fünftel seines alten Staatsgebietes – und damit fast zwei Millionen seiner Einwohner. Damit ist das Land von der europäischen Bühne ein für allemal verschwunden. Als Friedrich August endlich wieder in seine Residenz heimkehren darf, wird er dennoch von den Dresdnern begeistert empfangen. Nach den Monaten der russischen und preußischen Besatzung sind die Sachsen ernüchtert. Die vermeintlichen Befreier hatten sich kaum besser aufgeführt als Napoleons Truppen.

Aber kaum wieder in Dresden, verfällt der König in den alten Trott. »Es ist besser, nichts zu machen, als etwas Falsches«, ließ er bereits als junger Kurfürst sein Kabinett wissen. Und genau nach dieser Maxime regiert Friedrich August nun weiter. Die Mehrheit der Sachsen stört das nicht.

Friedrich August stirbt 76-jährig im Mai 1827. Mehr als sechs Jahrzehnte saß er auf dem Thron. Die meiste Zeit davon unbeweglich.

In der Dresdner Hofkirche findet der König seine letzte Ruhestätte. Vor dem Schloss steht heute wieder sein Denkmal, Friedrich August dem Gerechten gewidmet. In Leipzig trägt mit dem Augustusplatz die große Freifläche zwischen Gewandhaus und Oper seit 1839 seinen Namen.

Dass er es war, der Sachsen in die politische Bedeutungslosigkeit stieß, haben seine Untertanen Friedrich August I. schnell verziehen.

Das Königreich Sachsen vor und nach dem Wiener Kongress

Zeittafel

1750 Friedrich August wird in Dresden geboren. Sein Vater ist Friedrich Christian Kurfürst von Sachsen, seine Mutter Maria Antonia von Bayern.

1763 Nach dem Tod des Vaters wird Friedrich August als Friedrich August III. Kurfürst von Sachsen, seine Mutter vormundschaftliche Regentin.

1769 Napoleon Bonaparte wird in Ajaccio auf Korsika geboren.

1789 Mit dem Sturm auf die Bastille beginnt die Französische Revolution.

1791 In Pillnitz bei Dresden unterzeichnen Preußen und Österreich eine Beistandserklärung für den französischen König.

1792 Napoleon wird zum Hauptmann befördert.

1793 Ludwig XVI., König von Frankreich, stirbt in Paris durch die Guillotine.

1799 Napoleon wird erster Konsul der französischen Republik.

1804 Napoleon lässt sich in Paris zum Kaiser der Franzosen krönen.

1806 Napoleon besiegt am 14. Oktober in der Doppelschlacht von Jena und Auerstedt die Armeen Preußens und Sachsens.

1808 11. Dezember: Friedensvertrag zwischen Frankreich und Sachsen in Posen. Sachsen tritt dem Rheinbund bei und bekommt den bislang preußischen Landkreis Cottbus. Sachsen wird Königreich, der ehemalige Kurfürst regiert jetzt als König Friedrich August I.

1807   Friedrich August wird zum Herzog von Warschau ernannt.

1809   Sachsen beteiligt sich an der Seite Napoleons am Krieg gegen Österreich.

1812   Sachsen stellt ein Truppenkontingent für Napoleons Russlandfeldzug. 20 000 sächsische Soldaten bezahlen den Marsch nach Moskau mit ihrem Leben.

1813   Beginn der Befreiungskriege.

       16. – 19. Oktober: Völkerschlacht bei Leipzig. Nach der Niederlage Napoleons wird Friedrich August I. als Gefangener nach Berlin-Friedrichsfelde gebracht.

1814   Napoleon dankt ab und zieht sich auf die Insel Elba zurück.

       Beginn des Wiener Kongresses

1815   1. März: Napoleon kehrt nach Frankreich zurück.

       18. Juni: Bei Waterloo wird er endgültig geschlagen und auf die Insel Sankt Helena gebracht.

1815   21. Mai: Friedrich August unterzeichnet den ihm vorgelegten Friedensvertrag mit Preußen und Russland. Damit verliert Sachsen 57 Prozent seines Territoriums.

       5. Mai: Napoleon stirbt auf Sankt Helena.

1827   5. Mai: Friedrich August stirbt in Dresden.

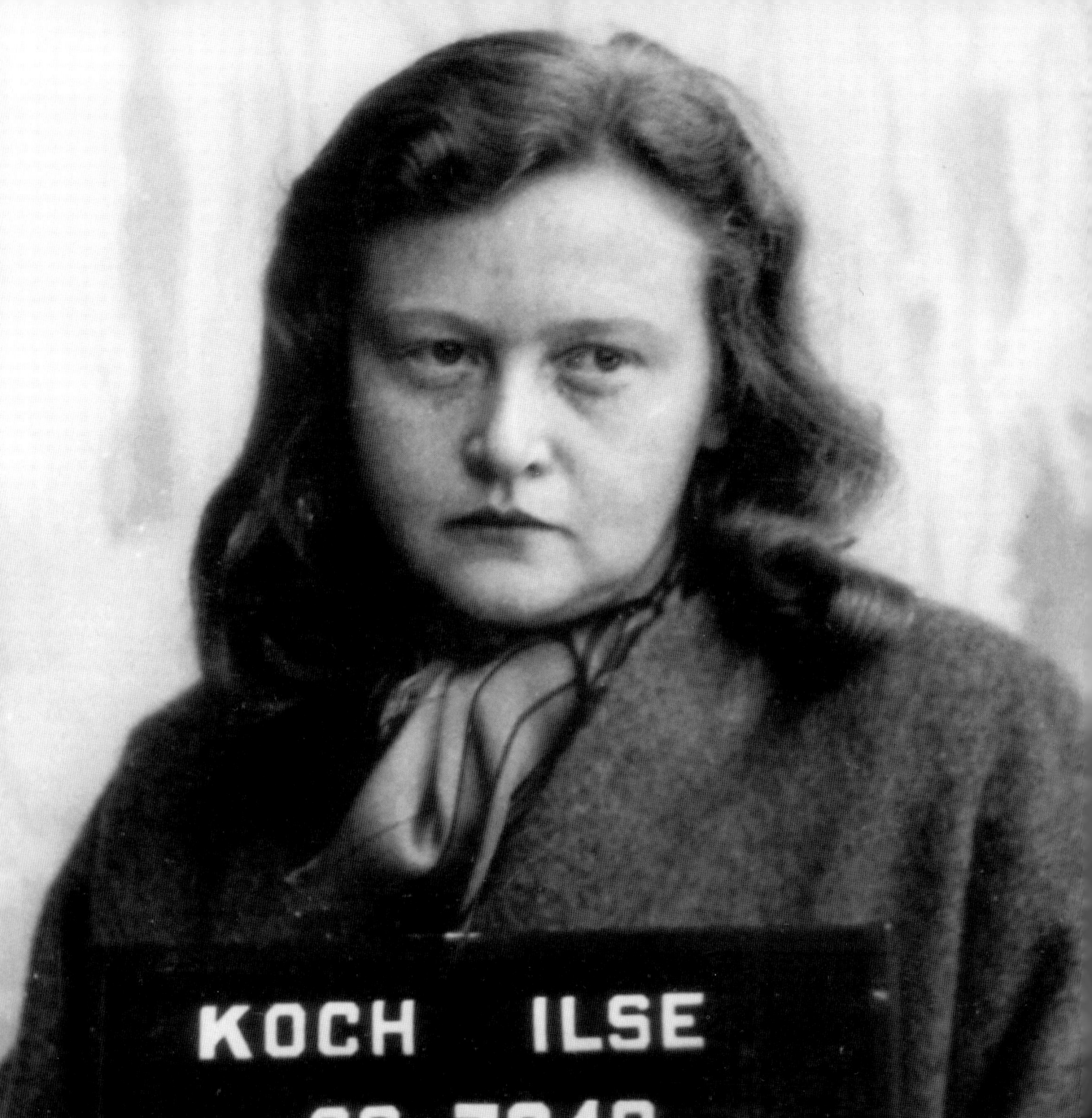
KOCH ILSE
29 7340

André Meier

Ilse Koch
Die Hexe von Buchenwald

Auf ihren Befehl sollen Häftlinge geschlagen, ermordet und gehäutet worden sein. Lampenschirme aus Menschenhaut, so heißt es, habe sie besessen, halbnackt sei sie am Lagerzaun entlangspaziert. Ilse Koch. Ihr Name steht bis heute als Synonym für abartige NS-Verbrechen.

Als eiskalte Herrin vom Ettersberg ging die gelernte Stenotypistin in die Geschichte ein. Wie wurde aus dem Dresdner Arbeiterkind die gefürchtete »Hexe von Buchenwald«?

Über vier Jahrzehnte nach dem Tod der Frau des KZ-Kommandanten werfen Archivfunde ein neues Licht auf ihren Fall. Im Bayerischen Staatsarchiv Augsburg lagern die Prozessakten des Falls »Ilse Koch«: elf Kartons, zwei laufende Aktenmeter. Aussagen von über tausendfünfhundert Belastungszeugen – alle Vorwürfe, die je vor Gericht gegen die Gattin des KZ-Kommandanten von Buchenwald erhoben wurden. In zwei spektakulären Prozessen wurde Ilse Koch 1947 und 1951 für die auf dem Ettersberg bei Weimar begangenen Verbrechen zur Verantwortung gezogen. Doch wer diese Frau wirklich war und was sie zu ihren Schandtaten trieb, blieb dabei im Dunkeln.

Die Anklage

Die Welt der Kochs: 190 Hektar im Herzen Deutschlands, das Konzentrationslager Buchenwald. Eine Viertelmillion Häftlinge zählte es in den acht Jahren seines Bestehens. Sie wurden als Arbeitssklaven ausgebeutet, für medizinische Experimente missbraucht, gefoltert und ermordet. Von Juli 1937 bis zur Befreiung des Lagers im April 1945 starben hier über 56 000 Menschen.

Die Verantwortlichen dafür stehen im April 1947 in Dachau vor Gericht. Es sind SS-Angehörige, Wachmannschaften und Ärzte. Für die amerikanische Militärjustiz ist Buchenwald eine völkerrechtswidrige Tötungsmaschine, eine

> » *Der Name der »Kommandeuse« Ilse Koch ist in der Weltöffentlichkeit untrennbar mit dem KZ-System verbunden. Es gibt daher keinen persönlichen Fall »Koch«, sondern nur das Politikum »Koch«. Das ist das Geschick dieser Frau.* «
>
> *Aus der internen Begründung des Bayerischen Justizministeriums für die Ablehnung des letzten Gnadengesuchs 1967*

US-Polizeifoto von Ilse Koch, April 1947

kriminelle Einrichtung, die nach einem gemeinschaftlichen Plan aufgebaut und geführt wurde. Damit ist jeder, der in dem Konzentrationslager Verantwortung trug, für die dort begangenen Verbrechen gleichermaßen mitverantwortlich, egal ob man ihm eine individuelle Schuld nachweisen kann oder nicht. Und so fordert man in Dachau für alle Angeklagten ein und dieselbe Strafe – den Tod. Auch Ilse Koch, Gattin des ersten Kommandanten von Buchenwald und einzige Frau unter den 31 Angeklagten, droht der Strick.

Die Anklage wirft der 41-Jährigen schwerste Verbrechen gegen die Menschlichkeit vor. Dazu gehört der Besitz von präparierten Köpfen ermordeter Opfer und von Lampenschirmen aus Menschenhaut. Im Kreuzverhör äußert sich Ilse Koch das erste und zugleich letzte Mal ausführlich zu den ihr zur Last gelegten Verbrechen. Tonaufnahmen von diesem Auftritt existieren nicht. Alles, was wir an historischen Dokumenten haben, sind einige Wochenschaubilder und die in Augsburg gelagerten Akten. Darunter befinden sich auch die Fotokopien der amerikanischen Prozessprotokolle, von deutschen Gerichtsassistenten minutiös übersetzt.

Ilse Koch hatte keinen SS-Dienstrang und keine Befehlsgewalt, trotzdem steht sie in Dachau vor Gericht. Denn anders als die Ehefrauen der übrigen SS-Offiziere soll sie von den in Buchenwald begangenen Verbrechen nicht nur gewusst, sondern ihren Mann sogar zu etlichen Gräueltaten angestiftet haben. Aus Sadismus, so heißt es in der Anklageschrift, und aus Habgier. Ihre Villa, ihre Möbel, ihr BMW-Cabriolet – all das soll bezahlt worden sein von den Häftlingen auf der anderen Seite des Stacheldrahts, die tagtäglich ausgebeutet, gequält und um ihre ohnehin kargen Essensrationen betrogen wurden. Im Kreuzverhör gibt Ilse Koch zu Protokoll, sie habe nie Häftlinge gesehen, die so ausgehungert gewesen wären, dass es ihre Aufmerksamkeit erregt hätte.

Von der Sekretärin zur SS-Offiziersfrau

Wie wird man so, wann fing das an?

1932 tritt Ilse Koch, geborene Köhler, in die NSDAP ein, Mitgliedsnummer: 1.130.836. Noch ist sie ledig – und, wie ihre Mutter den amerikanischen Vernehmern später erzählt, »sehr ehrgeizig«. Eine 25-jährige Stenotypistin, die weiß, was sie will.

1934 lernt Ilse Köhler den zehn Jahre älteren SS-Hauptsturmführer Karl Otto Koch kennen – ein des Kassendiebstahls überführter Buchhalter, der gerade erst an die Elbe versetzt worden ist. Hier baut Koch das SS-Sonderkommando Sachsen auf. Diese Einheit soll die von der SA unterhaltenen

Sammelstellen für die Gegner des NS-Regimes, die »wilden« Konzentrationslager, in reguläre Straflager umwandeln. Schon hier zeigt Koch jene fragwürdigen Qualitäten, für die er später in Buchenwald gefürchtet ist.

Dank seiner Skrupellosigkeit und Brutalität steigt Karl Koch schnell zum Lagerexperten der SS auf. Im Juli 1936 bekommt er den Auftrag, in der Nähe von Berlin ein Muster-KZ aufzubauen. Und seine Verlobte Ilse Köhler begleitet ihn. Koch wird der erste Kommandant des KZ Sachsenhausen. Sein monatlicher Sold beträgt 1000 Reichsmark, das Fünffache von Ilses Sekretärinnen-Gehalt. Als Koch 1937 um ihre Hand anhält, willigt sie ein.

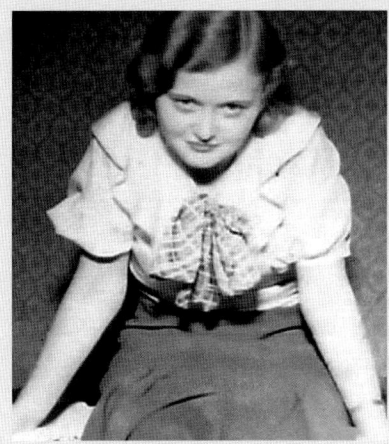

Ilse Koch um 1935

Doch ob tatsächlich geheiratet werden darf, entscheidet Heinrich Himmler, der Reichsführer SS. Und der hat genaue Vorstellungen davon, wie die Braut eines SS-Mannes beschaffen sein muss: »Ich will, dass die SS-Angehörigen eine rassisch wertvolle gesunde deutsche Familie gründen, deshalb sind an ihre zukünftigen Frauen erscheinungsbildlich, gesundheitlich und erbgesundheitlich höchste Anforderungen zu stellen.«

Ilse Köhler wird gynäkologisch untersucht und ihre Ahnentafel wird zurück bis ins 18. Jahrhundert durchleuchtet. Sie erfüllt Himmlers strenge Vorgaben, darf den Lagerkommandanten Koch heiraten. Und tatsächlich fühlt sich Ilse Koch durch diesen vermeintlichen Ritterschlag aus der Masse der Volksgenossen emporgehoben. Das zeigt sich, als ihr Mann 1937 nach Thüringen versetzt und zum Herrscher auf dem Ettersberg wird.

Das KZ Buchenwald ist ein Männerlager, umgeben von den Kasernenbauten der SS. Lediglich in den Villen der Lagerführung wohnen Frauen. Die meisten von ihnen meiden das Lager, verschanzen sich in ihren vier Wänden. Anders Ilse Koch. Sie ist die einzige SS-Offiziersfrau, die im Gedächtnis der Gefangenen und Wachmannschaften haften bleibt. Im Buchenwald-Prozess beschreiben Zeugen, wie Ilse Koch freizügig gekleidet immer wieder die Aufmerksamkeit der Gefangenen zu erregen suchte, nur um sie dann bei ihrem Mann zu denunzieren.

Welche grausamen Konsequenzen diese Spielchen hatten, steht im Vernehmungsprotokoll eines guten Freundes der Familie Koch: SS-Hauptsturmführer Herman Hackmann, seit 1939 Adjutant des Lagerkommandanten: »Gelegentlich sind Strafzettel über den Schutzhaftlagerführer an mich gelangt. Auf diesen Zetteln standen die Nummer und die Zahl der Stockschläge. Mir ist vertraulich erklärt worden, die Bestrafung erfolge, weil sich der Betreffende der Frau des Kommandanten gegenüber unehrerbietig oder unsittlich benommen habe.«

Hackmann zählt schon in Sachsenhausen zu Kochs Vertrauten und begleitet den Standartenführer auch, als der in Buchenwald ein weiteres Konzen-

Ilse Koch mit Sohn Artwin, Mai 1938

trationslager errichtet. Parallel zum Bau des Lagers entstehen die Dienstwohnungen der SS. Von der Villa der Kochs sind heute nur noch einige Mauerreste erhalten und die Fotos aus den Privatalben der Kochs. Die Aufnahmen zeigen eine friedliche Idylle, keine zehn Gehminuten vom Lagertor entfernt. Hier wird 1938 Ilse Kochs erstes Kind Artwin geboren. Nichts auf den Fotos des Ehepaares verrät, dass nur wenige Meter weiter Menschen gefoltert und ermordet werden. Stundenlanges Strafestehen, Essensentzug, das sogenannte Baumhängen und das Auspeitschen auf dem Bock gehören zu den in der Ära Koch gebräuchlichen Foltermethoden.

Die Frau des Lagerkommandanten gibt in Dachau an, von all dem nichts mitbekommen zu haben. Aber noch heute kann man auf dem Ettersberg die Reste des Buchenwalder Zoos besichtigen. Lagerkommandant Koch ließ das Tiergehege zum Amüsement der Wachmannschaften anlegen. Bezahlt mit erpressten »Spendengeldern« von Häftlingen. Nur kommen diese nie hierher, umso öfter dafür die Familie Koch. Direkt hinter dem Zoo beginnt das Lager, dazwischen der Zaun, mit 380 Volt elektrisch geladen. An die zwanzig Mal, so gesteht Ilse Koch, will sie mit ihren Kindern dort gewesen sein. Angeblich ohne auch nur die geringste Notiz von dem Leben und Sterben hinter dem Zaun genommen zu haben.

Die Erinnerungen des SS-Arztes Bender

Einer der Kronzeugen der Anklage im Prozess 1947 ist Eugen Kogon. Kogon wurde als »Halbjude« und bekennender Nazigegner nach dem Anschluss Österreichs verhaftet und ins KZ Buchenwald gebracht. Er überlebt das Lager als Arztschreiber. 1946 erscheint sein Buch »Der SS-Staat«. Es ist die erste große Abrechnung mit dem NS-Lagersystem. Kogon gibt in Dachau an, Ilse Koch gesehen zu haben, wie sie die Leibesvisitation der Häftlinge auf dem Appellplatz beobachtete: »Sie stand am Stacheldrahtzaun, während die Gefangenen völlig nackt antreten mussten und von der SS durchsucht wurden.«

Unter den in Dachau angeklagten SS-Angehörigen sitzt ein junger Mann, der vielleicht eine Antwort darauf geben könnte, was Ilse Koch tatsächlich getan hat und was nicht. Doch er schweigt. Es ist August Heinrich Bender, zeitweise Lagerarzt im KZ-Buchenwald. Im Bundesarchiv in Koblenz liegt der Nachlass des 2005 verstorbenen SS-Offiziers. In diesem Konvolut finden sich nicht nur das Original der Anklageschrift, sondern auch Benders 1993 handschriftlich verfasste Buchenwald-Erinnerungen. Was Bender zu Papier bringt, sind bislang völlig unbekannte Details aus dem Lagerleben der Ilse Koch: »Sie war in der SS-Siedlung kurze Zeit meine Nachbarin und auch meine Patientin. Ilse war hoch gebildet, eine Schönheit, leicht rötliche lange blonde Locken, schneeweiße Haut, grünliche Augen – sie hätte beim Film Karriere machen können. Und erst die Figur!«

Bender arbeitete nach dem Krieg fast vier Jahrzehnte als Hausarzt im nordrheinwestfälischen Kelz. Der Sturmbannführer a.D. war beliebt als Arzt und Mitglied des Kultur- und Naturfreundevereins. Über seine Lagererlebnisse redete der alte Herr nicht. Aber er schrieb sie auf: »Ärzterei – ohne Krankenkasse und den damit verbundenen Bürokraten-Kram. Nie wieder habe ich später so ungebunden arzten können.«

Eugen Kogon im Zeugenstand während des Dachauer Buchenwald-Prozesses 1947

Bender kommt 1938 als Arzt nach Buchenwald und trifft dort auf Ilse Koch. Offiziell ist die Gattin des KZ-Kommandanten Hausfrau. Im Lager kennt sie dennoch jeder. Ilse Koch, so sagen ehemalige Häftlinge später aus, beobachtete die Gefangenen, wenn sie von den Arbeitseinsätzen im Steinbruch heimkehrten. Fiel ihr ein Häftling auf, so meldete sie ihn bei der SS. Und in der Regel kamen die Betreffenden danach in den »Bunker«. So wurden die Arrestzellen des KZ-Buchenwalds von den Häftlingen genannt. Der offizielle SS-Strafkatalog führt folgende Strafen auf: 3 bis 42 Tage in der Zelle, tagsüber stehend, bei Wasser und Brot. Dunkelhaft. Doch damit gibt man sich in Buchenwald nicht zufrieden. Im dortigen Bunker werden unzählige Häftlinge von sadistischen Wärtern auf grausamste Art zu Tode gequält.

Ilse Koch leugnet, jemals einen Häftling gemeldet oder ihrem Mann zur Bestrafung anempfohlen zu haben: »Mit einem Mann, wie es mein Ehegatte war, wäre es mir unmöglich gewesen, mich um Lagerangelegenheiten zu kümmern. Er hätte ganz bestimmt dagegen Einspruch erhoben. In seinen Augen war meine Hauptaufgabe, Mutter zu sein und ich habe mein Bestes getan, meinem Mann an den Abenden ein gemütliches Heim zu schaffen.«

Ihre Glaubwürdigkeit wird durch einen weiteren Zeugen erschüttert. Es ist Kurt Titz, der ehemalige Hausbursche der Kochs. 1939 wird Titz als 24-Jähriger wegen Wehrkraftzersetzung von der Gestapo verhaftet. Ab 1940 arbeitet er im Haushalt der Kochs. Er berichtet, dass er täglich von fünf Uhr morgens bis sieben Uhr abends seinen Dienst verrichten musste, ohne dass er in dieser Zeit aus der Küche der Kochs Essen bekam.

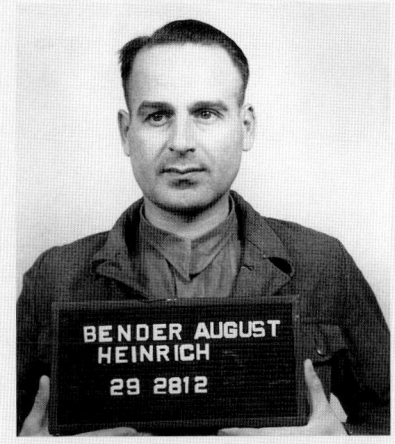

US-Polizeifoto des ehemaligen Lagerarztes August Heinrich Bender, April 1947

Darauf angesprochen, sagt Ilse Koch: »Der Titz erhielt seine Mahlzeiten aus dem Lager. Genau so wie jeder andere Häftling. Schließlich war Krieg und ich musste mit meinen Zuteilungen auskommen. Wenn ich dem etwas zu essen gegeben hätte, dann hätte ich es mir oder meinen Kindern entziehen müssen.«

Die Villa des Lagerkommandanten
Karl Koch, November 1937

Wie es um die Versorgung der hohen SS-Offiziere und ihrer Familien tatsächlich bestellt war, erfahren wir aus den Aufzeichnungen des SS-Lagerarztes Bender: »Die Küche der Kommandantur: Der Koch, natürlich ein Häftling, war Chefkoch des Berliner ›Hotel Adlon‹. Erlesene Speisen, zum Teil à la carte und Getränke bester Güte. Das war dort ein Leben, morgens, mittags, abends. Von dieser Küche aus wurde auch die Führersiedlung versorgt, dort wurde nicht gekocht!« Die offizielle Tagesration eines Häftlings sah anders aus: 500 Gramm Brot, ein Liter Krautsuppe, ein Löffel Marmelade, etwas Margarine. Tatsächlich aber gab es in Buchenwald für die meisten Gefangenen noch weniger.

Strohwitwe auf dem Ettersberg

Kommunalrechtlich gehört das KZ zur Klassikerstadt Weimar. Widerstand gegen den Bau des Lagers gibt es hier nicht. Im Gegenteil, hofft man doch, von der Nachbarschaft zu profitieren. Die städtische Friedhofsverwaltung zählt zu den ersten Nutznießern der KZ-Ansiedlung. Von 1937 an werden im Weimarer Krematorium die Toten aus Buchenwald verbrannt. Im Jahr 1939 sind das bereits 1235 – und ihre Zahl steigt stetig. 20 Reichsmark stellt die Stadt

für jede Einäscherung der SS in Rechnung. Ein einträgliches Geschäft, das
erst endet, als der kommunale Verbrennungsofen 1940 wegen Überlastung
ausfällt und das KZ ein eigenes Krematorium bekommt. Die Öfen dafür liefert
die Erfurter Firma Topf und Söhne. Für viele Unternehmen der Region ist
das KZ ein attraktiver Partner.

Kommandant Koch nutzt seine exponierte Stellung schamlos aus, lässt sich
korrumpieren, wirtschaftet in die eigene Tasche. Davon erfährt man auch in
Berlin. 1941 wird Koch seines Postens entbunden und nach Majdanek versetzt.

Noch will Himmler ihn nicht vollends fallen lassen. Doch intern beginnt
die SS wegen Unterschlagung und eigenmächtigem Mord an Gefangenen
gegen den ehemaligen Lagerkommandanten zu ermitteln. SS-Lagerarzt Bender
schreibt in seinen Erinnerungen über Koch: »Ein übler Typ. Infizierte sich mit
Syphilis. Um es geheim zu halten, ließ er sich nicht im SS-Lazarett, sondern
von zwei Häftlingen behandeln. Die Sache klappte. Dann veranlasste er einen
Transport der beiden in ein anderes Lager mit der Maßgabe ›Auf der Flucht
erschossen‹. So geschah es dann auch.«

In nur vier Jahren ist Kochs Privatvermögen auf über 103 000 Reichsmark
angewachsen. Eine Summe, die das reguläre Einkommen eines Standarten-
führers um ein Vielfaches übersteigt.

Solange die Ermittlungen gegen ihren Mann laufen, wohnt Ilse Koch weiter in ihrer Villa auf dem Ettersberg. Um das Haus und seine Bewohnerin beginnen sich nun zahlreiche Gerüchte zu ranken. Die Koch, so heißt es, vernachlässige ihre Kinder, nehme Reitunterricht, während sich Häftlinge um ihren Haushalt kümmern müssen. Sie trinke und betrüge ihren abwesenden Ehemann reihenweise mit anderen SS-Leuten.

Souvenirs aus Menschenhaut?

Solche Gerüchte spielen auch Jahre später wieder eine Rolle: Bereits vor dem Buchenwald-Prozess in Dachau wird bekannt, dass Ilse Koch mit mindestens zwei verheirateten SS-Offizieren des Lagers intime Beziehungen unterhalten habe. Als die Anklage 1947 versucht, diese Affären zu thematisieren, interveniert Kochs amerikanischer Pflichtverteidiger. Doch das Interesse der Öffentlichkeit an dem Fall ist inzwischen so groß, dass jedes neue Detail aus dem angeblich »abartigen« Intimleben der Angeklagten von der Presse dankbar aufgegriffen wird. Begierig stürzt sich die Öffentlichkeit auch auf alle Zeugenaussagen, die um Ilse Kochs vermeintliche Vorliebe für tätowierte Menschenhaut kreisen. Die Bilder von den makabren Fundstücken aus der Lagerpathologie gehen um die Welt.

Fest steht, dass in Buchenwald Häftlinge gegen ihren Willen den SS-Lagerärzten als Probanden für medizinische Experimente dienten. Hunderte verloren dabei ihr Leben. Und fest steht ebenfalls, dass das KZ Häftlingsleichen oder präparierte Leichenteile an die Universität Jena zu Forschungszwecken lieferte. In der Sammlung der Gedenkstätte Buchenwald befinden sich etliche Fetzen gegerbter Menschenhaut.

Ob aber im Lager tatsächlich Gefangene aufgrund ihrer Tätowierungen getötet wurden, ist bis heute nicht bewiesen. Wohl aber, dass in Buchenwald im großen Stil tätowierte Hautteile für »wissenschaftliche Zwecke« konserviert wurden. Das steht auch in den Erinnerungen des Lagerarztes Bender. Ebenso, dass in Buchenwald aus den Köpfen toter Häftlinge Geschenkartikel hergestellt wurden. Ihm selbst, so schreibt Bender, hätte man einen sogenannten Schrumpfkopf angeboten. Gefertigt aus dem Haupt eines hingerichteten polnischen Gefangenen.

In Dachau melden sich Zeugen zu Wort, die aussagen, sie hätten Lampenschirme und Bucheinbände aus menschlicher Haut, die für die Kochs bestimmt waren, in der Lagerpathologie gesehen. Vorlegen kann die Anklage allerdings keines dieser Objekte, und Ilse Koch streitet ihren Besitz kategorisch ab. Die Anklage lässt schließlich den Vorwurf, Ilse Koch habe die Häutung von Häftlingen befohlen, fallen.

Trotzdem brennt sich gerade diese Geschichte in das kollektive Gedächtnis ein. Als die DDR in Buchenwald eine »Nationale Mahn- und Gedenkstätte« einrichtet, gehört ein kleiner »Lampenschirm« zum Ausstellungsinventar. Von 1954 an wird er mit Vermerk »aus Menschenhaut gefertigt« auf dem Ettersberg ausgestellt. Bis in die achtziger Jahre hinein ist dieser vermeintlich für Ilse Koch gefertigte Lampenschirm in Buchenwald zu besichtigen. Nach 1989 wird er erstmals wissenschaftlich untersucht und als »nicht aus menschlichem Material« bestehend klassifiziert.

Der jähe Sturz

Im Sommer 1943 endet Ilse Kochs Leben auf dem Ettersberg abrupt. Nach zwei Jahren sind die Ermittlungen gegen ihren Mann abgeschlossen. Am 25. August 1943 verhaftet ein Sonderkommando der SS Karl Koch und bringt ihn in die Gestapo-Zentrale Weimar. Einen Tag später wird auch Ilse Koch festgenommen. Auf ihrem Konto finden die Ermittler 25 000 Reichsmark. Das genügt, um sie der Mittäterschaft anzuklagen. Doch Ilse Koch gelingt es, sich vor dem SS-Gericht als argloses Opfer ihres Mannes zu inszenieren. Im Dezember 1944 aus Mangel an Beweisen freigesprochen, verlässt sie den Ettersberg.

Karl Koch dagegen wird wegen Hehlerei, Betrug, Unterschlagung und Anstiftung zum Mord zum Tode verurteilt und im April 1945 im Lager hingerichtet. SS-Arzt Bender ist, das wissen wir aus seinen Aufzeichnungen, bei der Exekution anwesend: »Letzte Worte von Koch ›Jungens, schießt gut!‹ Schneid hatte er. Ausstellung des Totenscheins. Affäre Koch beendet.«

Wenige Tage später erreichen die Amerikaner das von der SS verlassene KZ Buchenwald. Es ist das erste große deutsche Konzentrationslager, auf das sie stoßen. Die amerikanischen Soldaten sind entsetzt. Ihr General will, dass auch die Einwohner Weimars dieses Grauen sehen sollen. Auf seinen Befehl werden hunderte Bürger der Stadt durch das Lager geführt, vorbei an hungernden Häftlingen und Leichenbergen. Auf einem Tisch hat man die makabren Produkte der Lagerpathologie aufgereiht. Für die amerikanischen Kameraleute und Kriegsfotografen ist dieses Arrangement ein begehrtes Bildmotiv.

Immer wieder müssen die befreiten Häftlinge nun erzählen, was sie über die grausigen Funde wissen. Ende April bestätigt das US-Kriegsministerium,

Ilse Koch, Angeklagte im Dachauer Buchenwald-Prozess, im Gerichtssaal auf dem Weg zur Anklagebank

dass die Gerüchte, die rothaarige Frau eines SS-Obersten habe in Buchenwald systematisch tätowierte Häftlinge töten und enthäuten lassen, der Wahrheit entsprächen.

Von all dem ahnt Ilse Koch nichts. Gemeinsam mit ihren beiden Kindern Artwin und Gisela erlebt sie das Kriegsende bei Verwandten in Ludwigsburg. Hier wird sie im Juni 1945 von den Amerikanern verhaftet. Ihre Fotoalben werden beschlagnahmt, ausgewählte Aufnahmen herausgerissen und der Presse zugespielt. So bekommt das unbeschreibliche Grauen von Buchenwald ein Gesicht. Es ist das der Ilse Koch.

Die Witwe des Lagerkommandanten wird nach Dachau gebracht. Auf dem Gelände des ehemaligen KZ haben die Amerikaner ein Gefangenenlager eingerichtet. Der Frauenbereich ist durch einen Stacheldrahtzaun vom Rest des Lagers abgetrennt. Trotzdem gelingt es einigen Gefangenen, unbemerkt auf die andere Seite zu gelangen.

Einer dieser Männer ist Friedrich Schäfer, ein Bekannter aus Ilse Kochs Jugendzeit. Im Augsburger Staatsarchiv liegt auch Schäfers Vernehmungsprotokoll: »Wir waren fünf Mann, die regelmäßig zu Besuch ins Frauenlager gingen. In der Regel waren es alles Besuche zum Zwecke des Gedankenaustauschs. Mit Ilse Koch hatte ich bei dieser Gelegenheit öfter Geschlechtsverkehr gehabt.«

Als es im Buchenwald-Prozess im Sommer 1947 schließlich zur Urteilsverkündung kommt, ist Ilse Koch im 7. Monat schwanger. Das allein rettet sie vor dem Strang. Bei der werdenden Mutter schreckt das Gericht davor zurück, die von der Anklage geforderte Todesstrafe zu verhängen.

Ilse Koch wird nach Landsberg überführt. Dort hat die US-Armee ihr Kriegsverbrechergefängnis eingerichtet. In Landsberg trifft Ilse Koch auf einen alten Bekannten: August Heinrich Bender. Der Lagerarzt wurde im Buchenwald-Prozess zu zehn Jahren Haft verurteilt. Nun setzten die Amerikaner den SS-Offizier als Gefängnisarzt ein. Bender in seinen Aufzeichnungen: »Da ich mich frei bewegen konnte, war ich oft bei Ilse. Ich betreute sie während ihrer Schwangerschaft. Da kam mir ein Gedanke: Über unserer Behausung wehte die amerikanische Flagge. Wir befanden uns auf amerikanischem Boden! Das Kind wäre vom Augenblick der Geburt an ein amerikanischer Staatsbürger gewesen! Ilse vertraute meinem geburtshilflichen Können und war mit meinem Plan einverstanden.«

Doch daraus wird nichts. Sechs Wochen vor der Entbindung verlegen die Amerikaner Ilse Koch in das städtische Krankenhaus Landsberg. Im Oktober 1949 wird dort ihr Sohn Uwe geboren, über seiner Wiege weht die weißblaue Flagge Bayerns. Die Fürsorge nimmt sich des Kindes an und Ilse Koch kehrt in ihre Zelle zurück.

Eine US-Militärkommission überprüft derweil die Urteile des Buchenwald-Prozesses und stößt dabei auf zahlreiche Verfahrensfehler. Etliche Zeugenaussagen widersprechen sich, Entlastungsmaterial ist dem Gericht vorenthalten worden. Der amerikanische Militärgouverneur General Clay sieht sich genötigt, Ilse Kochs »Lebenslänglich« nun in eine vierjährige Haftstrafe umzuwandeln. Das entfacht in den USA einen Sturm der Entrüstung.

Die Amerikaner können selber keinen neuen Prozess auflegen. Es gilt das sogenannte Doppelbestrafungsverbot. Keine Person darf zweimal wegen der gleichen Tat vor Gericht stehen. Deshalb setzen die Amerikaner die neue bayerische Staatsregierung unter Druck. Nun soll sich ein deutsches Gericht des Falls Koch annehmen. So kommt es zum zweiten Verfahren vor dem Landgericht Augsburg. Ilse Koch wird jetzt des Mordes und der Misshandlung deutscher Staatsbürger angeklagt. Die eigenhändige Tötung von Häftlingen ist der Kommandantenwitwe nicht nachzuweisen, nach Meinung der Richter wohl aber die Anstiftung zum Mord. Sie wird erneut zu einer lebenslangen Gefängnisstrafe verurteilt.

Das »Politikum Koch«

Urteile wie das im Januar 1951 gegen die »Hexe von Buchenwald« verhängte haben für viele Deutsche eine Entlastungsfunktion. Sie reduzieren die Verantwortung der Deutschen für die NS-Verbrechen auf einige wenige prominente Nazis.

Im Frauengefängnis im bayerischen Aichach verbringt Ilse Koch ihre letzten 16 Jahre. Sie meidet den Kontakt zu Mitgefangenen und versteigt sich zunehmend in Wahnvorstellungen. In Briefen an ihre Kinder beteuert sie ihre Unschuld, trotzdem bleibt das Verhältnis angespannt. Ihr ältester Sohn Artwin nimmt sich schließlich das Leben.

Immer wieder stellt Ilse Kochs Anwalt Gnadengesuche und immer wieder werden sie vom bayerischen Justizminister abgelehnt. Zuletzt versucht es ihr jüngster Sohn Uwe im April 1967. Ohne Erfolg.

Die interne Begründung finden wir im Bayerischen Staatsarchiv: »Der Name der ›Kommandeuse‹ Ilse Koch ist in der Weltöffentlichkeit untrennbar mit dem KZ-System schlechthin verbunden. Es gibt daher keinen persönlichen Fall ›Koch‹, sondern nur das Politikum ›Koch‹. Das ist das Geschick dieser Frau.« Am 2. September 1967, fünf Monate nach der Ablehnung des letzten Gnadengesuchs, erhängt Ilse Koch sich in ihrer Gefängniszelle.

Ein gerechtes Ende, wenn man es an dem Schicksal der 56 000 in Buchenwald ums Leben gekommenen Häftlinge misst. Fragwürdig, wenn man bedenkt, was dagegen aus den SS-Männern wurde, die das US-Militärgericht in Dachau gemeinsam mit Ilse Koch verurteilt hat:

Philip Grimm, SS-Obersturmführer, führte als Arbeitseinsatzführer die Kategorie »unproduktive Juden« ein, sorgte für den Abtransport arbeitsunfähiger und behinderter Häftlinge. 1947 zum Tode verurteilt, 1954 aus der Haft entlassen.

Hermann Hackmann, SS-Hauptsturmführer, Chef der Stabskompanie, die in Buchenwald 8000 gefangene Soldaten der Roten Armee durch Genickschuss tötete. 1947 zum Tode verurteilt, 1955 aus der Haft entlassen.

Gustav Heigel, SS-Hauptscharführer, Leiter des Arrestbereichs, verantwortlich für die Durchführung von über 350 Hinrichtungen. 1947 zum Tode verurteilt, Mitte der fünfziger Jahre aus der Haft entlassen.

Wolfgang Otto, SS-Hauptscharführer, Protokollführer des Exekutionskommandos. 1947 zu zwanzig Jahren Haft verurteilt, 1952 entlassen, bis 1962 Religionslehrer an einer katholischen Volksschule.

Zeittafel

1906 22. September: Ilse wird in Dresden als drittes Kind der Arbeiterfamilie Köhler geboren.

1920 Besuch einer Handelsschule

1924 Arbeit als Sekretärin

1932 Eintritt in die NSDAP

1934 Bekanntschaft mit dem SS-Sturmbannführer Karl Koch

1936 Ilse Köhler reicht bei den SS-Stellen ihr Heiratsgesuch ein.

1937 Hochzeit mit Karl Koch und erste gemeinsame Wohnung in Sachsenhausen bei Oranienburg

1937 Das Ehepaar Koch zieht auf den Ettersberg bei Weimar, wo Karl Koch mit dem Aufbau des KZ Buchenwald beauftragt ist.

1938 Geburt des Sohnes Artwin

1939 Geburt der Tochter Gisela

1940 Geburt der Tochter Gudrun (gestorben 1941)

1941 SS-interne Ermittlungen gegen Karl Koch. Er wird als Lagerkommandant abgesetzt.

1943 Karl und Ilse Koch werden von der SS verhaftet.

1944 19. Dezember: Karl Koch wird von einem SS-Gericht zum Tode wegen Mordes und Unterschlagung von Staatsgeldern verurteilt, Ilse Koch aus Mangel an Beweisen freigesprochen. Sie zieht nach Ludwigsburg

1945   5. April: Karl Koch wird in Buchenwald von einem SS-Kommando hingerichtet.

1945   11. April: Das KZ Buchenwald wird von amerikanischen Truppen befreit.

1945   30. Juni: Ilse Koch wird in Ludwigsburg von der amerikanischen Militärpolizei verhaftet.

1947   11. April: Beginn des Buchenwald-Prozesses in Dachau

1947   12. August: Ilse Koch wird zu lebenslänglicher Haft verurteilt.

1947   29. Oktober: Ilse Kochs Sohn Uwe wird in Landsberg geboren und den Wohlfahrtsbehörden übergeben.

1948   General Clay, Kommandant der amerikanischen Besatzungstruppen, reduziert Ilse Kochs Strafe auf vier Jahre.

1950   Der bayerische Staatsgerichtshof klagt Ilse Koch des Mordes und der Misshandlung von Deutschen an.

1951   15. Januar: Ilse Koch wird in Augsburg erneut zu lebenslanger Haft verurteilt.

1967   2. September: Ilse Koch begeht in ihrer Zelle im Frauengefängnis Aichach Selbstmord.

Annette Baumeister

Roland Freisler
Hitlers williger Vollstrecker

Am frühen Morgen des 7. September 1944 bereitet sich in einer bürgerlichen Villa in Berlin-Dahlem ein Richter auf seinen Arbeitstag vor. Wie jeden Morgen frühstückt er mit seiner Frau Marion und den Söhnen Harald und Roland. Dann packt der Familienvater eine Stulle in die Aktentasche, verlässt das Haus und fährt zum Gericht. Wie immer wird er dort zwei oder drei Todesurteile fällen und dann am Abend wieder in den Schoß seiner Familie zurückkehren. Es ist der Präsident des Volksgerichtshofes Dr. Roland Freisler.

Der Angeklagte

Seit knapp vier Wochen ist Carl Goerdeler im Keller der Gestapo in der Prinz-Albrecht-Straße inhaftiert. An diesem Septembermorgen kauert der ehemalige Leipziger Oberbürgermeister in seiner Zelle auf einer Bank. Der Widerstandskämpfer ist an den Armen und Füßen gefesselt, in der Nacht beleuchten die Männer der Gestapo sein Gesicht mit grellem Licht, er bekommt kaum etwas zu essen und wird ständig verhört. Denn Richter Freisler will einen zermürbten Goerdeler vor sich stehen haben. Dieser gilt als Kopf der zivilen Verschwörer des 20. Juli 1944. Nach einem gelungenen Stauffenberg-Attentat auf Hitler sollte er Reichskanzler werden. Wochenlang war Goerdeler auf der Flucht, mal hat er bei Freunden Unterschlupf gefunden, mal hat er sich im Wald versteckt. Auf allen Titelseiten im Reich prangte sein Konterfei, eine Million Reichsmark waren auf ihn ausgesetzt. Eine Luftwaffenhelferin hat ihn schließlich verraten.

In wenigen Stunden werden sich die beiden Männer im Berliner Kammergericht gegenüberstehen. Dort finden die Prozesse des Volksgerichtshofes gegen die Widerstandskämpfer des 20. Juli 1944 statt. »Freisler wird das schon richten«, hat Hitler gesagt und seinem zuverlässigsten Richter einen Auftrag erteilt: »Jeder

> » *Einer wird der Bluthund sein müssen.* «
> *Roland Freisler*

> » *Am gefährlichsten und schließlich unerträglich aber ist, vor der Stimme des Gewissens Tag um Tag die Ohren zu verschließen.* «
> *Carl Goerdeler*

Roland Freisler am Richtertisch während einer Verhandlung vor dem Volksgerichtshof im Berliner Kammergericht Berlin, 1944

137

Carl Friedrich Goerdeler
neben Adolf Hitler
bei der Grundsteinlegung
für das Richard-Wagner-Denkmal
in Leipzig, 6. März 1934

soll wissen, dass – wenn er die Hand zum Schlag erhebt – der sichere Tod sein Los ist.« Die führenden Köpfe des militärischen Widerstands hat Freisler bereits im August 1944 zum Tode verurteilt, nun sind die zivilen Verschwörer dran. Freisler gefällt sich als Feldherr in roter Robe, denn er kann seine Macht im untergehenden Reich demonstrieren. Im Sommer 1944 sind die Kriegsfronten längst zusammengebrochen. Täglich sterben in Europa 20 000 Menschen auf den Schlachtfeldern, in Konzentrationslagern und bei Gräueltaten.

Das Berliner Kammergericht ist fünf Kilometer vom Gestapogefängnis entfernt. Von dort wird der 60-jährige Carl Goerdeler für den Prozess herbeigeschafft. Er trägt noch den Sommeranzug vom Tag seiner Verhaftung, vier Wochen ist das her. Am Sturz von Hitler hat er schon über ein Jahrzehnt gearbeitet.

Als dieser 1933 an die Macht kommt, ist Carl Goerdeler parteiloser Oberbürgermeister in Leipzig. Hin und wieder zeigt er sich an der Seite des Führers, wie 1933 auf dem NSDAP-Gauparteitag in der Messestadt. Dennoch, Carl Goerdeler ist gegen das Regime, will die Hakenkreuzflaggen an öffentlichen Gebäuden verbieten – vergeblich. Demonstrativ kauft seine Familie bei Juden ein. Als im November 1936 in seiner Abwesenheit das Denkmal des jüdischen Komponisten Felix Mendelssohn Bartholdy in Leipzig abgerissen wird, zieht Goerdeler die Konsequenzen. »Der Grund für den Rücktritt als Oberbürgermeister liegt in einer entgegengesetzten Weltanschauung zum Nationalsozialismus«, lässt er ins Protokoll der Ratsherrensitzung schreiben und beginnt in den folgenden Monaten mit dem Aufbau einer Widerstandsbewegung. Der Jurist will den Diktator vor ein rechtsstaatliches Gericht bringen, wo er sich seiner Taten verantworten muss.

Der Prozess

Der Prozess gegen Carl Goerdeler und die anderen Widerstandskämpfer findet im großen Saal des Berliner Kammergerichts statt. 300 Zuschauer werden erwartet, nur linientreue Abgesandte aus den Ministerien und der Wehrmacht haben Karten erhalten. Ganz selten schaffen es Angehörige eines Angeklagten in den Saal. Manch einem gelingt es, die Verhandlung draußen im Flur zu verfolgen. Selbst dort ist die bellende Stimme von Roland Freisler zu hören. Carl Goerdelers Familie hat keine Chance, dem Familienoberhaupt beizustehen, denn sie ist in Sippenhaft. Die Gestapo hat seine Frau und die Kinder in Lager geschafft. Der dreijährige Enkel Reinhard und der neun Monate alte Enkel Carl wurden unter anderem Namen in Heime gebracht.

Propagandaminister Joseph Goebbels lässt die Prozesse gegen die Widerstandskämpfer filmen. Er will die Dokumentation »Verräter vor dem Volksgericht« im Spätsommer 1944 in die Kinos bringen. Freisler hat den Aufnahmen freudig zugestimmt, für ihn ist es die große Bühne. Im Gerichtssaal sind Kameras versteckt, eine direkt hinter Freislers Stuhl in der Hakenkreuzfahne und eine andere an der Stirnseite des Saales. Kameramänner der Deutschen Wochenschau übernehmen die Filmarbeiten. Ein einmaliges Filmdokument, denn es zeigt den Menschen Roland Freisler 190 Minuten unverstellt bei der Arbeit, beim Auslöschen von Menschenleben.

Im Berliner Kammergericht beginnt gegen 9 Uhr am 7. September 1944 der erste Prozesstag gegen Carl Goerdeler und die anderen Widerstandskämpfer. Freisler zelebriert den Auftritt. Mit erhobenem Kopf und in die Ferne gerichteten Augen betritt er den Saal, dann hebt er den Arm zum Hitlergruß. Mit jeder Geste zeigt er, dass er Herr über Leben und Tod ist.

Auch an diesem Verhandlungstag erniedrigt Freisler die Verschwörer. Er kippt kurzfristig den Prozessablauf, der Hauptangeklagte Carl Goerdeler wird nun als Letzter befragt. Dass ihm die Erniedrigung von Menschen Lust bereitet, hat er in den Prozessen gegen den militärischen Widerstand gezeigt: »Können Sie nicht reden«, verunglimpfte er General Höppner, der zur Verhandlung das Gebiss herausnehmen musste. »Sie schmutziger alter Mann, was fummeln sie ständig an ihrer Hose herum«, beschimpfte er General von Witzleben, dem man die Hosenträger weggenommen hat. Bei jeder Gelegenheit bedroht er die Angeklagten. »Werden Sie hier nicht unverschämt! Mit ihnen werden wir auch noch fertig«. Wer ist der Mann, dessen schneidende Stimme in das kollektive Gedächtnis eingegangen ist?

Der Bürgersohn

Anders als Hitler oder viele andere NS-Größen wird Roland Freisler in eine bürgerliche Familie hineingeboren, 1893 in Celle. Sein Vater ist Ingenieur und unterrichtet an der Hochschule, seine Mutter ist Hausfrau. Roland Freisler hat einen jüngeren Bruder, Oswald. Er wird ihm später noch Probleme bereiten. Die Familie muss wohlhabend gewesen sein, denn beide Söhne können studieren. 1912 schreibt sich Roland Freisler in Jena für ein Jurastudium ein. Im Universitätsarchiv lagert noch heute seine Personalakte, darin liegt eine handgeschriebene Vita, sie gibt Auskunft über die ersten 25 Lebensjahre. Die Zeugnisse belegen: Schüler Roland beträgt sich stets tadellos, ist ehrgeizig und debattiert gern. Als Klassenbester besteht er das Abitur.

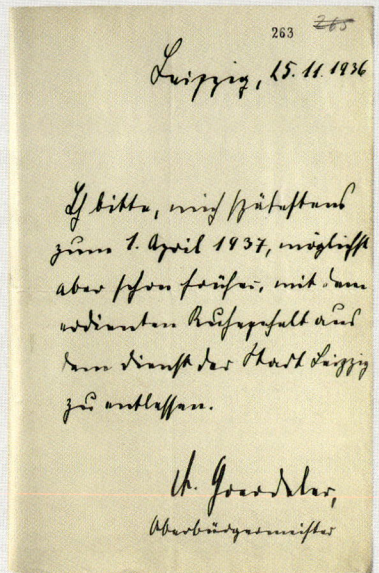

Entlassungsgesuch
Carl Friedrich Goerdelers

Roland Freisler als Staatssekretär bei einem Empfang im Reichsjustizministerium, 1936, rechts Justizminister Franz Gürtler, im Vordergrund der damalige persönliche Referent des Ministers Hans von Dohnanyi

» Ich bin mir durchaus der Tatsache bewußt, eine einseitige Rechtsprechung zu praktizieren, aber dies nur für einen politischen Zweck. Es gilt, eine Wiederholung von 1918 mit allen meinen mir zur Verfügung stehenden Kräften zu verhindern. «
Roland Freisler

Als im August 1914 das Vaterland ruft, bricht der 20-Jährige das Studium ab und zieht in den Krieg. Im Feld verdient er sich das Eiserne Kreuz, gerät jedoch kurz darauf in russische Kriegsgefangenschaft. Nach Kriegsende 1918 bleibt er freiwillig länger in Russland. Er lernt dort die Sprache und macht im Lager Karriere, er steigt zum Proviantverwalter auf. Später wird er über diese Zeit nie sprechen, denn die Jahre in Russland werden zu einem ewigen Makel.

Als Freisler 1920 aus der Kriegsgefangenschaft heimkehrt, findet er ein neues Deutschland vor. Die Weimarer Republik ist ihm zuwider, Demokratie hält er für dekadent, er sehnt den »nationalen Aufbruch« herbei. 29 Jahre ist er alt, als er sein Studium 1922 in Jena wieder aufnimmt. In Thüringen fühlt er sich wohl, jeden Morgen steigt er auf den Stadtberg, den Landgrafen, um die Aussicht zu genießen und den Vögeln zu lauschen. Schon zwei Jahre später promoviert er, »Summa cum laude« erhält er für seine Dissertation »Grundsätzliches über die Betriebsorganisation«. Der Name eines Gutachters verrät viel über das geistige Umfeld des Studenten. Auch sein Doktorvater Justus W. Hedemann lehnt die junge Republik ab und kämpft für die »nationale Befreiung«. Beide Männer bleiben ein Leben lang verbunden, Freisler wird seinem Mentor später einen Professorenposten in Berlin verschaffen.

Nach dem Studium ist Freisler bestens für die Zukunft gewappnet, er wird Anwalt. Kollegen beschreiben ihn als eloquent und begeisterungsfähig. Schon damals beeindruckt er mit einer raschen Auffassungsgabe und dem rigorosen Bedürfnis, aufzusteigen. Zusammen mit seinem Bruder Oswald, dieser ist ebenfalls Jurist, eröffnet er 1924 eine Anwaltskanzlei in Kassel. Roland ist für Strafrecht und Oswald für Zivilrecht zuständig. Beide treten in die NSDAP ein. Roland Freisler engagiert sich besonders, er verteilt Flugblätter auf der Straße – und im Gericht.

Es ist die Zeit der Straßenkämpfe und der Saalschlachten. Freisler nutzt die Gunst der Stunde, um seine Karriere zu befördern, seine Kundschaft kommt aus der Partei. Er verteidigt die braunen Rabauken, schlagkräftige SA-Männer. Als Rechtsanwalt geht er keinem Konflikt aus dem Weg, die örtliche Presse nennt ihn bald den »rasenden Roland«. Bei fast jedem Prozess beleidigt oder bedroht er Opfer, Kollegen und Richter, in seiner Anwaltskanzlei stapeln sich die Verleumdungsklagen. Unzählige Male muss er vor dem Leipziger Ehrengerichtshof erscheinen, die Prozessakten lagern heute im Bundesarchiv. Darin beschreiben Anwaltskollegen Freisler als »gefühlsgesteuert«, »ehrgeizzerfressen«, »zu keiner Führerrolle geeignet« und als einen Anwalt, der »seinem Stand keine Ehre machen würde«. Freisler ficht jedes Urteil des Ehrengerichtshofes an und verkündet stolz, dass weitere Verfahren folgen würden. Seine Anwaltslizenz wird ihm nie entzogen.

Ende der 1920er Jahre freundet er sich mit einem anderen »frühen Kämpfer« an, Hitlers Rechtsanwalt Hans Frank. Dieser ist wie Freisler ein Jurist, der das parteipolitische Programm der NSDAP verfolgt und nicht die Gesetze der Weimarer Republik vertritt. Der Kampf für die nationalistische Sache wird die beiden Männer fast zwei Jahrzehnte miteinander verbinden. Auch privat verstehen sie sich. Als Hans Frank 1940 von Hitler zum Generalgouverneur von Polen ernannt wird, besucht Roland Freisler seinen Freund Frank regelmäßig in Krakau. Dort residiert dieser mit seiner Familie auf der Burg. Die beiden promovierten Humanisten gehen im Park gern spazieren und unterhalten sich auf Latein über die Philosophen der Antike und große Meisterwerke der Musik.

Anfang der 1930er Jahre werden die NSDAP-Oberen in Berlin auf den Agitator aus Kassel aufmerksam. Den ehrgeizigen Anwalt kann die Bewegung gut gebrauchen. 1932 zieht Freisler für die hessische NSDAP in den Reichstag ein. Als Hitler im Januar 1933 an die Macht kommt, nimmt Freislers Karriere Fahrt auf, bereits im April 1933 wird er Staatssekretär im Justizministerium. Dort will er beweisen, dass er zum Minister taugt. Bei seinen Mitarbeitern ist Freisler nicht beliebt, er maßregelt, wen er kann, kontrolliert die Arbeitszeiten und drängt sich in die erste Reihe. Sein Arbeitspensum ist enorm, er reist durch das Reich und hält Vorträge, veröffentlicht jeden Monat einen juristischen Aufsatz und macht radikale Gesetzesvorschläge. Bereits im September

» *Wir sind die Panzertruppe der Rechtspflege.* «
Roland Freisler

» *Das Gebrüll Freislers ist für die Propaganda nicht geeignet. Es würde auf Unbeteiligte eher abstoßend wirken.* «
Joseph Goebbels

1933 erscheint sein »Nationalsozialistisches Strafrecht«. Die »Vernichtung der friedensstörenden Kräfte« sei die Hauptfunktion der Justiz und jeder Straftäter sei ein Staatsfeind, erläutert er darin. Als einige Angeklagte beim Reichstagsbrandprozess in Leipzig freigesprochen werden, spricht er von »einem Schmierentheater mit einem Schandurteil«. Auch Hitler tobt und betraut den 40-Jährigen mit dem Aufbau eines Sondervolksgerichtshofes in Berlin.

Der Privatmann

Über Freislers Privatleben ist kaum etwas bekannt. 1929 heiratet er die 18 Jahre jüngere Marion Russegger. Als Freisler 1932 Mitglied des Reichstages wird, zieht das Paar nach Berlin. Dort kommen die beiden Söhne zur Welt, 1937 Harald und 1939 folgt Roland. Freisler lässt beide Kinder taufen, unter NS-Größen ist dies selten. Seine junge Gattin Marion und die Kinder treten nie in Erscheinung, kein Foto ist von ihnen bekannt. Freislers Verhalten spricht dafür, dass er die Familie ganz bewusst vor der Öffentlichkeit verbirgt. Wie das Ministerium möchte er auch sein privates Umfeld steuern und kontrollieren. So stellt er sicher, stets selbst im Mittelpunkt zu stehen.

Roland Freisler ist im Reichsjustizministerium maßgeblich daran beteiligt, den Rechtsstaat Schritt für Schritt abzuschaffen. Bei einer Juristentagung im Beisein Hitlers bringt sein Freund Hans Frank das neue Rechtsverständnis auf den Punkt: »Durch die Beziehung des deutschen Volkes zum Führer ist zum ersten Mal in der Geschichte des deutschen Volkes der Begriff ›Liebe zum Führer‹ ein Rechtsbegriff geworden.« Auch Freisler verkündet, dass es die Teilung der Gewalten nicht mehr gäbe und das Imperium nun allein in der Hand des Führers läge.

Mit seinem totalitären Rechtsdenken und der rigorosen Gedankenwelt ist Freisler keineswegs singulär, dennoch unterscheidet er sich von vielen NS-Juristen. Er kann wie kaum ein anderer NS-Ideologie und Justiz miteinander verknüpfen. Mit dieser Fähigkeit ausgestattet, formt er ab 1934 den Volksgerichtshof. Auf Auslandsreisen lässt er sich inspirieren. In Moskau lernt er von Andrei Wyschinski, Stalins Chefankläger, wie man Angeklagte zur Schau stellt und demütigt. Mit neuen Ideen kehrt er nach Berlin zurück, doch Hitler und Goebbels sind misstrauisch und halten Distanz zu ihm. Sie haben nicht vergessen, dass Freisler nach dem Ersten Weltkrieg freiwillig länger in russischer Kriegsgefangenschaft geblieben ist. Ist er gar ein Bolschewist? Freisler spürt den Argwohn in seinem Umfeld und er weiß, dass er keinen Protegé in der Partei hat.

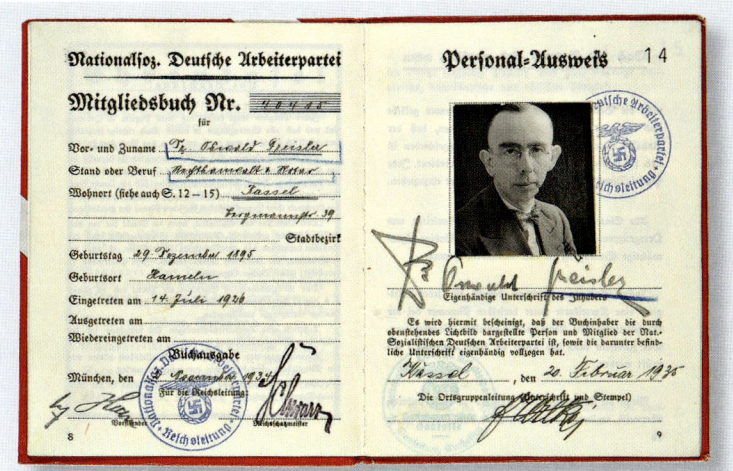

NSDAP-Mitgliedsbuch
von Oswald Freisler

» Die Pflicht jedes einzelnen Bürgers
ist es, Rassenhygiene zu praktizieren –
deren Verletzung ist gleichbedeutend
mit Verrat. «
Roland Freisler

Dennoch ist er sich Mitte der 1930er Jahre sicher, sein Fleiß und Elan würden ihn bald in ein höheres Amt katapultieren. Doch sein jüngerer Bruder Oswald bringt die Karriere ins Stocken. Dieser ist zwar auch Nationalsozialist, doch er steht als Rechtsanwalt Menschen bei, die in den Augen seines älteren Bruders »Staatsfeinde« sind. Im Auftrag der katholischen Kirche verteidigt er 1937 Priester vor dem Volksgerichtshof und er nimmt homosexuelle Mandanten an.

Auch Oswalds Lebensstil sorgt in Berliner NS-Kreisen für Aufsehen. Er fährt einen Sportwagen, und in den Lokalen am Ku'damm ist er ein gern gesehener Gast. Für den aufstrebenden Roland Freisler ist das Verhalten des Bruders eine Bedrohung. Gerüchte, Oswald Freisler finanziere seinen aufwendigen Lebenswandel mit Devisenschmuggel, erzürnen ihn, denn er fürchtet Hitlers Reaktion – zu Recht. Als dieser davon erfährt, ordnet er den sofortigen Parteiausschluss von Oswald Freisler an. Sein Parteibuch endet im April 1937. Als die Polizei in seiner Kanzlei erscheint, um ihn wegen des angeblichen Devisenschmuggels zu verhören, stürzt sich Oswald Freisler aus dem Fenster und stirbt.

Die Affäre um den Bruder schadet Roland Freislers Ansehen nachhaltig. Wahrscheinlich befürchtet er, Hitler würde ihn nun auch fallen lassen. Als im Januar 1941 Reichsjustizminister Franz Gürtner stirbt, ist für Freisler ein Ministeramt zum Greifen nahe. Doch Hitler erteilt ihm eine Abfuhr. »Der alte Bolschewik, niemals«, ist das Statement des Führers bei einem Tischgespräch. Eine Schmach für Freisler, der jahrelang alles getan und geopfert hat.

Doch anstatt sich zurückzuziehen, arbeitet Freisler nach der Demütigung durch Hitler noch rastloser. Als Vertreter des Justizministeriums lädt ihn Reinhard Heydrich zur Wannseekonferenz im Januar 1942 ein. Freisler favorisiert eine radikale Lösung der Judenfrage, von ihm ist kein Widerspruch zu erwarten. Längst ist er ein Mann fürs Grobe geworden. Der Führer braucht nicht nur treue Soldaten an der Front, sondern auch Gefolgsmänner im Reich. Im August 1942 befördert er Freisler zum Präsidenten des Volksgerichtshofes. In seinem Antrittsschreiben bezeichnet dieser sich selbst als »Soldat an der Heimatfront« und die Justiz als die »Panzertruppe der Rechtspflege«. Freisler wähnt sich nun im inneren Kreis von Hitler und ersucht ihn um eine Audienz, dann widmet er sich der Mordmaschinerie.

Die Opfer

In den kommenden zweieinhalb Jahren wird Roland Freisler mehr als 2600 Menschen in den Tod schicken, unzähligen Kindern die Eltern nehmen und Familien zerstören. Die Prozesse des Volksgerichtshofes finden meist in Berlin statt, für einige Verhandlungen reist Roland Freisler auch durch das Reich. So leitet er in München den Prozess gegen die »Weiße Rose« oder in Kärnten gegen österreichische Widerstandskämpfer. Ein Strafgesetzbuch hat er nie dabei. »Ich brauche kein Gesetzbuch, ich komme auch ohne dies zu einem Urteil«, pflegt er zu sagen. Vor ihm im Gericht stehen nicht nur Menschen aus dem Widerstand, sondern meist einfache Männer und Frauen aus dem Volk, die am Arbeitsplatz einen Witz über Hitler erzählt oder Zweifel am Endsieg geäußert haben. Die kleinste Kritik reicht, um zum Tode verurteilt zu werden.

Am 27. August 1943 verhandelt Freisler über das Leben von Alwin Wätzlich. Er ist 57 Jahre alt und von Beruf Schlachter. Dem vierfachen Vater aus Bautzen wird ein Gespräch bei der Kirschernte zum Verhängnis. Dort hat er vor Erntehelfern den Krieg infrage gestellt und gemeint, dass die Soldaten den »ganzen Dreck hinhauen« sollten. Wätzlich wird denunziert und wegen Wehrkraftzersetzung verhaftet. Bereits am ersten Prozesstag verkündet Freisler »Im Namen des Deutschen Volkes« die Todesstrafe für Alwin Wätzlich. »Er habe sich für immer ehrlos gemacht, deshalb sei er mit dem Tode zu bestrafen.« Wätzlichs Ehefrau und seine Kinder schreiben an Freisler und Hitler. »Mein Führer! Unser Vater und mein Mann ist ein ordentlicher Mensch. Bitte lassen Sie ihn uns. Wir haben erst einen Bruder und Sohn in Russland im Feld verloren.« Doch Freisler kennt kein Erbarmen, Alwin Wätzlich wird in Berlin-Plötzensee hingerichtet. Er ist einer von 5200 Men-

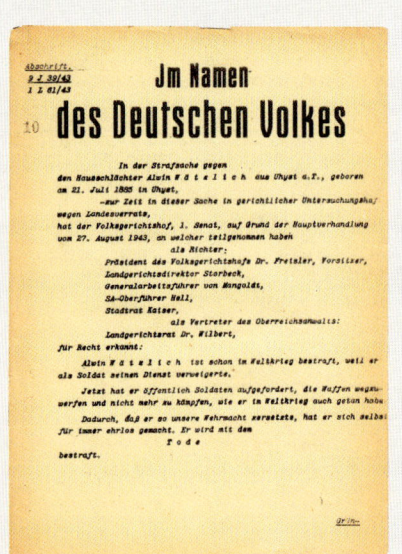

Todesurteil gegen Alwin Wätzlich

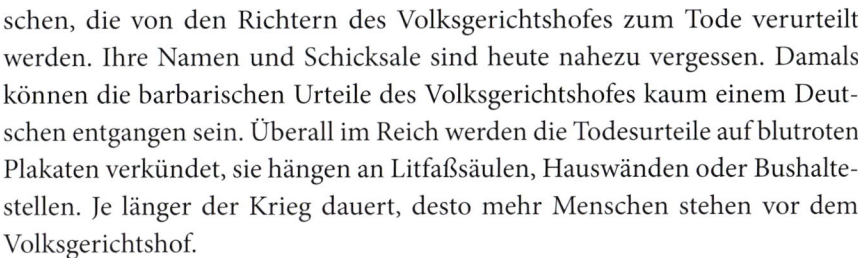

schen, die von den Richtern des Volksgerichtshofes zum Tode verurteilt werden. Ihre Namen und Schicksale sind heute nahezu vergessen. Damals können die barbarischen Urteile des Volksgerichtshofes kaum einem Deutschen entgangen sein. Überall im Reich werden die Todesurteile auf blutroten Plakaten verkündet, sie hängen an Litfaßsäulen, Hauswänden oder Bushaltestellen. Je länger der Krieg dauert, desto mehr Menschen stehen vor dem Volksgerichtshof.

Die Vernehmung

»Als nächstes wollen wir Goerdeler vernehmen«, tönt Roland Freisler am Nachmittag des 7. September 1944 durch den Gerichtssaal. Carl Goerdeler geht aufrecht mit erhobenem Haupt zum Richtertisch. Der Familienvater ist eine Kämpfernatur. Ein langer politischer Weg liegt hinter ihm: Er stammt aus einer preußischen Beamtenfamilie, studiert Jura und Ökonomie, wird dann Kommunalpolitiker und ist zeitweise Vorsitzender der Deutschnationalen Volkspartei. Er ist überzeugt, die Probleme der Weimarer Republik mit einer klugen Wirtschaftspolitik lösen zu können. Als Reichspreiskommissar und Oberbürgermeister von Leipzig gestaltet er auch nach 1933 die Politik im Reich mit. Er vertraut auf rationale Argumente, die Vernunft der Verantwortlichen und hofft, damit die Nationalsozialisten zu Fall zu bringen.

Urteilsverkündung am 8. September 1944
gegen die Widerstandskämpfer
Carl Goerdeler, Josef Wirmer, Ulrich von
Hassell und Wilhelm Leuschner

» *Ich liebe mein Vaterland mit Inbrunst,*
aber gerade deshalb empfinde ich
die ganze Schmach seiner Entehrung,
wie sie noch nie einem Volk durch
eigene Bürger angetan worden ist. «
Carl Goerdeler

Während der Vernehmung durch Freisler versucht Carl Goerdeler seine Motive für den Widerstand gegen Hitler darzulegen. Freisler genießt es, im Mittelpunkt zu stehen. Kerzengerade sitzt er hinter dem Richterpult. Wenn Carl Goerdeler redet, lehnt er sich gelangweilt mit halb geschlossenen Augen und hochgezogenen Brauen zurück. Dann brüllt er unvermittelt los, beschimpft den Angeklagten und haut mit der Faust auf den Tisch. Sein Gebaren macht den Tonmännern der Wochenschau Probleme. Denn die Stimme, zwischen Flüstern und Bellen, ist verzerrt und kaum verständlich. Selbst Ermahnungen der Tonleute stoppen ihn nicht.

Freisler gibt sich sachkundig, unterbricht den Angeklagten jedoch ständig und wiederholt dann laut und überdeutlich seinen letzten Satz. Dadurch wirkt jede Aussage von Carl Goerdeler wie ein Geständnis. Es ist eine Farce, denn das Urteil gegen Carl Goerdeler und die anderen Widerstandskämpfer steht bereits fest. Nach einer halben Stunde beendet Freisler die Vernehmung, das Urteil wird am kommenden Tag verkündet.

Mit seiner lautstarken Stimme verkündet Roland Freisler keine 24 Stunden später, am 8. September 1944 im Berliner Kammergericht das Urteil. »Der ehrlose Ehrgeizling« Carl Goerdeler wird wegen Hoch- und Landesverrats zum Tode durch den Strang verurteilt. Er wird nicht wie die anderen Angeklagten am selben Tag hingerichtet, sondern wieder ins Gestapogefängnis gebracht.

Der Untergang

In den kommenden Monaten wird Roland Freisler weiter tagtäglich über Menschenleben richten und darauf warten, dass Hitler ihm seine Gunst erweist. Doch der Führer antwortet nie auf sein Audienzgesuch. Auch der Film »Verräter vor dem Volksgericht« verschafft ihm keine Genugtuung. Das Propagandaministerium zeigt den Film einem ausgewählten Kreis von Nazigrößen, die Reaktion der Zuschauer ist verheerend. Die oberste NS-Riege, Hitler eingeschlossen, befürchtet eine unerfreuliche Diskussion über die Prozessführung und das Auftreten Roland Freislers in der Öffentlichkeit. Der Film kommt unter Verschluss und erhält das Siegel »Geheime Reichssache«.

Am 2. Februar 1945 ist Carl Goerdeler bereits seit knapp fünf Monaten inhaftiert. Er ist ausgehungert, sein Körper hält der Folter kaum noch stand. Wie es seiner Familie geht, weiß er nicht. Sein Geist ist jedoch wach. Er hat unzählige Denkschriften für ein neues, besseres Deutschland verfasst. Am Nachmittag ertönen dann die Rufe zweier Gestapo-Männer: »Kommen Sie, kommen Sie!« Sie holen Carl Goerdeler aus seiner Zelle und führen ihn ab. Drei Monate vor Kriegsende wird Carl Goerdeler in Berlin-Plötzensee hingerichtet.

Einen Tag später, am Vormittag des 3. Februar 1945, geht Freisler wie gewohnt seiner Arbeit nach. Heute stehen einige junge Offiziere vor ihm im Volksgerichtshof. Zur selben Zeit sind alliierte Bomber im Anflug auf Berlin. Um kurz nach halb elf Uhr ist es soweit, die Sirenen in der Reichshauptstadt heulen. Die Verhandlung wird wegen des Luftangriffs unterbrochen, auch Freisler rennt zum Luftschutzbunker, doch dann bemerkt er, dass er im Verhandlungssaal die Prozessakten hat liegen lassen, er rennt zurück, um sie zu holen. Freisler ist dienstbeflissen bis zum Untergang – und wird vermutlich von einem Bombensplitter tödlich getroffen.

Erst drei Tage später veröffentlicht das Presseamt des Reichsministeriums eine kleine Notiz zum Tod von Roland Freisler. Zu seiner Beerdigung auf dem Waldfriedhof in Dahlem erscheinen nur die Familie und einige Kollegen. Von Hitler ist keine Reaktion überliefert. Ohne eigenen Grabstein wird Roland Freisler im Familiengrab der Familie der Frau beigesetzt. Tausende Menschen hat Roland Freisler in den Tod geschickt. Für seine Taten muss er nie sühnen.

Die Überlebenden und Angehörigen der Opfer leiden weit über den Krieg hinaus. Goerdelers Frau und seine Kinder erhalten erst nach dem Krieg Gewissheit über das Schicksal ihres Mannes und Vaters. Von den 577 Richtern, Staatsanwälten und Beisitzern des Volksgerichtshofes musste sich nur einer vor Gericht verantworten. Die anderen machten Karriere in Ost und West. Erst 1985 distanzierte sich der Bundestag von den Urteilen des Volksgerichtshofes.

Zeittafel

1933 1. Juni: Er wird zum Staatssekretär im Preußischen Justizministerium ernannt.

1934 1. April: Freisler wird Staatssekretär im Reichsjustizministerium.

1937 1. November: Geburt seines Sohnes Harald

Parteiausschluss des Bruders Oswald

1939 Tod seines Bruders Oswald

1942 20. Januar: Roland Freisler nimmt an der Wannsee-
Konferenz teil.

1942 20. August: Er wird zum Präsidenten des Volksgerichts-
hofs und zum Vorsitzenden Richter des 1. Senats ernannt.

1944 7. September: Verhandlung gegen die Widerstandskämpfer Carl Goerdeler, Josef Wirmer, Wilhelm Leuschner und
Ulrich von Hassell

8. September: Verkündung der Todesstrafe gegen Goerdeler, Wirmer, Leuschner und von Hassell

1945 2. Februar: Carl Goerdeler wird in Berlin-Plötzensee hingerichtet.

3. Februar: Freisler stirbt während eines Bombenangriffs
in Berlin.

Christian H. Schulz

Friedrich Paulus
Der Verlierer von Stalingrad und die DDR

Ein letzter Brief aus Stalingrad an seine Frau dokumentiert das Dilemma einer der tragischsten Figuren der deutschen Militärgeschichte: »Meine geliebte Coca! Ich stehe als Soldat dort, wo ich jetzt stehe, auf Befehl. Was mein Schicksal sein wird, weiß ich nicht, ich muss aber nehmen, was Gott mir gibt. Dein Fritz.«

Friedrich Paulus, ein Mann mit zerrissener Biographie und einer unglaublich schweren Last auf den Schultern. Stalingrad – die verlorene Schlacht um die Stadt an der Wolga wurde zu einem Fanal des Zweiten Weltkriegs. Das grausame Sterben von Hunderttausenden Soldaten beider Seiten und der sowjetischen Zivilisten ist bis heute ein kollektives Trauma in Deutschland und Russland. Auf Hitlers ausdrücklichen Befehl ließ Friedrich Paulus seine Armee in Stalingrad bis zum Untergang ausharren. Militärisch sinnlos und moralisch mehr als fragwürdig: Zehntausende Soldaten und Offiziere, viele aus Mitteldeutschland, krepierten jämmerlich in Schnee und Eis.

Generalfeldmarschall Friedrich Paulus blieb seinem Führer Adolf Hitler und dessen Befehlen lange treu. Wie aber konnte er weiterleben mit dem Alptraum Stalingrad, mit seiner Verantwortung? Und warum kam er zehn Jahre nach der Schlacht ausgerechnet in die DDR – mit großen Plänen für einen Neuanfang?

Oktober 1953. Ein kleiner Tross von dunklen Limousinen erreicht Dresden. Acht Jahre nach Ende des Zweiten Weltkriegs ist die Bevölkerung in der ehemaligen sächsischen Residenzstadt fest auf den neuen sozialistischen Staatskurs eingeschworen. Ausgerechnet hier soll einer der wichtigsten Männer aus Hitlers faschistischer Wehrmacht ein neues Zuhause finden: Friedrich Paulus, der Ex-Generalfeldmarschall aus Stalingrad, ist für die Führungsspitze der DDR um Grotewohl und Ulbricht ein wichtiges politisches Faustpfand geworden. Dementsprechend wird er hofiert. Paulus zieht in eine

» *Der Krieg ist für Deutschland verloren. In diese Lage ist Deutschland trotz des Heldentums seiner Wehrmacht und des ganzen Volkes durch die Staats- und Kriegsführung Adolf Hitlers geraten.* «
Aus dem Aufruf des Generalfeldmarschalls Paulus an deutsche Soldaten und Offiziere, August 1944

Friedrich Paulus als stolzer Major der Reichswehr nach seiner Ernennung 1931

151

Hitler besucht die 10. Armee vor Warschau, rechts an seiner Seite Armeestabschef Generalmajor Paulus.

Villa auf dem Weißen Hirsch, beste Dresdner Lage. Den Unterhalt bezahlt der Staat, ebenso das Personal: Köchin, Dienstmädchen, Gärtner und Hausmeister. Es gibt einen eigenen Park mit Blick bis hinunter zur Elbe. Und natürlich einen persönlichen Sekretär. Als besonderen Vertrauensbeweis erhält Paulus, wie es einem hohen Offizier vor 1945 zustand, eine Walther PP, 7,65 mm und den dazugehörenden Waffenschein. Das Privileg einer privaten Schusswaffe war für ihn sein Leben lang immer standesgemäß. Aber wie passt dieser Friedrich Paulus zu den politischen Idealen der DDR?

Auflehnung gegen Adolf Hitler?

Stalingrad, 24. November 1942. In der Industriemetropole an der Wolga herrscht die grausame Realität des Krieges. Häuserkampf, erbittertes Ringen um jeden Meter, ungekannte Kältegrade. Für die deutschen Eroberer sind dies neue Erfahrungen, sie stehen am Rande einer Niederlage und sind fast am Ende ihrer Kräfte. Im Hauptquartier der 6. Armee steht ihr oberster Chef Friedrich Paulus vor der schwierigsten Entscheidung seines Lebens: Was kann er tun, um seine Armee, seine Leute zu retten? Die 22 Divisionen mit etwa 250 000 Soldaten sind seit zwei Tagen von der Roten Armee eingekesselt. Doch die klare Anweisung aus dem Führerhauptquartier lautet: ausharren, keinen Meter zurück, kein Ausbruch aus dem Kessel. Paulus bleibt bei realistischer Lagebetrachtung eigentlich nur eines – sich gegen Hitlers Befehl zu stellen. Doch wird er sich ausgerechnet gegen den Mann auflehnen, der mit seiner Aufrüstungspolitik die Karriere von Friedrich Paulus erst ermöglicht hat, an den er stets geglaubt hat? Immer schon haben ihm, der selbst nicht so entschlussfreudig war, willensstarke Persönlichkeiten ohne Skrupel imponiert. Paulus glaubt durchaus, dass Adolf Hitler nicht nur politische, sondern auch große militärische Fähigkeiten hat. Der bisherige Kriegsverlauf und Hitlers Entscheidungen scheinen ihm recht zu geben. Mit diesen Einschätzungen und seinem biografischen Hintergrund ist der Oberbefehlshaber der 6. Armee ein typisches Kind seiner Zeit.

Geboren wird der spätere Heerführer 1890 im hessischen Breitenau – sein Vater ist ein Buchhalter. Nach dem Abitur tritt Friedrich Paulus in die preußische Armee ein. Die Offizierslaufbahn ist im Kaiserreich die beste Möglichkeit, ein kleinbürgerliches Milieu zu verlassen. Kurz darauf heiratet er Constance Rosetti-Solescu. Die rumänische Adelstochter ist die Liebe seines Lebens – und spielt darin fortan eine wichtige Rolle.

Den Ersten Weltkrieg erlebt Paulus als Adjutant in Generalstäben an mehreren Fronten. Nach der Kapitulation 1918 ist er Hauptmann, gilt als gewissenhaft und anpassungsfähig.

Doch mit der neuen Demokratie der Weimarer Republik kann Paulus als Offizier der Reichswehr nichts anfangen. Jahrelang tritt er mit seiner operativen Begabung als strategischer Planer auf der Stelle. Erst mit der Machtübernahme der Nationalsozialisten beginnt sein eigentlicher militärischer Aufstieg. Hitlers Kriegs- und Aufrüstungspläne versprechen den Militärs Karriere, Geld und Orden. Das Offizierskorps macht dabei eine feinen, aber entscheidenden Unterschied für sich geltend: Hitler soll für Außenpolitik und Kriegsführung allein verantwortlich sein, sich selbst sehen die Offiziere lediglich als

Frisch verheiratet: der junge Friedrich Paulus mit seiner Frau Constance Rosetti-Solescu, die aus dem rumänischen Hochadel stammt

Friedrich Paulus als junger Hauptmann
1918

militärische Handwerker, die zu Deutschlands Größe mit ihrem Können nur beitragen. Friedrich Paulus ist ein klassischer Vertreter dieser Geisteshaltung.

In den ersten Monaten nach Ausbruch des Zweiten Weltkriegs zeigt er seine militärischen Fähigkeiten. Im September 1940 wird er als Generalleutnant zum Oberkommando des Heeres nach Berlin versetzt. In der Schaltzentrale der deutschen Militärmacht ist nun seine größte Stärke gefragt: Kriegführen am Kartentisch. Hier entwirft er in weiten Teilen den Geheimplan zur »Operation Barbarossa«, den Überfall auf die Sowjetunion. Zu Hause wird er dafür von seiner Frau Constance heftig kritisiert, doch Friedrich Paulus ist dem Führer treu ergeben. Constance kann ihren Mann nicht überzeugen – zu groß und beeindruckend sind Hitlers Erfolge aus dem ersten Kriegsjahr. Am 22. Juni 1941 beginnt die »Operation Barbarossa«. 153 Divisionen mit über drei Millionen Soldaten und 3600 Panzern sollen die Sowjetunion in einem Blitzkrieg in die Knie zwingen. In den ersten fünf Monaten ist die Wehrmacht extrem erfolgreich. Doch dann bleibt Hitlers Armee im Schnee vor Moskau stecken. Die ursprüngliche Zielsetzung von »Operation Barbarossa« ist damit bereits jetzt gescheitert.

1942 – Erst Beförderung, dann letzter Heimaturlaub

Kurz darauf nimmt das Leben des 51-jährigen Friedrich Paulus eine entscheidende, weitreichende Wendung. Adolf Hitler schickt seinen Hoffnungsträger aus dem Oberkommando des Heeres an die Ostfront und ernennt ihn im Januar 1942 zum neuen Oberbefehlshaber der 6. Armee. Für den frisch beförderten General der Panzertruppen, den begnadeten Taktiker und Planer, ist es das erste große Truppenkommando. Jetzt hat er den Oberbefehl über mehr als 250 000 Mann. Dem stets korrekt gekleideten Paulus mit den guten Umgangsformen eilt in Offizierskreisen zwar ein ambivalenter Ruf voraus, doch Paulus zeigt an der Front durchaus Entschlossenheit. Sein Vorgänger Walter von Reichenau trug Hitlers Vernichtungskrieg im Osten mit. Der überzeugte Nationalsozialist erließ für die Soldaten einen speziellen Befehl, eine Art Freifahrtschein für Massaker an Zivilisten, für grausame Vergeltungsaktionen. Ganz anders Friedrich Paulus: Offensichtliche Kriegsverbrechen widersprechen völlig seinen Moralvorstellungen. In einer seiner ersten Amtshandlungen vor Ort erklärt er den in seinen Augen schändlichen Befehl für ungültig.

Zwei Monate später kommt er zu Ostern 1942 auf Heimaturlaub nach Berlin, trifft seine Frau und die beiden Söhne. Niemand von ihnen ahnt, dass

manche aus der Familie sich erst in zehn Jahren und einige niemals wiedersehen werden. Und Friedrich Paulus, der stolze Führer der 6. Armee, hat nicht
die geringste Ahnung, was bald auf ihn zukommen, alles verändern und be-
lasten wird: Sein Leben, seinen Namen, sein Gewissen.

Zurück an der Ostfront, hat Paulus mit der 6. Armee Ende Oktober 1942
Stalingrad bis auf wenige Bereiche im Zentrum erobert. Seine Panzerverbän-
de sind zuvor schnell und ohne großen Widerstand in der südrussischen
Steppe vorgedrungen – in Richtung ihres strategischen Ziels, der Ölfelder im
Kaukasus. Doch auf dem Weg dorthin liegt die wichtige Wolga-Metropole
mit ihrem Ölverladehafen. Und sie trägt Stalins Namen, Hitler will sie daher
unbedingt erobern lassen. Monatelang ringt die 6. Armee um die endgültige
Kontrolle Stalingrads, doch im Herbst sind Paulus' Truppen abgekämpft,
kommen gegen den immer stärkeren Widerstand der Roten Armee nicht
mehr voran. Im November brechen alle weiteren Angriffsversuche im Stadt-
kern zusammen.

Am 19. November schlägt die Rote Armee zurück. Große und ausgeruhte
Einheiten sind im Hinterland zusammengezogen worden. Es beginnt die
»Operation Uranus«. Wie ein Pfeil stecken die deutschen Einheiten im Häuser-
kampf von Stalingrad tief im Feindesland fest. Mit schwachen, langgezogenen

Flanken. Dort greifen die sowjetischen Truppen von zwei Seiten an. Schnell durchstoßen sie die deutschen und rumänischen Verteidigungsstellungen. Nach drei Tagen Kampf ist der Ring geschlossen. Friedrich Paulus ist mit knapp 250 000 Soldaten eingekesselt. Ein Versuch, den Kessel von außen zu sprengen, schlägt in den nächsten Wochen fehl. Zum Jahreswechsel 1942/43 sind die Reste der 6. Armee völlig bewegungsunfähig, eine Rettung ist nicht mehr in Sicht. Auch die sowjetischen Generäle teilen längst diese Lageeinschätzung. Am 8. Januar 1943 machen sie ein Angebot: Per Lautsprecher, Flugblätter und per Funkspruch an Paulus persönlich fordern sie zur ehrenhaften Kapitulation der 6. Armee auf, um weiteres Blutvergießen zu vermeiden.

Ausharren um jeden Preis – die Tragik nimmt ihren Lauf

Es ist die letzte große Chance für Friedrich Paulus, Eigeninitiative zu ergreifen. Zehntausende seiner Soldaten vor dem sicheren Tod zu retten. Das wird zum tragischen, bis heute immer wieder diskutierten Dilemma des Friedrich Paulus: ein Gefangener zwischen den Maximen seiner Erziehung, zwischen Pflichterfüllung, Offiziersehre, dem Eid auf Hitler – und seinem gesunden Menschenverstand. Militärhistoriker sehen heute durchaus mit einem gewissen Verständnis auf Paulus' außerordentlich schwierige Entscheidungslage, verweisen auf die Rolle der 6. Armee, die um Stalingrad acht gegnerische Armeen bindet, welche, wenn sie frei gewesen wären, sonst für einen Zusammenbruch der gesamten Ostfront hätten sorgen können. Zuviel Verantwortung auf den Schultern eines einzigen Mannes?

Die zentrale Frage bleibt: Hat Paulus genug für die Rettung seiner Armee getan? Sicher ist: Bis zum Schluss lässt er immer wieder Offiziere aus dem Kessel ausfliegen, die Hitler persönlich über die verzweifelte Lage der 6. Armee berichten sollen. Per Funk erbittet er ebenso oft Handlungsfreiheit für Ausbruch oder Kapitulation. Doch seine Vorgesetzten schweigen, und Hitler will keinen Fußbreit zurückweichen lassen. Hitlers Kalkül ist dabei klar: Paulus und die 6. Armee sollen die Opferrolle im schon verlorenen Kampf übernehmen. Der Untergang der 6. Armee soll wenigstens propagandistisch für die Durchhalteparolen des Dritten Reiches genutzt werden. Und Paulus fügt sich.

Am 31. Januar 1943, das Ende der Schlacht um Stalingrad steht unmittelbar bevor, befördert Hitler Friedrich Paulus noch zum Generalfeldmarschall. Eine kaum verhohlene Aufforderung zum Selbstmord, denn nach der herrschenden Ehrvorstellung im »Dritten Reich« ergibt sich ein solch hoher Offizier dem Feind niemals. Friedrich Paulus aber will nicht sterben, er wählt das

Friedrich Paulus in Stalingrad auf dem Weg
in die Gefangenschaft

Leben. Am Tag der Beförderung lässt er sich in seinem letzten Befehlsstand
gefangen nehmen. Es ist das erste Mal, dass Paulus seinem geschätzten Führer
nicht gehorcht. Das Ende der 6. Armee in Stalingrad wird zu einem vor allem
symbolischen Wendepunkt des Krieges.

Wie alle seine überlebenden Soldaten tritt Paulus den Weg in die Kriegsgefangenschaft an – für ihn jedoch nach vorher ausgehandelten Bedingungen:
mit seinen persönlichen Gegenständen und in seinem eigenen Komman-
deurswagen. Für die geschlagenen Reste der 6. Armee, immerhin noch etwa
110 000 Mann, beginnt dagegen ein Martyrium. Schon der Weg in die Gefan-

Friedrich Paulus hat sich eingereiht: bei der Unterzeichnung des »Aufrufs der 50 Generale« 1944.

genenlager endet für die meisten der völlig entkräfteten Soldaten mit dem Tod. Von den Überlebenden der Schlacht von Stalingrad werden am Ende nur etwa 6000 in ihre Heimat zurückkehren.

Die Überraschung in Nürnberg – ein anderer Paulus

Paulus kommt in ein spezielles Kriegsgefangenenlager für hohe Offiziere der Wehrmacht. Im Kampf gegen die Deutschen setzen die Sowjets besonders auf ihren ranghöchsten Gefangenen. Generalfeldmarschall Paulus soll dem »Nationalkomitee Freies Deutschland« beitreten, einer Widerstandsbewegung unter den gefangenen Soldaten, von Moskau gesteuert. Doch Paulus will sich politisch nicht einmischen, fürchtet den »Dolchstoß« in den Rücken des Deutschen Reiches. Er weigert sich über ein Jahr lang beharrlich. Erst mit dem gescheiterten Attentat auf Hitler im Juli 1944 ändert er seine Meinung. Aus den Reihen der Verschwörer in Deutschland kennt und schätzt er viele. Und auch die militärische Niederlage wird nun immer offensichtlicher. Endlich erkennt der bislang so hitlertreue Generalfeldmarschall: Deutschland steht vor dem Abgrund. Jetzt stellt auch er sich auf die Seite des Widerstands. Mit anderen gefangenen Generälen ruft er öffentlich zum Sturz Hitlers auf. Am Kriegsverlauf und der bedingungslosen Kapitulation Deutschlands ändert das jedoch nichts mehr.

Im geschlagenen und zerstörten Nachkriegsdeutschland wollen die alliierten Besatzungsmächte die Schuldigen des Krieges mit seinen Millionen Toten zur Rechenschaft ziehen. In Nürnberg sitzen deshalb die noch lebenden obersten Repräsentanten des Dritten Reiches vor Gericht, unter anderem Göring, Heß, von Ribbentrop, und die Chefs der deutschen Wehrmacht wie Keitel und Jodl. Als Chefplaner des verbrecherischen Angriffs auf die Sowjetunion könnte auch Paulus hier sitzen.

Nürnberg, 11. Februar 1946. Unter strenger Geheimhaltung betritt Paulus zum ersten Mal seit vier Jahren wieder deutschen Boden. Die Sowjets bringen ihren prominentesten Kriegsgefangenen überraschend nach Deutschland – jedoch nicht als Angeklagter soll er die Weltöffentlichkeit überraschen, sondern als Kronzeuge. Es ist ein aufsehenerregender Wandel vom treuen General Hitlers zu dessen scharfem Kritiker. Zum ersten Mal sieht Paulus in Nürnberg seine Vorgesetzten Keitel und Jodl aus dem Oberkommando der Wehrmacht wieder, die ihm nur Durchhaltebefehle nach Stalingrad schickten. Oder auch Hermann Göring, den Chef der Luftwaffe, der vollmundig versprochen hatte, die 6. Armee aus der Luft zu versorgen. Friedrich Paulus belastet sie nun alle als Hauptschuldige. Mit Paulus hat einer der Planer des Krieges die verbrecherische deutsche Eroberungspolitik vor der Weltöffentlichkeit dargelegt und eine eigene Mitschuld eingeräumt. Sein Auftritt bringt Paulus »Verräter«-Rufe von der Bank der Angeklagten ein.

Doch Friedrich Paulus denkt in diesen Momenten vermutlich an anderes. Nach Jahren des Kontaktverbotes zu seiner Familie haben die Sowjets ein Treffen mit seinen Liebsten in Aussicht gestellt – allerdings erst nach seinem Auftritt vor Gericht. Die Abmachung platzt jedoch. Paulus wird sofort wieder nach Moskau zurückgeflogen, ohne die Möglichkeit, seine geliebte Constance wiedersehen zu können. Diese Enttäuschung trifft ihn schwer, ebenso weitere schlechte Nachrichten, die er erstmals in Nürnberg erfährt. Einer seiner Söhne und sein Schwiegersohn sind im Krieg gefallen. Die restliche Familie wurde wegen seiner Aufrufe gegen Hitler 1944 von den Nazis in Sippenhaft genommen. Seitdem ist seine Frau Constance schwer krank.

Friedrich Paulus bleibt Stalins Gefangener Nummer Eins. Vor den Toren Moskaus, im Dorf Tomilino, lebt er gut versorgt und bewacht in einem Landhaus – ein goldener Käfig für den Generalfeldmarschall. Nur Briefkontakt nach Deutschland ist ihm gestattet. In diesen Jahren altert er vorzeitig, grämt sich über den Tod seiner Frau 1949, die er zuletzt Ostern 1942 sehen konnte. Die großen politischen Veränderungen in der Welt bekommt er nur am Rande mit. Der Kalte Krieg beginnt, Deutschland ist geteilt, Bundesrepublik

Paulus mit seiner Tochter Olga und Enkel
Achim von Kutzschenbach in Dresden 1954

und DDR werden gegründet. Und endlich, 1953, stirbt sein oberster Gefängniswärter, Jossif Stalin. Erst dessen Nachfolger lassen den Verlierer von Stalingrad nun frei. Allerdings mit einem Kalkül: Paulus könnte ihnen in Deutschland noch nützlich sein.

Politische Geheimwaffe im Kalten Krieg

Dresden, Oktober 1953. Sechs Monate nach Stalins Tod kommt Friedrich Paulus nach zehn Jahren sowjetischer Gefangenschaft endgültig nach Deutschland zurück. Aber er geht nicht etwa nach West-Berlin oder nach Baden-Baden, wo seine Tochter Olga wohnt. Er wählt stattdessen die DDR – aus verschiedenen Gründen. Die Ansiedlung in der DDR war Bedingung von sowjetischer Seite, um überhaupt freizukommen. Zudem hat Paulus nach zehn Jahren sowjetischer Propaganda und Beeinflussung ein völlig falsches Bild von der Bundesrepublik gewonnen: von den Amerikanern beherrscht, auf einem revanchistischen Weg zurück ins Dritte Reich. Und er fürchtet, in den westlichen Medien als Stalingrad-Verlierer heftig kritisiert zu werden, unter Umständen wegen möglicher Kriegsverbrechen an der Ostfront angeklagt zu werden.

In der DDR hat man dagegen großes Interesse an ihm. Paulus mit seiner nationalkonservativen Einstellung soll ihr in wichtigen westdeutschen Kreisen dringend benötigte Reputation und politischen Rückenwind einbringen. Intern traut man dem früheren Wehrmachtsgeneral allerdings nicht richtig über den Weg. Er wird von Anfang an lückenlos von der Stasi überwacht.

In der ostdeutschen Bevölkerung, soweit sie es mitbekommt, ist Paulus' luxuriöse Ansiedlung in Dresden sehr umstritten. Viele verstehen nicht, dass ausgerechnet er derart vom sozialistischen Staat DDR hofiert wird. So erhält zum Beispiel sein persönlicher Adjutant Heinz Beutel einen sehr speziellen Ausweis. Damit kann er ohne Kontrollen die innerdeutsche Grenze passieren, auch mit zusätzlichen Gästen wie Paulus' Tochter Olga und den Enkelkindern. Mit dieser Hilfe entsteht ein spätes Familienglück: Paulus lernt erstmals seine beiden Enkel kennen, kann in der staatlich organisierten Idylle auf dem Weißen Hirsch zunächst zur Ruhe kommen. Nach einem guten halben Jahr Erholung und Akklimatisierung im Arbeiter- und Bauernstaat soll Paulus der DDR aber etwas zurückzahlen.

Juli 1954. Auf einer internationalen Pressekonferenz in Berlin soll sich der geläuterte ehemalige Nazi-General erstmals wieder seit den Nürnberger Prozessen der Öffentlichkeit präsentieren. Mitten im Kalten Krieg benutzt

160

ihn die Ost-Berliner Führung als politische Waffe. Die beiden deutschen Staaten trennt schon eine scharf bewachte Grenze, beide Seiten bauen eigene Armeen auf. Und voll entbrannt ist bereits der Kampf der Worte. Vor westdeutschen Journalisten soll Paulus jetzt für sein wichtigstes Anliegen werben: die Wiedervereinigung beider deutscher Staaten. Paulus erkennt in seinem Bemühen um Wiedergutmachung am deutschen Volk dabei nicht, wie sehr er von der DDR-Führung zu Propagandazwecken missbraucht wird. Denn das eigentliche Ziel der kommunistischen Strategen ist folgendes: Ein neutraler gemeinsamer deutscher Staat soll nur unter sowjetischem Einfluss entstehen. Die UdSSR will so verhindern, dass die Bundesrepublik der NATO beitritt und endgültig ein Teil des amerikanischen Machtbereiches wird.

Friedrich Paulus engagiert sich für ein vereinigtes Deutschland, Pressekonferenz Juni 1954 in Ost-Berlin.

Während der Pressekonferenz sind die Journalisten zwar gespannt, was der geheimnisumwitterte Paulus bei seinem ersten öffentlichen Auftritt nach den Nürnberger Prozessen sagen wird. Doch seine Botschaft vom neutralen Staat wird als politisch zu durchsichtig erkannt. Stattdessen kreisen die Fragen an Paulus wieder einmal nur um eines: Stalingrad, seine Verantwortung und das Schicksal der deutschen Soldaten, die noch in russischer Kriegsgefangenschaft sind. Aber zu all dem hält sich Paulus bedeckt.

Paulus' Auftritt auf der politischen Bühne scheitert. Die DDR-Führung hat sich von ihrer Schachfigur eine deutlich höhere Wirkung auf die bundesdeutsche Gesellschaft erhofft. Und auch Friedrich Paulus hat seinen Einfluss überschätzt. Er kann die Kluft zwischen den beiden deutschen Staaten nicht schließen. Ihm bleibt nur sein Schicksalsthema: Stalingrad. Er will mit einem eigenen Buch die große Aufarbeitung schaffen, will seine Ehre wiederherstellen, sein Gewissen beruhigen. Aber auch das gelingt ihm nicht mehr. Ab Mitte 1955 leidet er an einer seltenen, unheilbaren Muskelkrankheit, die zur vollständigen Lähmung des Körpers führt. Am 1. Februar 1957 stirbt Friedrich Paulus im Alter von 66 Jahren in Dresden. Fast auf den Tag genau 14 Jahre nach seiner Gefangennahme in Stalingrad. Die DDR spendiert ihm ein Staatsbegräbnis.

In Erinnerung bleibt ein Mann, an dem sich die Geister scheiden, umstritten bis zuletzt: ob Held, Verräter, Opportunist oder Schachfigur im Kalten Krieg. Sein Name hat jedoch bis heute überdauert. Denn auch über ein halbes Jahrhundert später bleibt sein Schicksal wie das zehntausend anderer Deutscher verbunden mit einer Stadt – an der Wolga.

Zeittafel

1890 23. September: Friedrich Paulus wird in Breitenau (Hessen) als Sohn des Rechnungsprüfers Ernst Paulus und dessen Frau Bertha, geb. Nettelbeck, geboren.

1909/10 Abitur am Wilhelms-Gymnasium Kassel. Ein Jahr später tritt er als Fahnenjunker in die preußische Armee ein und kommt zum III. Infanterieregiment im badischen Rastatt.

1912 Heirat mit der rumänischen Adelstochter Elena Rosetti-Solescu, der Schwester eines Regimentskameraden. Aus der Ehe gehen drei Kinder hervor

1915 Bis 1918: Paulus dient als Ordonnanzoffizier in verschiedenen Generalstäben bei dem zum Eliteverband des Alpenkorps gehörigen 2. preußischen Jägerregiment.

1918 Auszeichnung mit dem Eisernen Kreuz I. Klasse, Beförderung zum Hauptmann

1918/19 Paulus bleibt während der Novemberrevolution in der Armee und nimmt an Kämpfen des Freikorps »Grenzschutz Ost« teil.

1920 Paulus wird Hauptmann in der Reichswehr und schlägt in den kommenden Jahren die Laufbahn eines Generalstabsoffiziers ein.

1935 September: Paulus wird in Berlin Chef der Zentralstelle für die Formierung der Panzerwaffe, deren Ausbau von Adolf Hitler besonders unterstützt und vorangetrieben wird.

1939 August: Im Zuge der geheimen Mobilmachung übernimmt Paulus das Kommando über den Generalstab der 10. Armee in Leipzig, die ab dem Frankreichfeldzug als 6. Armee geführt wird.

1940 September: Paulus wird Generalquartiermeister I im Generalstab des Heeres und ist damit Stellvertreter von Generaloberst Franz Halder. Er arbeitet in Zossen bei Berlin am Plan für die »Operation Barbarossa« mit, die den Überfall auf die Sowjetunion vorsieht.

1941 22. Juni: Die deutsche Wehrmacht greift unangekündigt die UdSSR an. Bis Dezember verzeichnet sie große Erfolge und kommt dann in einem besonders harten Winter vor Moskau zum Stehen.

1942 Paulus übernimmt im Januar den Oberbefehl über die 6. Armee, die zu dieser Zeit in der Nähe von Charkow (Ukraine) steht.

1942 September bis Oktober: Die Rote Armee weicht in das Stadtgebiet von Stalingrad zurück. Die Einheiten der 6. Armee rücken langsam vor, um die Stadt einzuschließen und unter Kontrolle zu bringen.

1942 Die 6. Armee wird im November mit fast 250 000 Mann am Don eingeschlossen und ostwärts nach Stalingrad gedrängt.

Im Dezember bleibt der deutsche Entsatzangriff der 4. Panzerarmee 50 Kilometer vor Stalingrad stecken.

1943 8. Januar: Paulus lehnt eine Kapitulationsaufforderung der Roten Armee ab, um starke Kräfte der Sowjets zu binden und so die Reorganisation der Südfront zu ermöglichen.

1943 30. Januar: Hitler ernennt Paulus demonstrativ zum Generalfeldmarschall, um eine Verteidigung bis zuletzt zu erzwingen. Einen Tag später kapituliert Paulus mit 90 000 Mann im Südteil des bereits geteilten Kessels von Stalingrad. Die Einheiten im Nordkessel ergeben sich wenige Tage später.

1944 Nach dem Attentat vom 20. Juli beteiligt sich Friedrich Paulus als ranghöchster sowjetischer Kriegsgefangener an mehreren Kapitulationsaufrufen an die Wehrmacht im Auftrag des Nationalkomitees Freies Deutschland (NKFD).

1946 11. Februar: Paulus tritt überraschend bei den Nürnberger Kriegsverbrecherprozessen als Zeuge der Anklage auf.

1953 Oktober: Rückkehr aus sowjetischer Kriegsgefangenschaft. Paulus kommt in die DDR und lässt sich in Dresden nieder.

1954 Juli: Paulus tritt auf einer internationalen Pressekonferenz in Ost-Berlin für ein vereintes Deutschland unter sowjetischem Einfluss auf. Das Medienecho ist überwiegend negativ. Auch seine in diesen Jahren angestoßene Initiative eines »Gesamtdeutschen Offizierstreffen« ist politisch nicht erfolgreich.

1957 1. Februar: Friedrich Paulus stirbt in Dresden

Frank Kutter

Reinhard Gehlen
Der Meisterspion und die Nazis

Kriegsende, Mai 1945. Das Dritte Reich liegt in Trümmern. In der Stunde Null geht es für die meisten um das nackte Überleben. Manche versuchen ihre verbrecherischen Spuren zu beseitigen, andere verstecken wichtige Dokumente als Startkapital für die Zeit nach dem Krieg. So auch Reinhard Gehlen. Der Wehrmachtsgeneral muss sich absichern: Die Russen suchen nach ihm, ein Kriegsverbrecherprozess gegen ihn ist nicht ausgeschlossen. Denn Gehlen war ein wichtiger Mann in Hitlers Generalstab: Er war Leiter der Spionageabteilung »Fremde Heere Ost«, der Herr über ein großes Agentennetzwerk hinter den feindlichen russischen Linien. Er beschaffte sich Nachrichten von der Front, ließ Kriegsgefangene und Soldaten befragen.

Kaum einer im Westen kennt die Sowjetunion besser als er – und Reinhard Gehlen weiß genau um die Bedeutung seiner Kenntnisse. Früher als manch anderer erkennt er, dass sich Amerikaner und Russen, die wichtigsten Alliierten im Kampf gegen Hitler, bald selbst als erbitterte Feinde in einem neuen Konflikt gegenüberstehen. Reinhard Gehlen sieht nicht nur den kommenden Kalten Krieg voraus – er sieht darin auch seine große Chance. Und er soll Recht behalten. Mit seinem Wissen schafft der Wehrmachtsgeneral eine zweite sensationelle Karriere, wird als Gründer der »Organisation Gehlen« und erster Präsident des Bundesnachrichtendienstes zu einem der wichtigsten Spieler im Kalten Krieg. Doch seine Vergangenheit wird ihn bald einholen – denn trotz aller Voraussicht unterlief Reinhard Gehlen ein folgenschwerer Fehler: Zu sehr setzte er beim Aufbau eines neuen deutschen Nachrichtendienstes auf seine alten Kontakte aus seiner Zeit bei der Wehrmacht. Was er brauchte, waren erfahrene Mitarbeiter – und dabei kümmerte es ihn wenig, wo deren Erfahrung herkam. Führende Nazis, eventuelle Kriegsverbrecher, stramme Parteigenossen – Reinhard Gehlen kümmerte sich nicht um die Vergangenheit seiner Mit-

> »Ich wollte in den Augen der Sowjets dastehen wie eine Eins.«
> *Heinz Felfe, Leiter des »Referats Gegenspionage Sowjetunion« im BND und Doppelspion des sowjetischen KGB vor dem Bundesgerichtshof*

Reinhard Gehlen in der 1950er Jahren, Foto von Heinrich Hoffmann, dem Leibfotografen Adolf Hitlers

Generalmajor Reinhard Gehlen,
ca. 1943 (Foto: Heinrich Hoffmann)

arbeiter, er dachte nur an die Zukunft. Dieser Fehler sollte ihn Jahre später beinahe zu Fall bringen und Historiker, BND und Politik bis heute beschäftigen ...

Eine soldatische Karriere

Wer ist der Mann, der die Geschichte des Kalten Krieges so maßgeblich mitgeschrieben hat? Geboren wird der spätere Chef-Spion 1902 in Erfurt als Sohn einer bürgerlich-konservativen Buchhändlerfamilie. Schon früh gilt Reinhard Gehlen als enorm ehrgeizig und strebsam. Für ihn gibt es nach der Schule nur zwei mögliche Ziele: Er möchte entweder Arzt oder Offizier werden. Trotz des gerade verlorenen Weltkriegs entscheidet er sich für die Offizierslaufbahn und tritt nach dem Abitur 1920 in die Reichswehr ein. In einer Zeit, in der von weiten Teilen der Gesellschaft Krieg immer noch als ein Mittel der Politik angesehen wird, gilt eine militärische Laufbahn als besonders ehrenhaft. Reinhard Gehlen ist außergewöhnlich fleißig und zuverlässig – stürzt sich mit vollem Arbeitseifer in die Berufsplanung. Früh drängt es ihn an die Spitze, sein großes Ziel ist von Anfang an der Generalstab des Heeres. Einfach nur irgendeinen Job zu machen, das ist keine Option für Reinhard Gehlen. Planen, organisieren, vorausschauen – das ist seine Sache. Mit seiner konservativen Einstellung und diesen Fähigkeiten ist er eigentlich prädestiniert für das Militär – allerdings ist dafür gerade keine gute Zeit. Die Bestimmungen des Versailler Vertrages liegen wie Blei auf der Zukunft des jungen Erfurters.

Erst mit Hitlers Machtübernahme nimmt Gehlens Armeekarriere Fahrt auf. Die Reichswehr heißt jetzt Wehrmacht, die Bestimmungen des Versailler Vertrages werden eine nach der andern gebrochen – und der Soldat gilt wieder was in Deutschland. Im Reich wird aufgerüstet, und Reinhard Gehlen eilt von einem beruflichen Erfolg zum nächsten. Schon 1936 erreicht er sein großes Ziel, den Generalstab – und überzeugt dort schnell mit seinem Können und seiner Voraussicht. Nach Kriegsbeginn ist er an den Vorbereitungen zum Überfall auf die Sowjetunion beteiligt. Und als der Russlandfeldzug nach den ersten Blitzsiegen Anfang 1942 ins Stocken gerät, erinnert man sich schnell an das Talent des Thüringers: Gehlen wird zum Leiter der Abteilung »Fremde Heere Ost« ernannt. Seine Aufgabe ist es, so viele Informationen über den sowjetischen Feind zu sammeln wie irgend möglich. Er nutzt alle Kanäle, beschafft sich Nachrichten von der Front, lässt Kriegsgefangene befragen. Reinhard Gehlen ist umtriebig. Er, der sich nie mit Geheimdienstarbeit be-

Reinhard Gehlen (links), Chef der Abteilung »Fremde Heere Ost« im Gespräch mit Offizieren der Roten Armee, 1944

schäftigt hat, findet Gefallen an der Arbeit und ist bald außerordentlich erfolgreich. Seine Leute liefern bald viele realistische Lagebilder zu den Absichten der Roten Armee. Doch auch seine Abteilung kann den Zusammenbruch der Ostfront in den nächsten drei Jahren nicht verhindern. Ihre häufig zutreffenden Prognosen ignoriert Adolf Hitler immer mehr. Er berauscht sich lieber an Spekulationen und irrationalen Ansichten.

Reinhard Gehlen dagegen, der Rationalist, weiß längst, was die Stunde geschlagen hat. Und er handelt – vorausschauend wie immer. Nach allen Seiten sichert er sich ab, arbeitet offiziell korrekt in seiner Rolle als Hitlers Chefaufklärer, liefert die Informationen, für die sich im Führerhauptquartier schon längst keiner mehr zu interessieren scheint. Gleichzeitig aber plant er nüchtern und effektiv seine Zukunft nach dem Ende der Nazi-Herrschaft. Für ihn ist klar: Er will nicht mit Hitler untergehen – und er will auf keinen Fall den Russen in die Hände fallen. Er, der Stratege, hat auch in den Tagen des Niedergangs einen Plan. Dieser basiert auf der Annahme, dass sich nach dem verlorenen Krieg nur eine einzige Macht dem expansiven Sowjetkommunismus entgegenstellen könnte – die USA. Reinhard Gehlen zählt eins und eins zusammen: Er ist derjenige, der die Russen am besten kennt. Und die Amerikaner würden dringend jemanden mit dieser Kenntnis brauchen. Außer ihm gibt es keinen, der über eine derartige Fülle von Informationen über die Sowjetunion und insbesondere über die Rote Armee verfügt. Dieser Schatz, so ist er sich sicher, wird sein Kapital für die Zeit nach dem Krieg sein. Er muss ihn nur retten, muss ihn an die Amerikaner bringen, darf jetzt keinen Fehler machen.

Ein geheimnisvoller Pakt

April 1945. Der letzte Akt für das Deutsche Reich hat begonnen. Weite Teile sind bereits von den Amerikanern im Westen und den Sowjets im Osten erobert. Überall herrschen Chaos und Flucht. Auch Reinhard Gehlen ist auf dem Rückzug nach Bayern – weg von den Sowjets, die ihn suchen, hin zu den Amerikanern. Hitlers oberster Feindaufklärer muss vorsichtig sein, darf sich nicht erwischen lassen, nicht, bevor er seinen Plan in die Tat umgesetzt hat. Und der Plan ist gefährlich – noch gibt es überall fanatische Nazis, die Überläufer verraten. Sie glauben an den Endsieg, verfolgen jeden, der sich auf die Seiten der Alliierten schlägt. Ein General der Wehrmacht, der in diesen Tagen die Seiten wechseln will? Etliche Menschen werden aus weitaus geringeren »Vergehen« ohne Prozess erschossen – manch einer nur, weil er die weiße Fahne hisste.

Reinhard Gehlen kennt das Risiko – und geht aufs Ganze. Als Zivilist getarnt organisiert er noch in Sachsen ein geheimes Treffen. Stattfinden soll es im kleinen Örtchen Bad Elster. Niemand ahnt zu diesem Zeitpunkt, dass dieser Ort Geheimdienstgeschichte schreiben wird. Dass noch Generationen von Geheimdienstlern ehrfürchtig vom »Pakt von Bad Elster« reden werden. Dass Historiker in diesem Treffen so etwas wie die Geburtsstunde des späteren bundesdeutschen Nachrichtendienstes sehen werden. Auch Reinhard Gehlen selbst kann an diesem 4. April 1945 wahrscheinlich nicht die Dimensionen seines kühnen Plans erahnen. Für ihn geht es um existentielle Fragen: Was wird aus mir und meinen Leuten? Wie kann ich den kommenden Zusammenbruch einigermaßen heil überstehen? Wie den Russen entkommen, auf deren Fahndungsliste ich sicherlich ganz oben stehe? Fragen wie diese werden ihm durch den Kopf gegangen sein, als er sich mit seinen beiden wichtigsten Führungskräften, seinem Stellvertreter Gerhard Wessel und dem Leiter des Agentennetzes Hermann Baun, in einem unscheinbaren Wirtshaus trifft. Dort basteln die drei Wehrmachtsspione an ihrer Zukunft. Spätestens in vier Wochen wird der Krieg vorbei sein. Vor allem Reinhard Gehlen ist ein weiterer, wesentlicher Aspekt klar: Amerikaner und Sowjets werden sich als Feinde gegenüberstehen, sobald das sie noch verbindende Moment – die Gegnerschaft zu Hitler-Deutschland – Geschichte sein wird.

Er, der als Abiturient bereits einen deutschen Zusammenbruch miterlebt hatte, ist sich auch sicher: Auch nach einer Katastrophe wie dem Zweiten Weltkrieg wird ein neuer deutscher Staat entstehen – ein Staat, der eine Armee braucht, ein Staat, der einen Geheimdienst braucht – am besten in Kombination mit militärischem Sachverstand. Und diesen neuen Geheimdienst will Gehlen führen, mit dem Sachverstand der Menschen, denen er vertraut.

Die drei Wehrmachtsoffiziere vereinbaren in ihrem Pakt, wichtige Aufklärungsunterlagen über die sowjetische Armee in Bayern zu verstecken. Akten, die sie zuvor bereits heimlich kopiert hatten. Dieses Startkapital für ihre Nachkriegs-Karriere vergraben die Männer an unterschiedlichen Stellen. Alle drei sind im Namen der anderen beauftragt, mit den Amerikanern in Kontakt zu treten und ihr spezielles Know-how anzubieten. Ein kühner und gefährlicher Plan.

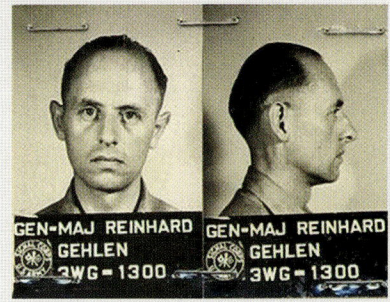

Von der US Army angefertigte Fotos
aus Gehlens Kriegsgefangenenakte, 1945

Ein Seitenwechsel mit Folgen

Am 22. Mai 1945 ist es soweit – Deutschland hat längst kapituliert und Reinhard Gehlen stellt sich im bayerischen Fischhausen den Amerikanern. Zunächst wird seine Bedeutung nicht erkannt, wochenlang wird er durch verschiedene Gefangenenlager geschleust, schließlich aber von einem US-Geheimdienstoffizier »entdeckt«. Erst jetzt werden Reinhard Gehlen und seine engsten Mitarbeiter in die USA ausgeflogen – zusammen mit ihren so sorgsam gehüteten Unterlagen.

Ab August 1945 werden sie monatelang im geheimen Vernehmungslager Fort Hunt verhört, ihr Material über die Rote Armee wird ausgewertet. Zur gleichen Zeit zeichnet sich tatsächlich das Ende der Alliierten-Koalition deutlich ab, Reinhard Gehlens Wissen wird für die Amerikaner immer wichtiger. Bald schon führen sie ihn aus Sicherheitsgründen unter einem Decknamen.

Nach einem Jahr in den USA wird Gehlen nach Deutschland zurückgeschickt. Man ist sich handelseinig: Unter der Führung und Finanzierung des US-Armee-Geheimdienstes CIC arbeitet Reinhard Gehlen an einem Frühwarnsystem gegen die Sowjets. In einem provisorischen Camp bei Frankfurt baut der rastlose Ex-General einen Stab von Mitarbeitern auf, die eine große Zahl von Informanten beschäftigen. Die »Organisation Gehlen« entwickelt sich explosionsartig.

War Department Identity Card:
1946 wurde Gehlen unter dem Namen
Hans Holbein in die USA gebracht.

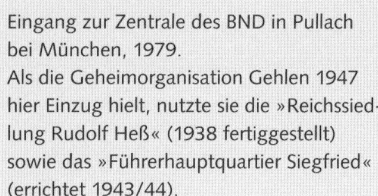

Eingang zur Zentrale des BND in Pullach
bei München, 1979.
Als die Geheimorganisation Gehlen 1947
hier Einzug hielt, nutzte sie die »Reichssied-
lung Rudolf Heß« (1938 fertiggestellt)
sowie das »Führerhauptquartier Siegfried«
(errichtet 1943/44).

Im Frühsommer 1947 arbeiten schon über 3000 Mitarbeiter für den Geheimdienst. Gehlen braucht mehr Platz. Er zieht mit seinem Team in den
Münchener Vorort Pullach auf das Gelände einer ehemaligen NS-Siedlung
mit hohen Außenmauern und vielen Einzelhäusern. Hier residieren auch
Gehlens amerikanische Auftraggeber. Reinhard Gehlen und seine wichtigsten
Mitarbeiter aus der Zeit bei »Fremde Heere Ost« leben mit ihren Familien
hier, streng abgeschirmt und privilegiert.

Privat zeigt der Spionagechef ein anderes Gesicht. Mit seiner Frau Herta hat
er drei Töchter und einen Sohn. Der begeisterte Amateurfilmer Gehlen ist ein
ausgesprochener Familienmensch. Die Familie gut zu versorgen und zu be-
schützen ist für ihn das Wichtigste. Seine Tochter Dorothee beschreibt Reinhard Gehlen als äußerst tolerant, als einen Mann mit viel Humor. Die Kinder
wenden sich bei Problemen eher an den Vater als an die strenge Mutter.

Auch sein Sohn Christoph erinnert sich an die vielen schönen Tage in
dieser schwierigen Zeit. In Pullach arbeiten nicht nur Agenten und Geheim-
dienstler, auch die Kinder haben auf dem umzäunten Gelände viel Platz zum
Spielen, eine eigene Schule, eigene Schwimmbäder. Und natürlich die Ver-
pflegung der Amerikaner. Familie Gehlen geht es kurz nach dem Krieg sehr
gut – während Deutschland am Hungertuch nagt. Klar, dass Christoph
Gehlen sich auch daran erinnert, von anderen Deutschen als »Verräter« bezeichnet zu werden.

Von der Arbeit des Vaters wissen die Kinder zunächst wenig – auch wenn das Leben eine Geheimdienstchefs seinen Schatten früh voraus wirft: Alles wird der Geheimhaltung untergeordnet. Immer wieder muss die Familie den Namen wechseln, Gehlens erster Deckname in den USA ist Hans Holbein. Nur mühsam gewöhnen sich die Kinder an den richtigen Namen Gehlen, den die Familie später wieder annimmt.

Reinhard Gehlen lebt in dieser Zeit in ständiger Sorge vor einer kommunistischen Unterwanderung oder gar einem Angriff der Roten Armee auf Westdeutschland. In Pullach residiert er in einer Villa, die im Dritten Reich für Rudolf Heß gebaut und später von Hitlers Sekretär Martin Bormann genutzt wurde. Der neue Hausherr lässt den Keller umbauen. Man will vorsorgen: Für den Kriegsfall gibt es hier einen Bunker, von dem ein Geheimgang bis jenseits der Außenmauern führt. Die Angst, den Sowjets in die Hände zu fallen, spielt immer mit.

Alte Seilschaften: Ranghohe Nationalsozialisten in der »Organisation Gehlen«

Reinhard Gehlen, der vorausschauende Planer, will so eng mit den Amerikanern zusammenarbeiten, dass er bei einer Eskalation des Kalten Krieges wieder auf der richtigen, der amerikanischen Seite stehen würde. Im Ernstfall will er raus aus Deutschland, nach Amerika. Er ist davon überzeugt, dass die Amerikaner das bessere Gesellschaftssystem haben – doch neben allen politischen Gedankenspielen treibt ihn auch die Sorge um das Wohl seiner Familie an.

Die Amerikaner fordern natürlich Gegenleistungen für die Privilegien, wollen schnelle Ergebnisse. In Pullach laufen nun alle Informationen des Agentennetzwerks aus Osteuropa und der sowjetisch besetzten Zone zusammen. Gehlen muss seine Organisation in kürzester Zeit aufbauen. Und so findet die Rekrutierung neuer geeigneter Mitarbeiter auf breiter Front statt. Dabei setzt der Ex-General auf seine alten Verbindungen aus dem Dritten Reich. Reinhard Gehlen und seine Leute erinnern sich an ihre alten Kameraden, holen die, von denen sie wissen, dass sie zuverlässig waren. Männer, mit denen man schon im Krieg gewesen ist. Eine große Gruppe kommt aus dem Generalstab, andere kommen aus der Abwehr, und, natürlich, Fachleute aus der Gestapo, der SS sowie aus dem großen Geheimdienstapparat des Dritten Reiches, Heydrichs Reichssicherheitshauptamt (RSHA).

Die »Organisation Gehlen« wird so schnell zu einem Auffangbecken für manche hochkarätige Nazi-Schergen. Klare Kontrollmechanismen bei der Personalauswahl gibt es nicht. Was genau die neuen Mitarbeiter während des Krieges getan haben, will keiner so genau wissen. Die offizielle Entnazifizierung überstehen diese Leute jedenfalls schadlos.

Zum Beispiel Emil Augsburg, SS-Sturmbannführer, persönlich beteiligt an Massenmorden in der Sowjetunion, später beim Reichssicherheitshauptamt im Wannsee-Institut beschäftigt: Bei Gehlen wird er für die Beobachtung von osteuropäischen Emigranten eingesetzt. Oder Wilhelm Krichbaum, im Dritten Reich zuletzt SS-Oberführer und Chef der Geheimen Feldpolizei: Der langjährige Dresdner ist bereits ab 1946 für Gehlen tätig, als wichtiger Anwerber weiterer »Fachleute«. Krichbaum gilt nach Meinung mancher Historiker als einer der übelsten Leute bei Gehlen – er hätte als Hauptschuldiger eingestuft, für alle Zeiten entlassen werden müssen. Doch 1948 heiligt der Zweck die Mittel, Krichbaum gilt offiziell als entlastet. Denn Spezialisten wie er bringen die dringend notwendigen Fähigkeiten und Kenntnisse für die Spionage im Kalten Krieg mit. Und der hat schon begonnen.

Die »Dresden-Connection«: Doppelspione des KGB

Ab Juli 1949 erreicht Reinhard Gehlen ein wichtiges Etappenziel. Die gerade erst gegründete CIA übernimmt die Führung seiner »Organisation«, die jetzt schon über 4000 Mitarbeiter hat. Bei Nachfragen zur Herkunft seiner Leute blockt der Chef persönlich ab – den Amerikanern bleibt der wirkliche Anteil von Nazigrößen und Kriegsverbrechern in der Organisation verborgen oder sie schauen nicht so genau hin. Doch Gehlens Rückgriff auf belastete Ex-Nazis sieht der sowjetische Geheimdienst KGB als große Chance: Solche Männer sind erpressbar, können ideal als Doppelagenten genutzt werden.

1951 wird die Organisation Gehlen unterwandert von der sogenannten Dresden-Connection. Wilhelm Krichbaum, Gehlens Chefanwerber in alten Kameradschaftskreisen, holt drei Männer, die er von früher kennt: Hans Clemens, Erwin Triebel und Heinz Felfe.

Hans Clemens: ehemals SS-Hauptsturmführer im Reichssicherheitshauptamt, Abteilung Auslandsspionage. Davor war er Leiter der Außenstelle Dresden des Sicherheitsdienstes, SD. 1944 war er an Geiselerschießungen in Italien beteiligt, unter Berufung auf Befehlsnotstand wurde er 1948 freigesprochen. Erwin Tiebel: SS-Oberscharführer, ebenfalls bei der Auslandsspionage im Reichssicherheitshauptamt. Vorher Rechtsanwalt und Leiter der SD-Außen-

stelle Radeberg. Schließlich Heinz Felfe: Mit 18 Jahren trat der Feinmechani-
ker aus Dresden 1936 in die SS ein, wurde zum Kriminalbeamten ausgebildet.
Auch war er SD-Mitglied und zuletzt SS-Obersturmführer in der gleichen
Abteilung wie seine beiden Freunde.

Wilhelm Krichbaum weiß nicht, dass alle drei erst vor Kurzem als Spione
beim KGB angeheuert haben. Ihr Auftrag: die Organisation Gehlen zu unter-
wandern. Ihr alter Freund Wilhelm Krichbaum öffnet ihnen bereitwillig alle
Tore. Sie sind jetzt Diener zweier Herren. Vor allem Heinz Felfe – Deckname
»Friesen« – wird eine entscheidende Rolle spielen. Seine Führungsoffiziere
beim KGB sind sehr erfreut, dass ihr Plan so mühelos aufzugehen scheint.

Ihr höchster Gegenspieler Reinhard Gehlen ahnt davon nichts. Anfang der
1950er Jahre hat er andere Probleme. Nach Jahren des Erfolgs steht ihm ein
neuer Gegner gegenüber: das Ministerium für Staatssicherheit. Nach der
Niederschlagung des Volksaufstands vom 17. Juni 1953 will die DDR-Führung
dringend für Ablenkung sorgen. Mehrere Agentennetze der Organisation
Gehlen in der DDR werden jetzt durch die Stasi öffentlichkeitswirksam enttarnt, die Spione verhaftet und in Schauprozessen verurteilt.

Heinz Felfe, ca. 1969

Reinhard Gehlen am Abgrund: Das »Felfe-Desaster«

1955 erhält die Bundesrepublik ihre volle Souveränität und tritt der NATO bei. Bald darauf beschließt das Kabinett Adenauer die Gründung des Bundesnachrichtendienstes. Reinhard Gehlen ist am Ziel seiner Träume. Die Mitarbeiter der Organisation werden Bundesbeamte, Gehlen steht als Präsident an der Spitze einer Behörde.

Der BND weiß über den Aufenthaltsort des weltweit gesuchten Adolf Eichmann früh Bescheid und hat Kontakt zu dessen engstem Mitarbeiter bei der »Endlösung der Judenfrage«, Alois Brunner, der in Syrien untergetaucht ist. Und er nutzt auch weiterhin die Kenntnisse von Nazis und Kriegsverbrechern. Etwa von Carl-Theodor Schütz, Leiter der BND-Filiale in Köln. Im Krieg befehligte der SS-Hauptsturmführer Hunderte Geiselerschießungen nahe der italienischen Hauptstadt Rom. Auf einem Foto aus den 1950er Jahren sitzt er in fröhlicher Runde neben einem guten alten Bekannten, der ebenfalls an den Erschießungen beteiligt war: dem Dresdner Hans Clemens. Das braune Netzwerk im BND funktioniert bestens.

Auch in der Pullacher Zentrale. Dort erfreuen Reinhard Gehlen immer mehr die Erfolge eines scheinbar besonders begabten Mitarbeiters: Heinz Felfe. Der sorgsam eingeschleuste Doppelagent des KGB führt nach außen ein harmlos-bürgerliches Leben mit Familie. Im Bundesnachrichtendienst geht seine Karriere steil bergauf. Reinhard Gehlen lässt ihn immer häufiger persönlich zu sich bitten. Denn Felfe ist arbeitswütig, beschafft ständig neue, hochinteressante Informationen. Er ist jetzt das beste Pferd im Stall – arbeitet ausgerechnet als Leiter der Abteilung »Gegenspionage Sowjetunion«.

Felfe spioniert tatsächlich, was das Zeug hält, und wird für seine Auftraggeber aus Moskau immer wertvoller. Über Jahre fotografiert er mit einer Minox-Kamera interne Papiere wie Listen von Residenten im Ausland, Deckadressen von V-Männern und Unterlagen zu Agentennetzen. Zeitweilig hat er sogar über Reinhard Gehlen direkten Zugang zu hochsensiblen Akten im Bundeskanzleramt. Seine alten Kameraden Clemens und Tiebel sind ebenfalls eingespannt. Clemens hält den konspirativen Kontakt zu den Sowjets. Tiebel muss als Kurier das Material nach Ost-Berlin bringen. Und der KGB honoriert diese Top-Quelle außerordentlich. Neben einem Orden für erfolgreiche Kundschaftertätigkeit erhalten alle drei mehrere hunderttausend Mark. Die Dresden-Connection läuft wie geschmiert. Doch dann gibt es Ende der 1950er Jahre im BND und bei der CIA immer mehr Hinweise, dass ein hochrangiger Maulwurf in Pullach sitzt. Auch der erfolgreiche Felfe wird von Kollegen verdächtigt: Er hat sich ein 10-Zimmer-Haus gekauft, pflegt einen aufwendigen Lebensstil. Reinhard Gehlen aber will das nicht glauben, hält immer noch seine schützende Hand über ihn.

1961 legt der amerikanische Geheimdienst dem BND-Präsidenten neue Verdachtsmomente vor. Ein Überläufer hat den entscheidenden Tipp gegeben: Bei einem CIA-Besuch von sechs BND-Mitarbeitern in den USA seien zwei davon in Wirklichkeit sowjetische Spione gewesen. Von den bislang im BND schon länger Verdächtigen hat an dieser Reise nur einer teilgenommen: Heinz Felfe. Nach Felfes Rückkehr ist nun auch Gehlen mit einer Komplettüberwachung seines bisherigen Superspions einverstanden. Dessen Haus wird verwanzt, das Telefon angezapft. Am 3. November 1961 gelingt endlich der Durchbruch: Es ist ein abgehörtes Telefonat zwischen Heinz Felfe und Hans Clemens. Sie sprechen am Telefon über einen Brief ihrer sowjetischen Auftraggeber. Felfe bittet Clemens, den Brief per Einschreiben an ihn zu schicken. Es ist der entscheidende Fehler, auf den die CIA- und BND-Spezialisten so lange gewartet haben. Das Einschreiben an Felfe wird abgefangen. Der Inhalt ist verschlüsselt, offenkundig von einem gegnerischen Führungsoffizier mit Decknamen Alfred verfasst. Dieser Beweis wird dechiffriert und der Brief noch am gleichen Tag unbeschädigt an Felfe weitergeleitet.

Drei Tage später wird Heinz Felfe verhaftet. Ausgerechnet der Chef der Gegenspionage ist ein Doppelspion! Für Reinhard Gehlen ist dies das größtmögliche Desaster, der BND steht beinahe vor dem Zusammenbruch. Der von Felfe angerichtete Schaden ist unermesslich. Neben unzähligen Funkmeldungen lieferte er dem KGB in zehn Jahren 20 Tonbänder und 300 Minoxfilme mit über 15 000 Aufnahmen. Das fast 100 Mann starke Spionagenetz des BND in der Sowjetunion ist zudem komplett enttarnt. Laut einem internen Untersuchungsbericht der CIA vom Februar 1963 ist Felfe derjenige im BND, der am besten informiert war über die Operationen der CIA.

Die Enttarnung des Spionage-Trios um Heinz Felfe wird zum Skandal. Und Reinhard Gehlens Schicksal als Präsident des BND hängt am seidenen Faden. Forderungen nach seinem Rücktritt werden laut. Doch er hält sich im Amt – und versucht von Anfang an, diesen dramatischen Fall herunterzuspielen.

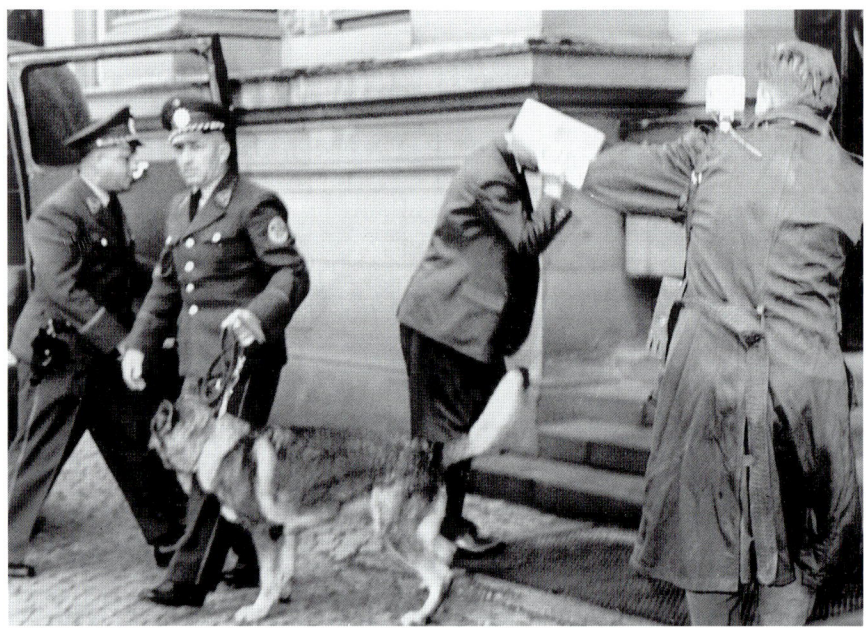

Heinze Felfe, das Gesicht vor einem Fotografen verdeckend, auf dem Weg zu seinem Prozess vor dem Bundesgerichtshof, Juli 1963

Die Folgen des Spionage-Skandals

Zwei Jahre später, im Juli 1963, kommt es unter Ausschluss der Öffentlichkeit zum Prozess gegen Felfe und seine Mitstreiter. Viele Details dringen nun ans Licht. Vor allem wird Gehlens größter Fehler deutlich: Von Beginn an hatte er sich zu viele Belastete aus dem Nazi-Apparat geholt, die dann in seiner Organisation unterkamen.

Viele Geheimdienste benutzen nach 1945 Naziverbrecher: Amerikaner genauso wie Russen, Briten und Franzosen, immer zu unterschiedlichen Zwecken. Doch anders als im BND wurden sie dort höchstens als Agenten oder als Quellen geführt. In Gehlens Organisation dagegen arbeiteten sie als hauptamtliche Mitarbeiter, machten Karriere innerhalb des Dienstes – und wurden so erpressbar für den KGB.

Den Makel der erpressbaren Naziverbrecher in den eigenen Reihen wird Reinhard Gehlen nun nicht mehr los. Im Prozess packen alle drei angeklagten »Fachleute« aus, schildern detailliert, wie sie mit den sowjetischen Agenten zusammengearbeitet haben. Hans Clemens wird schließlich zu zehn, der Kurier Erwin Tiebel zu drei und Heinz Felfe als Kopf des Trios zu vierzehn Jahren Haft verurteilt.

Noch während der Prozess läuft, versucht Reinhard Gehlen weiteren Schaden für seinen Bundesnachrichtendienst abzuwenden. Er installiert einen kleinen, geheimen Sonderstab, der alle Mitarbeiter mit SS-Vergangenheit auf mögliche Kriegsverbrechen durchleuchten soll. Einen zweiten »Fall Felfe« kann er sich nicht leisten. Zwei Jahre lang werden BND-Mitarbeiter befragt, ihre Lebensläufe durchforstet und mit den Ermittlungsbehörden für Kriegsverbrechen abgeglichen.

Gehlen selbst will von den schrecklichen Details aus dem Vorleben der nun entlassenen Mitarbeiter nichts wissen. 1965 landet der Abschlussbericht des Sonderstabes für über 50 Jahre im geheimen BND-Archiv. Die Tage des Präsidenten an der Spitze des westdeutschen Geheimdienstes sind da bereits gezählt. Mit 66 Jahren wird Reinhard Gehlen, der geheimnisumwitterte Kämpfer im Kalten Krieg 1968 in den Ruhestand versetzt – vielfach ausgezeichnet für seine Verdienste.

Der KGB-Spion Heinz Felfe sitzt fast acht Jahre im Gefängnis. 1969 wird er bei einem Agentenaustausch in die DDR abgeschoben. Dort macht der ehemalige SS-Obersturmführer später Karriere als Professor für Kriminalistik an der Humboldt-Universität in Ost-Berlin. Reinhard Gehlen überlebt er noch um fast 30 Jahre.

Der Generalsstabsoffizier mit dem unglaublichen Lebenslauf stirbt 1979 im Alter von 77 Jahren in seinem Haus am Starnberger See. Bis heute sind noch viele brisante Informationen und Zusammenhänge über die frühe Geschichte von Bundesrepublik und DDR unter Verschluss. Und nicht Weniges ist an die Person Reinhard Gehlen geknüpft.

Reinhard Gehlen, 1975

Zeittafel

1902 3. April: Reinhard Gehlen wird als Sohn einer bürgerlich-konservativen Buchhändlerfamilie in Erfurt geboren.

1931 Oktober: Hochzeit mit Herta von Seydlitz-Kurzbach. Das Paar bekommt vier gemeinsame Kinder.

1934 Beförderung zum Hauptmann

1936 Aufnahme in den Generalstab der Wehrmacht

1939 März: Beförderung zum Major

1939 September: Beteiligung am Einmarsch in Polen als Erster Generalstabsoffizier einer Infanteriedivision

1941 Juni: Beteiligung an den Vorbereitungen für das »Unternehmen Barbarossa«, den Überfall auf die Sowjetunion

1942 Beförderung zum Leiter der Abteilung »Fremde Heere Ost« und somit zum Chef der militärischen Aufklärung

1942/43 Nach der Niederlage von Stalingrad arbeitet Gehlen mit dem Auslandsnachrichtendienst der SS unter Leitung von Walter Schellenberg zusammen.

1944 Dezember: Beförderung zum Generalmajor. Gehlen plant längst für seine Zeit nach dem Krieg.

1945 4. April: Gehlen organisiert den »Pakt von Bad Elster«. Auf dem Rückzug nach Bayern findet ein konspiratives Treffen mit seinen wichtigsten Führungskräften statt. Es wird verabredet, wichtige Dokumente beiseite zu schaffen und sich in den Dienst der Amerikaner zu stellen.

22. Mai: Gehlen stellt sich den Amerikanern und übergibt seine geheimen Dokumente aus der Abteilung »Fremde Heere Ost«.

August: Gehlen und seine engsten Mitarbeiter werden in das geheime Vernehmungslager Fort Hunt ausgeflogen. Über Monate werden sie verhört und ihr Spionagematerial ausgewertet.

1946 Juni: Gründung der »Organisation Gehlen« in Bad Ursel bei Frankfurt unter Führung und Finanzierung des US-Armee-Geheimdienstes. Reinhard Gehlen baut ein Früh-warnsystem gegen die Sowjets auf.

1947 6. Dezember: Der Sitz der »Organisation Gehlen« wird nach Pullach bei München verlagert.

1951 November: Heinz Felfe tritt in die »Organisation Gehlen« ein und wird so zum Doppelagenten. Zu diesem Zeit-punkt arbeitet er bereits für den sowjetischen Geheim-dienst KGB.

1955 Mehrere Agentennetze der »Organisation Gehlen« in der DDR fliegen auf. Dutzende von geheimen Gehlen-Mit-arbeitern werden verhaftet und in Schauprozessen verur-teilt. Heinz Felfe wird Leiter des Referats »Gegenspionage Sowjetunion« und liefert der Gegenseite zahlreiche geheime Papiere und andere Informationen.

1956 1. April: Die »Organisation Gehlen« geht auf Beschluss der Regierung Adenauer in den Dienst der Bundesrepub-lik über und trägt nun den Namen Bundesnachrichten-dienst (BND).

1961 6. November: Heinz Felfe wird festgenommen, nachdem ein verschlüsselter Brief vom BND abgefangen wurde. Wegen Spionage und Landesverrats wird er zu 14 Jahren Zuchthaus verurteilt.

1968 Reinhard Gehlen wird mit 66 Jahren vielfach ausgezeich-net in den Ruhestand versetzt.

1979 8. Juni: Reinhard Gehlen stirbt in seinem Haus am Starn-berger See.

André Meier

Hilde Benjamin
Die Scharfrichterin der DDR

Im Bundestagswahlkampf 1965 setzt die CDU auf Angst. Die Kommunisten, so suggerieren die Christdemokraten mit Paradebildern aus Moskau und Ostberlin, wollen die westliche Welt vom Globus fegen. Walter Ulbricht wird gezeigt und eine Dame mit dunkler Sonnenbrille, dazu raunt eine warnende Stimme aus dem Off: »Diese Gesichter lassen keinen Zweifel, dass sie den Krieg befehlen, wenn er eine Chance bedeutet.«

Der Name der scheinbar so gefährlichen Frau wird nicht genannt. Das muss er auch nicht. Sie kennt man im Westen ebenso gut wie im Osten. Und hier wie dort wird sie gleichermaßen gefürchtet. Jedenfalls von all jenen, die Zweifel daran hegen, dass ein Sozialismus stalinistischer Prägung das beste aller möglichen Gesellschaftsmodelle sei.

Die Frau mit dem zum Kranz geflochtenen Haar ist die DDR-Justizministerin Benjamin. Gern auch »Blutige Hilde« oder »Rote Guillotine« genannt. Selbst wenn der zweifelhafte Ruhm der 1989 gestorbenen Juristin und SED-Politikerin inzwischen ein wenig verblasst ist, so hat sich an ihrem schlechten Image nichts geändert. Wer Hilde Benjamins Namen kennt, der verbindet damit die zum Klassenkampf- und Unterdrückungsinstrument degradierte DDR-Rechtsprechung, denkt an Schauprozesse und Todesstrafen.

Tatsächlich aber fungierte Hilde Benjamin in lediglich 13 Prozessen als Richterin und von den 211 in der DDR verkündeten und vollstreckten Todesurteilen gingen nur zwei auf ihr persönliches Konto. Nur – wie konnte Hilde Benjamin trotzdem zur Symbolfigur der SED-Justiz werden?

Schließlich traf die tiefgläubige Stalinistin ihre folgenschweren Entscheidungen vor allem außerhalb des Gerichtssaals. Als Ministerin nahm sie direkt Einfluss auf Prozessführung und Strafmaß, als Rechtstheoretikerin kreierte sie fast alle wichtigen in der DDR verabschiedeten Gesetze maßgeblich mit.

» *Die Partei steht in meinem Leben an erster Stelle. Es gibt keine Bindung keine Beziehung, die dem vorginge.* «
Hilde Benjamin

Hilde Benjamin auf dem
DDR-Frauenkongress, Berlin 1964

Eine Kaufmannstochter aus Bernburg

Hilde Benjamin war von Anbeginn ihrer Karriere bereit, das Recht im Dienst einer vermeintlich hehren Idee zu beugen. Und daran, dass der Richter in erster Linie Erfüllungsgehilfe des Parteiwillens ist, glaubte sie bis an ihr Lebensende. Als Kommunistin war Hilde Benjamin bemüht, den Makel ihrer bürgerlichen Herkunft durch besondere Prinzipientreue zu kaschieren. Zweifel an der Allmacht und Weisheit der Partei waren ihr fremd.

Zugleich aber war die gefürchtete Juristin auch eine Vorkämpferin für die Frauenrechte. Ein Thema, das sich keiner großen Beliebtheit im überwiegend männlichen und kleinbürgerlich denkenden SED-Establishment erfreute. Dass die Frauen in der DDR vor dem Gesetz trotzdem viel eher und viel umfassender dem Manne gleichgestellt wurden als in der Bundesrepublik, ist vor allem dem hartnäckigen Drängen Hilde Benjamins zu danken.

Geboren wird die spätere DDR-Justizministerin im Februar 1902 in Bernburg an der Saale. Ihre Familie gehört zur Oberschicht der Stadt. Der Vater Walter Lange ist ein angesehener Kaufmann und arbeitet für die Solvay AG, dem damals wichtigsten deutschen Sodaproduzenten.

Im Dezember 1950 kehrt Hilde Benjamin in ihre Geburtsstadt zurück, um über die ehemaligen Kollegen ihres inzwischen verstorbenen Vaters zu richten. Zehn leitende Angestellte der Bernburger Solvay AG sind der Spionage und Sabotage angeklagt. Im Kern geht es darum, dass sie – aus Angst vor einer drohenden Verstaatlichung der Solvay AG – die organisatorische Verflechtung ihrer Firma mit dem von den Alliierten zur Auflösung bestimmten IG Farben-Konzern verheimlichen wollten.

Der nun in Bernburg öffentlich abgehaltene »Solvay-Prozess« ist einer der ersten in einer ganzen Reihe von Schauprozessen, die unter dem Vorsitz von Hilde Benjamin, der Vizepräsidentin des Obersten Gerichts der DDR, Anfang der fünfziger Jahre abgehalten werden.

Früher musste sich die kleine Hilde ob ihres dunklen Teints von ihren Mitschülern »Inderin« hänseln lassen. Jetzt wird sie nicht nur in Bernburg gefürchtet. Seit ihrem Amtsantritt hat sie gnadenlos mit allen abgerechnet, die sich dem Willen der Partei nicht beugen wollen. Das macht Hilde Benjamin für viele Ostdeutsche zu einer Hassfigur. Nicht zuletzt auch, weil so viel Unerbittlichkeit nicht in ihr Frauenbild passt.

Jetzt soll sie die Enteignung der alten Firma ihres Vaters juristisch legitimieren, beweisen, dass die Solvay-Werke vom Westen aus ferngesteuert werden. Hilde Benjamin hat ein leichtes Spiel. Nach monatelangen zermür-

Hilde Benjamin als Richterin
im Bernburger Solvay-Prozess 1950

benden Verhören bezichtigen sich die Angeklagten gegenseitig zum Teil
niemals begangener Verbrechen. Es sind Männer wie Hilde Benjamins ver-
storbener Vater, die nun für insgesamt 99 Jahre ins Zuchthaus gehen müssen.
Erst nach Torgau, dann nach Waldheim, berüchtigte Haftanstalten. Wieder
einmal hat Hilde Benjamin ihren Parteiauftrag erfüllt. Wieder einmal gezeigt,
dass sie – ungeachtet ihrer bürgerlichen Herkunft – eine unerbittliche Verteidigerin der neuen Ordnung ist. Nach der Urteilsverkündung verlässt Hilde
Benjamin Bernburg sofort.

Die Vizepräsidentin des Obersten Gerichts wohnt in Berlin. Dort hat sie
eine standesgemäße Altbauwohnung in der Prenzlauer Allee 172 bekommen,
die sie gemeinsam mit ihrem Sohn Michael bewohnt. Zwei Leibwächter be-
wachen die Juristin rund um die Uhr. Sie hat Angst, weiß, dass mit jedem
ihrer Urteile die Zahl ihrer Feinde steigt.

Der Druck auf die 48-Jährige ist groß. Vor dem Krieg rührte sie weder
Alkohol noch Tabak an. Jetzt raucht sie 60 Zigaretten am Tag. Sie schläft
kaum, arbeitet bis tief in die Nacht hinein. In der Partei sind Säuberungen an
der Tagesordnung. Immer wieder fallen Spitzenfunktionäre in Ungnade. Und
fast immer sind es Genossen wie sie: Parteimitglieder bürgerlicher Herkunft,
die weder im KZ gesessen noch in Moskau Zuflucht gefunden hatten. Trotzdem will sie der Partei dienen, glaubt, dass sie das ihrem von den Nazis ermordeten Mann schuldig sei.

Als junge Anwältin im Wedding

Hilde Benjamin als junge Anwältin, um 1929

Kennengelernt hat sie Georg Benjamin in den zwanziger Jahren in Berlin. Der Sohn eines jüdischen Kunsthändlers und Bruder des Philosophen Walter Benjamin ist Kommunist und arbeitet als Armenarzt im Wedding. Hilde verliebt sich in den ruhigen und sechs Jahre älteren Mediziner. Das Paar heiratet und nun schließt sich auch Hilde, die vorher SPD-Mitglied war, der KPD an.

Nach dem erfolgreichen Abschluss ihres zweiten Staatsexamens eröffnet die 27-Jährige 1929 im Berliner Arbeiterbezirk Wedding ihre eigene Anwaltskanzlei. Hier vertritt sie hauptsächlich Kommunisten und linke Gewerkschaftler in Arbeitsgerichtsprozessen.

Gleich zu Beginn ihrer Anwaltskarriere steht ein spektakulärer Fall. Im September 1930 wird am Landgericht Berlin-Moabit der Prozess gegen die Mörder des Berliner SA-Führers Host Wessel eröffnet. Die Angeklagten kommen aus dem Umfeld der kommunistischen Partei, der Todesschütze ist Mitglied des Rotfrontkämpferbundes.

Die kommunistische Partei ist durch den Fall in die Bedrängnis geraten. Die Nationalsozialisten unterstellen der KPD-Führung, den Mord an Wessel in Auftrag gegeben zu haben. Nun versuchen die Berliner Funktionäre mit Hilfe parteitreuer Anwälte, das Verbrechen als Streit im Zuhältermilieu abzutun. Keine leichte Aufgabe für Hilde Benjamin, die als eine von mehreren Verteidigern für diesen Fall engagiert wurde. Auf einem Prozessfoto sieht man die junge Anwältin. Konzentriert folgt sie dem Geschehen. Mit ihrer burschikosen Kurzhaarfrisur ein seltsamer Kontrapunkt zu den übrigen Verteidigern, die – im gebührenden Abstand – rechts von ihr sitzen.

Erst vor wenigen Jahren fand man im Archiv der Stasi-Unterlagenbehörde die alten Gerichtsakten. Bis zum Ende der DDR wurden sie im Mielke-Ministerium versteckt. Der »Fall Wessel« ist kein Ruhmesblatt der Parteigeschichte. Zwar geben sich die von der KPD bezahlten Verteidiger die größte Mühe, aber der politische Hintergrund der Tat lässt sich nicht vertuschen. Hilde Benjamin verteidigt Wessels Vermieterin Elisabeth Salm. Sie hat nach einem Streit mit ihrem Untermieter dessen Mörder in ihre Wohnung geholt. Nun wirft ihr die Staatsanwaltschaft Beihilfe zum Totschlag vor.

Es ist das erste Mal, dass eine Frau als Verteidigerin in einem deutschen Schwurgerichtsprozess auftritt. Damit ist der jungen ehrgeizigen Anwältin Benjamin nicht nur die Aufmerksamkeit des KPD-Parteiblatts »Rote Fahne«

Hilde Benjamin als Strafverteidigerin im Horst-Wessel-Prozess 1930

sicher. Auch bürgerliche Zeitungen heben die Beweisführung des Fräulein Benjamin lobend hervor. Hilde Benjamins Mandantin kommt mit eineinhalb Jahren Gefängnis davon. Auch die übrigen Angeklagten erhalten nur Freiheitsstrafen zwischen sechs Jahren und vier Monaten.

Der »Völkische Beobachter«, das NSDAP-Parteiorgan, empört sich über das »ungeheuerlich milde Urteil«, droht Hilde Benjamin und ihren Kollegen unverhohlen mit Vergeltung.

Früh hat die Juristin gelernt, dass auch in Gerichtssälen Politik gemacht werden kann. Eine Lektion, die sie nie vergessen wird. Woher aber kommt später ihr abgrundtiefer Hass gegen alle, die ihren Glauben an die Allmacht und Weisheit der Partei nicht teilen? Wie wurde aus der Anwältin der Armen und Entrechteten eine eiskalte Funktionärin, die das Recht im Dienst der Macht skrupellos beugt. Was hat diese Frau so hart werden lassen?

Jahre der Angst

Gerade erst Mutter geworden, muss die glühende Kommunistin Anfang 1933 miterleben, wie Hitler die Macht an sich reißt. Im Februar brennt der Reichstag. SA-Horden ziehen grölend durch die Straßen, machen Hatz auf ihre politischen Gegner. Hilde bringt ihr Kind in Sicherheit, dann wartet sie auf ihren Mann. Georg ist auf einer Versammlung linker Ärzte. Was passiert, wenn er, der Jude und Kommunist, in die Fänge der Nazis gerät? Vor der Wohnung randaliert der braune Mob. Hilde muss mit dem Schlimmsten rechnen. In dieser Nacht kehrt Georg Benjamin unversehrt heim. Doch wenige Wochen später ist es dann soweit. Anfang April 1933 wird Georg Benjamin in Schutzhaft genommen. Ihr gemeinsamer Sohn Michael ist noch kein halbes Jahr alt, als man ihm den Vater nimmt.

Jetzt geht es Schlag auf Schlag. Die Nazis lassen alle Skrupel fallen: Die KPD wird verboten, Kommunisten und Juden werden aus öffentlichen Ämtern und Behörden entlassen, verschleppt, gefoltert, ermordet oder weggesperrt. Hilde Benjamin lebt in ständiger Angst. Ihre Kanzlei wird durchsucht, ihre Wohnung, auch Georgs Arztpraxis. Ebenso wie ihr Mann ist auch Hilde als Kommunistin stadtbekannt. Ihre Rolle im Wessel-Prozess haben die Nazis nicht vergessen. Fast täglich rechnet sie mit ihrer Verhaftung. Sie taucht unter. Mutter und Schwester kümmern sich um Hildes Kind.

Anfang Mai 1933 kommt das Berufsverbot. Die leidenschaftliche Juristin darf nicht mehr als Rechtsanwältin arbeiten. Damit steht sie vor dem Nichts. Hilde Benjamin muss jetzt für ihre politische Haltung büßen, verliert ihre Zulassung, weil sie Kommunistin ist. Unterschrieben ist die Verfügung vom neuen preußischen Justizminister Dr. Roland Freisler. Der Mann geht später als Hitlers Blutrichter in die Geschichte ein. Auf der Personalakte der Anwältin der Vermerk: »Keine Jüdin, aber Kommunistin (Ehemann Jude!)«.

Georg Benjamin muss monatelang in Sonnenberg in einem der ersten Konzentrationslager die Demütigungen der Nazis ertragen. Weihnachten 1933 kehrt er heim. Krank und abgemagert, aber in seiner politischen Überzeugung ungebrochen. Kaum daheim, stürzt sich Georg erneut in die politische Arbeit für die verbotene KPD.

1936 steht er dann, angeklagt wegen der Vorbereitung zum Hochverrat, in Moabit vor Gericht. Sechs Jahre zuvor hatte sich hier die Genossin Benjamin als Verteidigerin im Mordprozess Wessel den Zorn der Nazis zugezogen. Jetzt sind es Hitlers Gefolgsmänner, die hier Recht sprechen: Georg muss für sechs Jahre ins Zuchthaus.

Hilde Benjamin bricht alle Kontakte zu den ehemaligen Genossen ab und nimmt ihren Mädchennamen wieder an. Auch um ihr Kind zu schützen. Michael ist durch die Nürnberger Rassegesetze als Mischling stigmatisiert.

Georg Benjamin wird nach seiner Verurteilung im Oktober 1936 in die Haftanstalt Brandenburg-Görden gebracht. Hierher muss Hilde Benjamin reisen, wenn sie ihn sehen will. In all den Jahren lässt sie keinen einzigen Besuchstermin ungenutzt verstreichen. Jedes Quartal eine Viertelstunde, eine Stunde im Jahr, sechs Stunden in sechs Jahren. Hilde Benjamin weiß also genau, wie die Haft einen Menschen verändern kann.

Während dieser ganzen Zeit darf die junge Mutter auf die Hilfe ihrer Familie bauen. Sie lebt in der Wohnung der Eltern, im ruhigen Berliner Villenbezirk Steglitz. Sie hilft im Haushalt und wird von ihrem Vater finanziell unterstützt. Die bürgerliche Gesinnung des Kaufmanns Lange stört die in Bedrängnis geratene Kommunistin nicht.

Hilde Benjamin widmet jetzt ihre ganze Kraft ihrem und Georgs Kind. Sie will, dass Mischa seinen Vater nicht vergisst. Nach den Rassegesetzen der Nazis ist er Mischling ersten Grades. Er darf kein Gymnasium besuchen. Hilde will das nicht hinnehmen und unterrichtet ihn selbst. Später wird sie sich dafür bei der Partei entschuldigen: »Nach dem Tod meines Mannes tat ich nichts, um Anschluss an die Partei zu finden. Ich muss zugeben, dass ich die Sorge um meinen Jungen – Mischling – voranstellte. Also letzten Endes Persönliches über die Partei stellte.«

Im Mai 1942 ist Georg Benjamins Zuchthausstrafe abgelaufen. Doch frei kommt er nicht. Stattdessen wird er in ein Arbeitslager im Berliner Bezirk Lichtenberg untergebracht. Auf dem Bahnhof Wuhlheide muss der Kommunist als Arbeitssklave für die Reichsbahn schuften. Das Gelände ist allerdings nur schwach bewacht. Und so gelingt es Hilde Benjamin tatsächlich, ihren Mann mehrmals unbemerkt zu treffen. Das letzte Mal sehen sich die beiden im August 1942. Wenige Tage später wird Georg Benjamin ins KZ Mauthausen verlegt. Die erste Nachricht, die Hilde von dort bekommt, ist zugleich die letzte: Suizid durch Berühren der Starkstromleitung heißt es in der offiziellen Sterbeurkunde. Der Tod ihres Mannes ist für Hilde Benjamin ein Trauma, das sie über ihr ganzes weiteres Leben begleiten wird. Dass Georg sein Leben für die Partei opferte, sieht sie als nun als persönliche Verpflichtung.

In einem für die Partei verfassten Lebenslauf finden sich diese Zeilen, die nun zum Credo ihres weiteren Lebens werden: »Ich bin mir der Verantwortung bewusst, wenn ich sage: Jetzt steht die Partei in meinem Leben an erster Stelle. Es gibt keine Bindung, keine Beziehung, die dem vorginge.«

Sätze, die sich wie das Treuegelöbnis einer Ordensschwester lesen. Als Hilde Benjamin sie zu Papier bringt, ist der Krieg vorbei und der Osten Deutschlands von Stalins Soldaten besetzt. Endlich, so glaubt sie, ist der Zeitpunkt gekommen, das Vermächtnis ihres ermordeten Mannes zu erfüllen. Und das heißt für Hilde Benjamin, sich bedingungslos dem Willen der Partei zu beugen. Sie bricht den Kontakt zu ihren im Westen lebenden Eltern und Geschwistern ab. Damit ist der Weg frei für eine steile Karriere im SED-Machtapparat.

Richterin im Dienst der Macht

Hilde Benjamin wird Personalchefin der neuen ostdeutschen Justizverwaltung. Entschlossen sorgt sie dafür, dass alle ehemaligen NSDAP-Mitglieder aus dem Justizapparat entfernt werden.

An ihre Stelle treten jetzt sogenannte Volksrichter. Eine abgeschlossene Volksschulausbildung und eine ausgewiesene antifaschistische Gesinnung genügen, um an eine der neu eingerichteten Volksrichterschulen aufgenommen zu werden. Sechs Monate dauern die Kurse. So werden binnen kürzester Zeit die Gerichte in der sowjetischen Besatzungszone mit jungen, hoch motivierten, aber oft genug auch völlig überforderten Justizbeamten aufgefüllt.

Seinen ersten großen Auftritt hat dieser von Hilde Benjamin betreute Richternachwuchs 1950 in Waldheim. Vom 21. April bis 29. Juni 1950 verhandelt das Landgericht Chemnitz im Zuchthaus der Stadt gegen mehr als 3400 Personen. Männer und Frauen unterschiedlichsten Alters. Der Jüngste unter ihnen ist bei seiner Verhaftung gerade einmal 14 Jahre alt. Alle Angeklagten werden aus sowjetischen Internierungslagern der DDR-Justiz zur Aburteilung überstellt. Nun stehen sie wegen vermeintlich oder tatsächlich begangener Kriegs- und NS-Verbrechen vor Gericht. Ohne eine ordentliche Beweisaufnahme und ohne das Recht auf eine angemessene Verteidigung werden sie im Schnellverfahren abgeurteilt.

Freisprüche, so die Order aus Berlin, darf es nicht geben. Hilde Benjamin gehört zu einer kleinen Kommission, welche die Richter für diesen Prozessmarathon auswählt. Genommen wird nur, wer sich bereit erklärt, die vorher von der Partei festgelegten Urteile zu verkünden. Für die Angeklagten gibt es einen einzigen Verteidiger. Und auch der ist nur ein im Schnellkurs ausgebildeter und der Partei treu ergebener Volksrichter.

Keiner weiß so gut wie die studierte Juristin Benjamin, wie man dem offenkundigen Unrecht von Waldheim wenigstens den Anschein von Legalität

Hilde Benjamin als Beobachterin
bei den Waldheim-Prozessen 1950

geben kann. Später wird sie allen Ernstes betonen, dass die DDR-Justiz allen
Angeklagten die Chance auf angemessene Verteidigung gibt. Die Prozesse in
Waldheim enden mit 33 Todesurteilen, von denen 24 am 4. November 1950
vollstreckt werden.

Mit der Gründung der Deutschen Demokratischen Republik bekommt
Benjamins Karriere einen neuen Schub. Die Parteiführung stellt die folgsame
Genossin ins Rampenlicht. Sie wird Vizepräsidentin des Obersten Gerichts
der DDR. Keine drei Jahre ist sie in dem Amt, aber das genügt, um ihren
Namen in das kollektive Gedächtnis der Ostdeutschen einzubrennen.

Sie ist fest davon überzeugt, dass die Sowjetunion Stalins die Keimzelle
einer besseren, gerechteren Welt ist und der Osten Deutschlands ihrem
Vorbild folgen muss. Wer dagegen opponiert, kann nur ein Handlanger des
Westens, ein Feind des Volkes und des Friedens sein. Wer nicht für uns ist,
so glaubt Genossin Benjamin, ist gegen uns und gehört als Angeklagter vor
den Richtertisch.

Mit aller Macht versucht die SED, die Jugend für ihre Ziele zu gewinnen.
Viele Jungen und Mädchen lassen sich von den kämpferischen Parolen be-
geistern. Viele folgen den Fahnen aber auch nur, weil sie wissen, was ihnen
droht, sollten sie aus der Reihe tanzen.

Eine von den wenigen, die sich nicht schon wieder dem Willen einer
Partei unterwerfen und von ideologischen Heilsbotschaften beglücken lassen

Hilde Benjamin und Walter Ulbricht, 1962

wollen, ist die Erfurter Musikstudentin Elisabeth Graul. Die 24-Jährige schließt sich einer vom Westen gesteuerten Widerstandsbewegung an. Sie verteilt Flugblätter und schreibt nachts Losungen an Häuserwände.

Im Juli 1951 wird sie in Erfurt verhaftet und nach Berlin-Hohenschönhausen in das zentrale Untersuchungsgefängnis der DDR-Staatssicherheit gebracht. Ein halbes Jahr wird Elisabeth Graul hier auf den Prozess »vorbereitet«, den Hilde Benjamin gegen sie und ihre elf Freunde plant. Durch Isolationshaft, Schlafentzug und nächtliche Verhöre werden die jungen Gefangenen zu belastenden Aussagen genötigt.

Drei Tage dauert der Prozess gegen die zwölf oppositionellen Jugendlichen. Hilde Benjamin weiß genau, mit welchen Methoden die Staatsanwaltschaft den Angeklagten ihre Geständnisse abgetrotzt hat. Und sie billigt sie. Die Urteile, die sie über Elisabeth Graul und ihre Freunde am 20. Februar 1952 verkündet, stehen schon Tage vor Verhandlungsbeginn fest. Elisabeth Graul wird zu 15 Jahren Zuchthaus verurteilt. Als sich die Gefängnistüren für sie wieder öffnen, ist sie 31 und bleibt bis zu ihrem Tod im Jahr 2010 schwer traumatisiert.

Frau Justizminister

Die Funktionärin Benjamin wird von ihren Untergebenen respektiert, aber auch gefürchtet. Bringen Mitarbeiter nicht die von ihnen verlangten Leistungen, reagiert sie aggressiv, zuweilen auch cholerisch. Nach einer Sekretärin wirft sie im Zorn mit einem Aschenbecher. Ohne zu treffen.

Solche Geschichten verbreiten sich schnell. Sie runden das Bild ab, das man auf der Straße von der gnadenlosen Richterin hat. Auch vielen Genossen ist der Arbeitseifer dieser inzwischen asketisch lebenden Frau unheimlich. Gerüchte kursieren: Die Benjamin soll trinken, soll Frauen lieben.

Für den Westen ist Hilde Benjamin eine ideale Zielscheibe. Sie wird als Mannweib geschmäht und mit Häme übergossen. Im Mai 1952 stehen die Mitglieder der von westlichen Geheimdiensten unterstützten antikommunistischen »Kampfgruppe gegen Unmenschlichkeit« vor ihrem Richtertisch. Ihnen wird die Planung mehrerer Terrorakte zur Last gelegt. Dem Hauptangeklagten Johann Burianek verkündet Hilde Benjamin das Todesurteil. Als sich nach der Verhandlung der Kameramann der DDR-Wochenschau bei der Richterin meldet und sie bittet, das Urteil noch einmal zu verlesen, weil es Tonprobleme bei der Aufzeichnung gab, wirft sie ihn hinaus.

Sadismus kann man Hilde Benjamin nicht vorwerfen, wohl aber, dass ihre Urteile unangemessen und in ihrer Härte ausschließlich politisch motiviert sind. Denn die Kapitalverbrechen, die Johann Burianek mit seinem Leben sühnen muss, befanden sich nur in der Planungsphase, wurden also nie ausgeführt.

Wenn Hilde Benjamin aus dem Gerichtsaal nach Hause kommt, wartet ihr Sohn Mischa auf sie. Er ist in die Fußstapfen seiner Mutter getreten, studiert Jura an der Berliner Humboldt-Universität. Und er ist Mitglied der SED. Das, so glaubt Hilde Benjamin, begründet ihre Mutterliebe. In ihrem Lebenslauf schreibt sie: »Zu meinem Verhältnis zu meinem Jungen kann ich sagen, dass die stärkste Bindung in unserem gemeinsamen Bekenntnis zur Partei besteht.« Mischa geht später in die Sowjetunion, um sein Studium abzuschließen. Hilde Benjamin bleibt allein zurück. Über die Einsamkeit tröstet sie sich mit Arbeit hinweg.

Am 2. August 1952 wird das erste von Hilde Benjamin verkündete Todesurteil vollstreckt. In Dresden stirbt Johann Burianek unter dem Fallbeil. Das SED-Politbüro hat sein Gnadengesuch abgelehnt. Hilde Benjamin hat ganze Arbeit geleistet.

Hilde Benjamin auf dem Spiegel-Titel vom 18. März 1959

Ein Jahr später wird sie zum Justizminister der DDR ernannt. Hilde Benjamin ist die erste Frau in diesem Amt – weltweit. Bei der Vereidigungszeremonie der neuen Regierung steht sie ganz außen, am Rand. Sie weiß, dass die Genossen ihr noch immer misstrauen. Regelmäßig fordert die Partei von Benjamins engsten Mitarbeitern Einschätzungen über ihre Arbeit und ihren Charakter ab. Dabei fallen immer wieder dieselben Worte: Selbstherrlichkeit, Kritikunfähigkeit, Ehrgeiz.

Viele Freunde hat die Frau Minister unter ihren Genossen nicht. Da hilft es auch nicht, dass Hilde Benjamin wie kaum ein zweiter Spitzenfunktionär den Kontakt zum Proletariat sucht. Sie macht sich zum Anwalt der Arbeiterinnen. Sorgt dafür, dass die neue DDR-Gesetzgebung die Gleichstellung der Frau garantiert. Das 1965 verabschiedete Familiengesetz der DDR trug Hilde Benjamins Handschrift. Mit ihm wurden unehelich und ehelich geborene Kinder rechtlich gleichgestellt und das Verschuldungsprinzip bei Ehescheidungen abgeschafft. Beide Ehegatten hatten fortan gleichberechtigt alle Fragen des gemeinsamen Lebens in beiderseitigem Einverständnis zu regeln.

Und Hilde Benjamin versucht, das Andenken an ihren Mann wach zu halten. Sie spricht vor Schulklassen, schreibt eine Biografie und sorgt dafür, dass ein Krankenhaus den Namen des Antifaschisten Georg Benjamin erhält. Die DDR, so glaubt sie fest, wäre auch Georg Benjamins Staat gewesen.

14 Jahre ist Hilde Benjamin Justizminister der DDR. Obgleich immer auf Parteilinie, bleibt Hilde Benjamin den Spitzenfunktionären um SED-Chef Walter Ulbricht fremd. Zu klug, zu ehrgeizig, zu unnahbar erscheint sie den mehrheitlich schlicht gestrickten Parteifunktionären. Ihr fehlt der proletarische Stallgeruch. Und auch wenn sie nie vergisst, ihre offiziellen Reden mit ideologischen Allgemeinplätzen und Parteiphrasen aufzublähen, so schimmert doch stets intellektuelle Schärfe und rhetorisches Geschick durch.

Weder auf der Straße noch im SED-Apparat vernimmt man ein Wort des Bedauerns, als Hilde Benjamin 1967 völlig überraschend aus ihrem Amt geworfen wird. Ihre Entmachtung ist Teil einer umfassenden Modernisierungsstrategie, mit der der alte Ulbricht seine eigene Haut retten und seinem Staat ein unverfänglicheres Image geben will. Hilde Benjamin, mit deren Gesicht man im In- und Ausland noch immer die Erinnerung an die stalinistische Frühphase der DDR verbindet, stört da nur.

Sie wird mit einer Professur an der Hochschule für Staat und Recht abgefunden, allerdings ohne sie vor die Studenten zu lassen. Verbittert ist Hilde Benjamin nicht. Die Partei zu kritisieren, käme ihr nie in den Sinn. Und dabei

Hilde Benjamin am Schreibtisch,
1965

bleibt es, bis zu ihrem Tod. Mit einem Staatsbegräbnis verabschiedet die Partei- und Staatsführung im April 1989 die treue Genossin.

Nur wenige Monate später bricht das Lebenswerk der Hilde Benjamin wie ein Kartenhaus in sich zusammen.

Ihr Sohn Michael, inzwischen Professor der Rechtswissenschaften, hütet ihr Erbe. Er fungiert bis zu seinem Tod im Jahr 2000 als Sprecher der kommunistischen Plattform in der PDS.

Zeittafel

1945   Mai: Hilde Benjamin wird als Staatsanwältin in Steglitz eingesetzt.

1947   Hilde Benjamin wird Leiterin der Personalabteilung der Deutschen Zentralverwaltung für Justiz.

1949   Umzug in die Prenzlauer Allee 172

Dezember: Ernennung zur Vizepräsidentin des Obersten Gerichts der DDR

Bis 1967: Abgeordnete der Volkskammer der DDR

1950   Waldheimer Prozesse gegen 3442 Personen

Bis 1953: Hilde Benjamin tritt in zahlreichen öffentlichen Prozessen als Richterin auf.

1953   Ernennung zum Justizminister der DDR

1954   Hilde Benjamin wird Mitglied des Zentralkomitees der SED.

1963   Vorsitzende der Kommission zur Ausarbeitung eines neuen Strafgesetzbuches

1967   Entlassung aus dem Ministeramt, Professur an der Akademie für Staat und Recht in Potsdam

1989   18. April: Hilde Benjamin stirbt in Berlin.

2000   7. August: Hilde Benjamins Sohn Michael Benjamin stirbt in Berlin.

Stephan Nachtigall

Erich Honecker
Der Weg zur Macht

Ungebetener Besuch taucht am Vormittag des 26. April 1971 auf dem Gelände des Gästehauses der DDR-Staats- und Parteiführung auf. Männer mit Maschinenpistolen verlangen Einlass, unterbrechen die Telefonleitungen und übernehmen die Kontrolle des gesamten Objekts. Eine Sicherheitsübung? Unter ihnen ist der zweite Mann des SED-Parteiapparates und Sekretär für Sicherheitsfragen Erich Honecker. Für ihn gibt es jetzt kein Zurück mehr, die Aktion läuft und kann nicht mehr aufgehalten werden. Es gilt unumkehrbare Fakten zu schaffen!

Eine Stunde dauerte die Fahrt von der Berliner Parteizentrale hinaus in die Schorfheide. Von der Innenstadt durch die Arbeiterbezirke Prenzlauer Berg und Pankow über das flache Land und vorbei an der Waldsiedlung Wandlitz, wo die Mitglieder des Politbüros residieren. Vorbei auch an Stationen seines eigenen politischen Lebens, die ihn schließlich zu dieser Fahrt an den Döllnsee führten. Diesmal handelt es sich allerdings nicht um einen Freundschaftsbesuch bei seinem einstigen Mentor Walter Ulbricht. Von dieser Fahrt wollte der Mann aus der zweiten Reihe nur mit der uneingeschränkten Macht im Arbeiter- und Bauernstaat wiederkehren.

Ein »Königsmord« will gut vorbereitet sein, das wusste auch Honecker. Ein solcher Machtwechsel gilt im politischen Geschäft als delikates Manöver, für das es Fingerspitzengefühl braucht. Honecker hatte seine Hausaufgaben gemacht, wie Mitglieder des engsten Führungszirkels im Nachhinein berichten. Nach Jahren als Kronprinz drängte er den Mann zum Rücktritt, der ihn erst zu dem geformt hatte, der er jetzt war.

Vom Bergarbeitersohn zum Funktionär

Dass für ihn die Macht über ein sozialistisches Land einmal so nah sein würde, hätte er in jungen Jahren wohl nicht zu träumen gewagt. Als viertes

Auf dem VIII. Parteitag der SED, 1971

Spielmannszug des Roten Frontkämpferbundes in Wiebelskirchen, hinter der großen Trommel Wilhelm Honecker, neben ihm sein Sohn Erich (erste Reihe rechts) etwa 1929

von sechs Kindern der Eheleute Wilhelm und Caroline Honecker wurde er am 25. August 1912 in Neunkirchen im Saarland geboren. Aufgewachsen in der Gemeinde Wiebelskirchen, als Sohn eines Bergarbeiters und Kommunisten, fand er früh Anschluss bei den ansässigen politischen Kinder- und Jugendgruppen. Nach der Volksschule wollte er Lokführer werden, doch dies blieb einem Arbeiterkind seinerzeit verwehrt. So verdingte sich der politisch engagierte junge Mann eine Weile als Landarbeiter, bis er eine Ausbildung als Dachdecker begann. Sein Herz schlug schon längst für die Kommunistische Partei, der er 1929 beitrat und für die er ein Jahr später auch seine Lehre abbrach. Als Funktionär wurde er zum Studium an die Internationale Lenin-Schule nach Moskau delegiert. Seine Zeitgenossen berichten von einem kraftvollen Jungfunktionär, der durch freie Rede und Begeisterungskraft Anhänger um sich versammelte. Ein Mann, mit dem man Politik machen konnte.

Im Jahr 1931 kehrte er aus Moskau zurück und wurde im Saarland Funktionär des Kommunistischen Jugendverbandes Deutschland (KJVD). Nachdem im Januar 1935 das Saarland an das nationalsozialistische Deutschland angeschlossen wurde, ging der Jungfunktionär in den Untergrund. Mit dem Decknamen »Martin Tjaden« organisierte er die illegale Arbeit seines Verbandes in Berlin, bis er am 4. Dezember 1935 von der Geheimen Staatspolizei verhaftet wurde. Die bis dahin steile Karriere Erich Honeckers fand mit der

Verurteilung vor dem Volksgerichtshof am 8. Juni 1937 ein jähes Ende: zehn Jahre Zuchthaus wegen »Vorbereitung zum Hochverrat«. Fast bis zum Kriegsende saß Honecker in der Haftanstalt Brandenburg-Görden ein. Ein Umstand, der ihm vielleicht das Leben rettete.

Die Arbeit im Untergrund und die Haft in der brandenburgischen Provinz sollten später das Einzige sein, mit dem sich Erich Honecker zum kommunistischen Widerstandskämpfer stilisieren konnte. Erschien doch sein Werdegang wie der eines Revolutionärs zweiter Klasse. Gewiss hatte Honecker als junger Mann in der Illegalität einige Gefahren in Kauf genommen. Mit einem Kampf etwa im Spanischen Bürgerkrieg oder mit Jahren im sowjetischen Exil konnte er – im Gegensatz zu manchen späteren Genossen im Politbüro – allerdings nicht aufwarten.

Was man heute über den Widerständler Honecker weiß, hat dieser wohl aus gutem Grund nicht in seine Biografie geschrieben: Genossen sollen nach seiner Festnahme wegen unvorsichtiger Aussagen enttarnt oder mit höheren Haftstrafen belegt worden sein. Ein Fakt, der nicht recht in das Bild vom überzeugten Kommunisten und gefeierten Widerstandskämpfer passt. Auch wurde er wegen guter Führung einem Arbeitskommando zugeteilt, das im Berliner Frauengefängnis in der Barnimstraße untergebracht war. So gelang Honecker wenige Monate vor Kriegsende auf einem Arbeitseinsatz die Flucht. Bei der Gefängniswärterin Charlotte Schanuel fand der junge Häftling Schutz und Obdach. Sie soll ihm die Rückkehr in das Gefängnis und die Rückverlegung nach Brandenburg ermöglicht haben, ohne dass es weitere Konsequenzen für ihn haben sollte. Wenige Wochen später wurde das Zuchthaus Brandenburg-Görden durch die Rote Armee befreit. Honecker soll sofort zurück nach Berlin gegangen sein, zurück zu Charlotte Schanuel, in die er sich verliebt hatte.

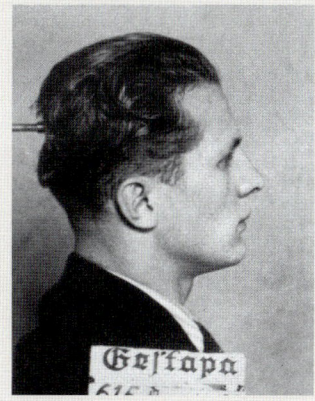

Erich Honecker nach der Verhaftung im Dezember 1935, Aufnahme der Zentrale der Geheimen Staatspolizei in Berlin

Hoffnungsträger mit Schwächen

In Berlin angekommen, holte der 32-jährige Erich nicht nur das Jugendleben nach, das er durch die Jahre im Zuchthaus verpasst hatte. Er nahm auch wieder Kontakt zu kommunistischen Kreisen auf. Dabei geriet er über Genossen auch an die »Gruppe Ulbricht«. Die Exilkommunisten um seinen späteren Ziehvater waren im April 1945 mit der Roten Armee nach Deutschland zurückgekehrt. Ihr Auftrag: im zerstörten Berlin politische Schlüsselpositionen zu besetzen. Junge Kommunisten wie Honecker wurden gebraucht, und die fehlende Kampferfahrung konnte der durchaus attraktive Nachwuchs-

Rückkehr der seit dem 19.7.1947 in der UdSSR weilenden FDJ-Delegation auf dem Flugplatz Schönefeld.
Mit diesem sogenannten Friedensflug nach Osten begannen die direkten Kontakte zwischen FDJ und Komsomol.
Von links nach rechts: Herbert Geißler, Robert Menzel, Edith Baumann, Erich Honecker, Heinz Keßler, 5. August 1947

Erich Honecker bei Rede am Mikrofon, 21. Juni 1946

politiker mit seiner jugendlichen Ausstrahlung wettmachen. Ob Erich Honecker zu diesem Zeitpunkt schon begriffen hatte, dass er dabei war, den ersten Schritt seiner politischen Nachkriegskarriere zu gehen, ist zweifelhaft. Allerdings schwebte wegen seiner Flucht-Eskapade ein Parteiverfahren über dem vielversprechenden jungen Mann. Dazu kam die Beziehung mit der älteren Gefängniswärterin Charlotte Schaneul, bald seine erste Ehefrau, die Kritik in den eigenen Reihen hervorgerufen hatte. Ihr früher Tod Mitte 1947 bewahrte ihn wohl vor ernsthaften Konsequenzen.

Trotz alledem hatte Erich Honecker seinen Platz beim Aufbau des Sozialismus erhalten. Von Ulbrichts Gnaden wurde er Jugendsekretär beim Zentralkomitee der KPD und leitete die »Antifaschistischen Jugendausschüsse«. Aus ihnen sollte Anfang 1946 die noch überparteiliche Freie Deutsche Jugend (FDJ) hervorgehen, deren erster Vorsitzender er wurde. Damit hatte man dem 33-Jährigen eine nicht unbedeutende Rolle zugewiesen. Im Gleichschritt mit der Einheitspartei sollte auch eine Einheitsjugend geformt werden, die sich nach außen aber demokratisch präsentierte. Von seinem Mentor Ulbricht hatte Honecker gelernt, Schlüsselpositionen mit linientreuen Genossen zu besetzen. Dagegen bereitete es ihm Mühe, die Fassade vom allseits offenen Jugendverband aufrechtzuerhalten. Honecker, der zeitlebens den Umgang mit Künstlern und Intellektuellen scheute,

konnte die christlichen und bürgerlichen Gruppen nicht an die FDJ binden. Viel besser lag es ihm, sich auf den ideologischen Bahnen der Partei zu bewegen, denn seit der SED-Gründung war er auch Mitglied des Parteivorstandes und des Zentralkomitees. Für eine weitere Laufbahn empfahl er sich lieber mit großen Inszenierungen wie dem »Friedensflug nach Osten« 1947 oder dem »Deutschlandtreffen der FDJ« 1950. Sie ebneten ihm 1950 den Weg als Kandidat in das SED-Politbüro.

Für die frühen 1950er Jahre lässt sich noch nicht vom kühlen »Apparatschik« Honecker berichten, der den Weg zur Macht mit aller Konsequenz verfolgte. Der »Elegante Erich«, wie man ihn später nennen sollte, beschäftigte sich nicht nur mit seiner Parteikarriere. Kurz nach dem Tod seiner ersten Frau bändelte er mit seiner älteren Stellvertreterin Edith Baumann an. Sie gab ihm eine Schulter zum Anlehnen, wie er Jahrzehnte später berichten würde. In wilder Ehe lebten beide zusammen, bis die Geburt der gemeinsamen Tochter das Politikerpaar vor den Traualtar führte. Honecker heiratete wohl aus Pflichtgefühl und aus Gründen der Parteiräson, denn in den frühen 1950er Jahren hatte ein unsteter Lebenswandel schon bei anderen Führungskadern für einen Karriereknick gesorgt. Gerade in seiner verspäteten Sturm- und Drangzeit wurden Erich Honecker noch einige Liebschaften nachgesagt. So soll er neben Edith Baumann eine enge Beziehung mit der weit jüngeren

Erich Honecker, Aufnahme vom 9. September 1950

Erich Honecker auf dem Leipziger
Jugendball zum Jahrestag der Völkerschlacht, 1953

Erich Honecker bei Maurerlehrlingen,
1950er Jahre

Margot Feist unterhalten haben, die seine dritte und letzte Frau werden
sollte. Die gehörnte Edith gab ihren Mann aber nicht kampflos preis und
beschwerte sich direkt bei Walter Ulbricht, der jedoch mit anderen Fürsprechern die schützende Hand über seinen Zögling hielt. Spätestens als Margot
schwanger wurde, soll aber auch das Politbüro interveniert haben. Es galt, die
Verhältnisse zu klären. Wie heute bekannt ist, willigte Edith Baumann erst
1955 in die Scheidung ein, drei Jahre nach der Geburt der gemeinsamen
Tochter mit Margot.

Was Erich Honecker im Privaten fast spielerisch meisterte, schien ihm in
der Politik vorerst nicht zu glücken. Im Kampf gegen die Opposition in den
eigenen Reihen oder gegen die kirchlichen Jugendgruppen profilierte er sich,
doch wenn es darum ging, die Interessen der Jugend mit denen der Partei in
Einklang zu bringen, war der Jugendfunktionär Honecker überfordert. Zwar
festigte er die FDJ bis Anfang der 1950er Jahre weitestgehend und vermeldete
über eine Million Mitglieder, doch als sich eine beträchtliche Zahl an Jugendlichen an den Aufständen am 17. Juni 1953 beteiligte, konnte die Partei die
Krise des Jugendverbandes nicht mehr übersehen. Man attestierte der FDJ-
Führung Selbstzufriedenheit und schöngefärbte Berichte. So verwundert es
nicht, dass der FDJ-Vorsitzende zu den einzigen beiden Fürsprechern Ulbrichts
gehörte, als ihn das Politbüro im Zuge des Volksaufstandes entmachten wollte. Der Fall seines Mentors hätte auch sein Schicksal besiegeln können. Seine
Haltung war nicht nur die Demonstration seiner Loyalität zu Ulbricht, von
nun an stand er immer auf der richtigen Seite. Ulbricht revanchierte sich
umgehend, denn als die Partei 1955 in der Zeit des politischen »Tauwetters«
hochnotpeinlich feststellte, dass die FDJ nur noch ein bürokratischer Koloss
sei, der sich von der Jugend isoliert habe, hatte man Erich Honecker längst aus
der Schusslinie genommen und zur Parteihochschule in Moskau delegiert.

Aufstieg des Kronprinzen

Die Entstalinisierung war bereits durch den »großen Bruder« verordnet
worden, als Honecker 1956 aus Moskau zurückkehrte. Walter Ulbricht sah
sich im Zuge der »Tauwetter-Politik« mit immer mehr Widerstand, auch aus
den eigenen Reihen, konfrontiert. Zeit für den Mittvierziger Honecker, in die
richtig große Politik einzusteigen. Ulbricht brauchte treue Gefolgsmänner,
die ihm auch die innerparteilichen Opponenten vom Hals hielten.

Nach Jahren des Andienens erhielt Honecker die Leitung des Militär- und
Sicherheitsreferates im Zentralkomitee und wurde zwei Jahre später als Se-

Der Kandidat des Politbüros Erich Honecker auf dem V. Parteitag der SED 1958 bei einer Rede über die Parteiarbeit in den bewaffneten Organen der Arbeiter- und Bauernmacht, dahinter Walter Ulbricht auf dem Podium sitzend

kretär für Sicherheitsfragen auch Vollmitglied des Politbüros. Damit hatte er eine Schlüsselposition inne und war für die Parteiorganisationen im DDR-Sicherheitsapparat verantwortlich. In der Führungsspitze schaltete er für seinen Mentor nun auch die Gegner im engsten Führungszirkel aus und vergrößerte gleichzeitig seinen eigenen Handlungsspielraum. Als Verantwortlicher für die Personalpolitik begann er nun auch, wichtige Positionen im Parteiapparat mit alten Weggefährten aus FDJ-Zeiten zu besetzen. Der Grundstein für Erich Honeckers Hausmacht war gelegt.

Das Gesellenstück lieferte er seinem Ziehvater mit dem Mauerbau am 13. August 1961. Eine Rückkehr zum alten Kurs, ein Ausbau der Parteidiktatur unter Ulbricht und die Unterhaltung eines Militär- und Sicherheitsapparates auf dem Rücken der DDR-Wirtschaft hätte bei offenen Grenzen steigende Flüchtlingszahlen und einen jähen Kollaps bedeutet. Chruschtschow gab grünes Licht für den Bau der Mauer und sofort begannen die Vorbereitungen unter allergrößter Geheimhaltung. Für Honecker offenbarte sich damit eine große Chance, denn wieder brauchte Ulbricht einen Mann, auf den er sich verlassen konnte. Honecker sollte die »Operation Rose« leiten und damit die Machtposition Ulbrichts in Beton und Stacheldraht unumstößlich machen. Ausgerechnet am Schicksalsort Döllnsee, auf dem Gelände des Gästehauses der DDR-Staats- und Parteiführung, versammelte Ulbricht am Abend des 12. August 1961 die nichtsahnende Führungsriege zu einer Sommerparty. Die Geselligkeit fand ein schnelles Ende, als Ulbricht eine spontane Sitzung des

Ministerrates einberief. Der einzige Punkt auf der Tagesordnung: die Schlie-
ßung der Grenze. Während »Operation Rose« einstimmig beschlossen wurde,
saß der Honecker längst im Ostberliner Polizeipräsidium – bereit, die Ein-
satzbefehle in Kraft zu setzen. Ulbricht war auf dem Höhepunkt seiner Macht
angekommen und mit ihm sein fleißiger und treuer Helfer Erich Honecker.
Dass er ihn damit auch in die Position seines stärksten Widersachers gebracht
hatte, ahnte Ulbricht wohl noch nicht.

Vom Schüler zum Widersacher

Walter Ulbricht hatte die Macht im Arbeiter- und Bauernstaat auf seine Person
vereint. Schon nach dem Tod des ersten und einzigen Staatspräsidenten Wilhelm
Pieck 1960 hatte er unter seinem Vorsitz den Staatsrat und den Nationalen
Verteidigungsrat als neue Führungsgremien eingerichtet. Aber erst nach dem
Ausschalten seiner internen Gegner und dem Bau der Mauer konnte er zu dem
ansetzen, was später als die »Ära Ulbricht« in die Geschichtsbücher einging.
Neue Wege wollte er vor allem in der Wirtschafts- und Kulturpolitik beschreiten,
eine »sozialistische Menschengemeinschaft« sollte entstehen. Was man wenige
Jahre zuvor erbittert bekämpft hatte und was letztlich zu einem Volksaufstand
führte, war nun probates Mittel, um den »Vollständigen und Umfassenden
Aufbau des Sozialismus« voranzubringen. Mit einer Reihe von neuen Konzep-
ten setzt Honeckers Lehrmeister einen Reformprozess in Gang, der die DDR in
vielen Bereichen an die Spitze der Ostblockstaaten katapultierte.

Spätestens seit dem 17. Juni 1953 war klar, dass die DDR-Jugend nicht mehr
maßgeblich durch die FDJ gelenkt und geleitet wurde. Ein Erbe, das Erich
Honecker seinen Nachfolgern im FDJ-Zentralrat hinterlassen hatte. Ulbricht
wollte die Zügel nun lockerlassen und mit einer liberaleren Kulturpolitik vor
allem die Jugendlichen und die Intellektuellen für seine Ideen gewinnen. Beim
»Deutschlandtreffen« 1964 wurde in einem eigenen Jugendradioprogramm
plötzlich Beatmusik gespielt. Es brach die Zeit der legendären Romane und
DEFA-Filme wie »Der geteilte Himmel« oder »Spur der Steine« an. Eine
Demütigung für Erich Honecker, denn er hatte jahrelang den Spagat zwischen
Jugend und Partei machen müssen. Der neue Kurs stand gegen alles, was man
von ihm als FDJ-Vorsitzenden in den 1950er Jahren verlangt hatte. Plötzlich
waren es seine FDJler, die nun von Ulbricht als »spießbürgerliche Musterkna-
ben« bezeichnet wurden. Eine Reihe verprellter Führungskader scharte sich
um den inoffiziellen Nachfolger Honecker, doch die Zeit, offen gegen Ulbricht
zu opponieren, war noch nicht gekommen. Der neue Kurs in der Wirtschafts-

Erich Honecker (links) und Leonid Breschnew auf einem Jagdausflug in der DDR, 1971

politik stellte für viele Politbüromitglieder auch den Führungs- und Wahrheitsanspruch der Partei in Frage. Erstmals wurden die wirtschaftlichen Ziele über die politischen gestellt. Leistungsorientiert und nach den realen Bedürfnissen vor Ort sollte nun produziert werden. Mehr Freiheiten für Betriebe und Handel, statt der Gängelei aus Berlin, standen auf der Reformagenda. Zum Gelingen des »Roten Wirtschaftswunders« brauchte Ulbricht keine Parteisoldaten, wie er selbst einer gewesen war, sondern Fachleute und Experten, zur Not auch ohne Parteibuch.

Erich Honecker und die konservativen Kräfte im Politbüro untergruben Ulbrichts Reformbestrebungen, wo sie nur konnten. Die Voraussetzungen dafür hatte der Mentor selbst geschaffen, denn immer öfter überließ er seinem vermeintlich loyalen Ziehsohn die Leitung des Parteiapparates. Für Honecker war es so ein Leichtes, die Politik seines großen Förderers zu unterlaufen oder bis zum Misserfolg zu übertreiben. Doch solange Ulbricht mit seinen Reformen Erfolg hatte und sein Freund Chruschtschow in Moskau das Zepter führte, konnte Honecker nicht offen gegen ihn vorgehen.

Das Blatt wendete sich mit dem Beginn einer Männerfreundschaft, die Honecker noch von Nutzen sein sollte. Als Leonid Breschnew 1964 zum 15. Republikgeburtstag in die DDR reiste, präsentierte Ulbricht seinem Gast aus Moskau die DDR als sozialistisches Vorzeigeland. Breschnew missfiel die Nachhilfestunde in sozialistischer Wirtschaftspolitik. Viel lieber ging er auf die eigens für ihn ausgerichtete Jagd. Der ebenfalls verstimmte Ulbricht

Auf dem VIII. Parteitag der SED 1971:
»Mit einem festen Händedruck bekräftigen
der Erste Sekretär des ZK der SED,
Erich Honecker (rechts), und der Generalsekretär des ZK der KPdSU, Leonid
Breschnew, unmittelbar nach der Über-
bringung der Grußadresse des ZK
der KPdSU durch seinen Generalsekretär
das unverbrüchliche Kampfbündnis.«

schickte Erich Honecker. Eine verhängnisvolle Entscheidung, denn die beiden Männer aus der zweiten Reihe verband eine große Jagdleidenschaft. Noch rechnete keiner damit, dass Honeckers neuer Freund nur wenige Tage später die Macht in der Sowjetunion übernehmen sollte.

Honecker wagte sich nun aus der Deckung. Der Musterschüler hatte längst gelernt, den Parteiapparat zu beherrschen und gegen seinen Ziehvater einzusetzen. Auf dem berüchtigten »Kahlschlagplenum« 1965 rechnete er nun offen mit Ulbrichts Kultur- und Jugendpolitik ab. Jegliche Vorfälle, die im Zusammenhang mit Jugendlichen und Beatmusik standen, hatten ihm seine Leute aufgelistet und zum Rowdytum skandalisiert. Ulbricht setzte sich an die Spitze der Kritiker und stellte mit seinem berühmt gewordenen Zitat über die Monotonie des westlichen »yeah, yeah, yeah« seine eigene Politik in Frage. Es war die Stunde der Opportunisten Ulbricht und Honecker. Lieber ließ Ulbricht praktisch eine ganze DEFA-Jahresproduktion in die Giftschränke verbannen und feuert den Leiter seiner Jugendkommission, als sich dem Widerstand aus den eigenen Reihen entgegenzustellen. Sein Kritiker bewegte sich allerdings selbst auf dünnem Eis. War es nicht auch seine eigene Lebensgeschichte, die des Lebemannes Honecker, des Funktionärs mit Schwächen, die mit dem Verbot von Filmen wie »Spur der Steine« verbannt wurde? Hatte nicht Ulbricht seinem Schützling die Stange gehalten, als er wegen seiner Eskapaden mehr als einmal ins Straucheln geriet? Doch das stand nicht mehr zu Debatte und war längst totgeschwiegen.

Der gezielte Sturz

Walter Ulbricht isolierte sich zusehends von der Parteispitze und vor allem von der Moskauer Führung. Beflügelt vom Erfolg der Wirtschaftsreformen setzte er sich vom sozialistischen Lager ab, in dem er die DDR als »relativ eigenständige Gesellschaftsformation« ausgab. Während die Sowjetunion erklärte, den Sozialismus verwirklicht zu haben und auf dem Weg zum Kommunismus zu sein, erhob Ulbricht den Anspruch, dass sein »entwickeltes gesellschaftliches System des Sozialismus« das Vorbild für die Verwirklichung des Sozialismus in einem Industrieland war. Ein Affront sondergleichen, denn Ulbricht stellte damit nichts Geringeres als den Monopolanspruch Moskaus auf die Interpretation der marxistisch-leninistischen Grundsätze in Frage. Der Prager Frühling 1968 und seine Niederschlagung erteilten auch Ulbrichts Reformbestrebungen eine klare Absage.

Honecker und seine Gefolgsmänner im Politbüro konnten sich mittlerweile der Sympathien Moskaus sicher sein. Zu sehr befürchtete Breschnew nach dem Prager Frühling den Verlust der sowjetischen Vormachtstellung, als dass er auch noch die DDR verlieren wollte. Honecker war nun sein Mann in Berlin, den er unter allen Umständen halten musste. Als es 1970 zum deutsch-deutschen Gipfel in Erfurt kam, spielten sich Szenen ab, die der Mehrheit des Politbüros und auch Moskau gar nicht gefielen. Für Honecker ein brauchbares Exempel dafür, wie instabil die DDR unter Ulbrichts Führung mittlerweile geworden war. Ob er als Sicherheitssekretär Einfluss auf die Erfurter Ereignisse genommen hatte, ist nicht geklärt. Allerdings soll sein kurzer Draht zu Breschnew dafür gesorgt haben, dass Ulbricht kurz danach von den Freunden aus Moskau zu einem Sanatoriumsaufenthalt in die Sowjetunion bestellt wurde. Für den Gegenbesuch in Kassel hatte Erich Honecker nun die Leitung. Ulbricht musste spätestens jetzt geahnt haben, welches Ränkespiel sein einst loyaler Schützling hinter seinem Rücken führte. Mit letzter Kraft setzte er seinen Zweiten Sekretär im Juli 1970 einfach ab. Die Rechnung hatte er ohne Breschnew gemacht, denn der intervenierte gegen die Personalentscheidung und sorgte kurzerhand für die Wiedereinsetzung Honeckers. Eine offene Demütigung Ulbrichts vor der ganzen Führungsspitze.

Breschnew garantierte seinem Freund Honecker die Nachfolge und verwies gleichzeitig darauf, wer die wirkliche Macht in der Hand hatte, welchem Befehl die Truppen folgen würden, die in der DDR stationiert waren. Er wollte Ruhe und Geschlossenheit im Berliner Politbüro. Die DDR durch einen offenen Führungsstreit zu destabilisieren, war zu riskant. Honecker sollte die Parteiarbeit machen und Ulbricht, um der alten Verdienste willen, nur noch präsidieren. Doch die Ruhe war durch den Machtkampf empfindlich gestört worden. Honecker wollte sich nicht mehr vertrösten lassen und begann erneut Fakten zu schaffen. Die Jagd auf seinen einst großen Gönner und Beschützer war eröffnet. Öffentlich rechnete man jetzt mit der Wirtschaftspolitik seines Mentors ab. Von Fehlentwicklungen war nun auf einer Tagung des Zentralkomitees die Rede. Die Anklageschrift veröffentlichte die Gruppe um Honecker allerdings ohne Ulbrichts Stellungnahme. In der Tat hatten die verstümmelten Wirtschaftsreformen bei der Bevölkerung Missfallen hervorgerufen. Planvorgaben konnten nicht erfüllt werden und auch der Lebensstandard stieg nicht wie versprochen an. Damit schürte Erich Honecker erneut Ängste in Moskau. In einem Brief an Breschnew diffamierten er und seine Gefolgsleute ihren Ersten Sekretär nach allen Regeln der Kunst. Sie zeichneten das

Besuch des Nachfolgers:
Erich Honecker gratuliert dem erkrankten
Walter Ulbricht (links) am 30. Juni 1971
zum 78. Geburtstag – im Mai 1971 hatte
Ulbricht aus »gesundheitlichen Gründen«
seinen Rücktritt erklärt, war aber zuvor
von Leonid Breschnew zu diesem Schritt
gedrängt worden.

Bild eines kranken und unbelehrbaren Vorsitzenden, der gegen jeden Rat, von einer Position der Unfehlbarkeit und gegen die Verabredungen mit Moskau, weiterregieren würde. Über die Hälfte der Politbüromitglieder unterzeichnete die Bitte um Absetzung Walter Ulbrichts.

Ein Vierteljahr rührte sich in Moskau nichts, bis die DDR-Führung unter Ulbricht und Honecker Anfang April 1971 zum XXIV. Parteitag der KPdSU in die Sowjetunion reiste. Breschnew setzte Ulbricht nun selbst die Pistole auf die Brust. Moskau und sein eigenes Politbüro stünden nicht mehr hinter ihm, es wäre Zeit zu gehen. Grünes Licht für den Führungswechsel. Allerdings bedürfte es noch eines entscheidenden Stoßes, um den Machtwechsel in Ostberlin perfekt zu machen. Der damalige Chef der Auslandsspionage und Mielke-Stellvertreter Markus Wolf berichtet in seiner Biografie, dass Erich Honecker bis zum Schluss nichts dem Zufall überlassen wollte. Ende April schickte er seinen Vertrauten Werner Lamberz erneut nach Moskau, er sollte sich der absoluten Rückendeckung vergewissern. Als Lamberz mit erneuter Zustimmung zurückkehrte, blies Honecker nunmehr zur bewaffneten Palastrevolution. Er machte sich auf den Weg zum Döllnsee, um dem »Alten« ein für alle Mal den Rücktritt abzunötigen. Als Walter Ulbricht wenige Tage später, am 3. Mai 1971 – offiziell unter Angabe von Altersgründen –, seinen Rücktritt erklärte, soll die Tinte schon längst trocken gewesen sein.

Walter Ulbricht behielt auf Wunsch Breschnews seinen Platz im Politbüro und blieb auch Vorsitzender des Staatsrates. Formal gewährte Honecker ihm diesen goldenen Handschlag, schließlich hatte er die Ämterhäufung ja selbst kritisiert. Praktisch wurde Ulbricht aber jeder politische Einfluss entzogen und ein Maulkorb angelegt. Was Honecker seinem Lehrmeister nicht an Titeln und Ämtern nehmen konnte, arrangierte er durch die Hintertür. Der Staatsrat wurde praktisch entmachtet und das neue Amt Ulbrichts als Vorsitzender der SED war bedeutungslos. Von öffentlichen Auftritten hielt man Ulbricht nun fern und tilgte ihn aus dem öffentlichen Bewusstsein, wo man nur konnte. Wenn es unbedingt nötig war, wie zu seinem 78. Geburtstag, führte man ihn als einen greisen und handlungsunfähigen Mann vor. Als sein ehemaliger Mentor und Ziehvater im Sommer 1973 mit 80 Jahren verstarb, legte ihm Erich Honecker auch noch die letzten Worte in den Mund. Er hätte sich gewünscht, dass die gerade stattfindenden 10. Weltfestspiele der Jugend und Studenten in Berlin wegen seines Ablebens nicht unterbrochen werden sollten. Dem Erfolg des vermeintlich sympathischen Hoffnungsträgers Erich Honecker sollten keine Schwächen mehr anhaften, nicht mal die einer aufrichtigen Trauer um den Mann, der ihn erst in diese Position gebracht hatte.

Zeittafel

1912 25. August: Erich Honecker wird in Neunkirchen im Saarland geboren. Er wächst mit fünf Geschwistern auf.

1918 Bis 1926: Besuch der Volksschule

1922 Bis 1926: Honecker wird Mitglied kommunistischer Kinderorganisationen. Er verdingt sich zwei Jahre als Landarbeiter in Pommern.

1928 Erich Honecker kehrt ins Saarland zurück und beginnt eine Ausbildung zum Dachdecker.

1929 Mit 17 Jahren tritt er in die KPD ein.

1930 August: Er wird an die Internationale Lenin-Schule nach Moskau delegiert. Die Dachdeckerlehre bricht er ab.

1931 Bis 1935: Honecker kehrt aus Moskau zurück und wird Parteifunktionär. Unter dem Decknamen Marten Tjaden reist er zu internationalen Konferenzen.

1935 13. Januar: Das Saarland wird an das Deutsche Reich angeschlossen und Honecker setzt seine Arbeit im Berliner Untergrund fort.

4. Dezember: Honecker wird von der Gestapo verhaftet.

1937 8. Juni: Er wird vom Volksgerichtshof wegen »Vorbereitung zum Hochverrat« zu zehn Jahren Haft verurteilt.

1945 27. April: Befreiung durch die Rote Armee

4. Mai: Honecker stößt zur Gruppe Ulbricht und wird Jugendsekretär des ZK der KPD.

1946 23. Dezember: Erich Honecker heiratet die neun Jahre ältere Charlotte Schanuel.

Bis 1955: Honecker wird Vorsitzender der FDJ und Mitglied des ZK der KPD und später auch Mitglied des Parteivorstandes der SED.

1949 Dezember: Honecker heiratet seine FDJ-Stellvertreterin Edith Baumann. Kurz darauf wird Tochter Erika geboren.

1950 Honecker wird Kandidat des Politbüros.

1955 Edith Baumann willigt in die Scheidung ein. Im selben Jahr heiratet er die 22 Jahre jüngere Margot Feist, mit der er seit 1952 ebenfalls eine Tochter hat.

Delegation auf die Parteihochschule nach Moskau

1956 Juli: Er kehrt zurück und erhält die Leitung des Sicherheitsreferates im ZK der SED.

1958 6. Februar: Erich Honecker wird zum Mitglied des Sekretariats des ZK berufen und wird als Sekretär für Sicherheitsfragen auch Vollmitglied des Politbüros.

1961 13. August: Erich Honecker leitet in der Nacht vom 12. zum 13. August die »Operation Rose«.

1964 Oktober: Erich Honecker vertritt Ulbricht bei einem Jagdausflug mit Breschnew. Es beginnt eine über zwanzig Jahre andauernde Männerfreundschaft.

1965 Dezember: Auf dem 11. Plenum des ZK der SED rechnet Honecker mit der Kulturpolitik Ulbrichts ab. Dieser nimmt seine Reformbestrebungen zurück und setzt sich an die Spitze der Kritiker.

1970 17. März: Das Erfurter Gipfeltreffen wird zum Desaster für die DDR-Führung. Walter Ulbricht wird zu einem Sanatoriumsaufenthalt in die Sowjetunion bestellt.

Mai: Erich Honecker erhält die Leitung für den Gegenbesuch in Kassel.

Juli: Walter Ulbricht setzt Honecker in einer Sondersitzung des Politbüros ab. Breschnew interveniert.

1971 Januar: Honecker verfasst einen Brief an Breschnew. Mehr als die Hälfte aller Politbüromitglieder unterschreiben die Bitte um Abberufung Ulbrichts.

April: Breschnew fordert Ulbricht am Rande des XXIV. Parteitages der KPdSU zum Rücktritt auf. Als er bis Ende April der Aufforderung nicht nachkommt, fährt Erich Honecker zum Döllnsee und zwingt ihn zum Rücktritt.

3. Mai: Walter Ulbricht erklärt aus gesundheitlichen Gründen seinen Rücktritt und schlägt Erich Honecker als Ersten Sekretär des ZK der SED vor.

1976 Erich Honecker wird Vorsitzender des Staatsrates der DDR.

1989 17. Oktober: Honecker wird vom Politbüro zum Rücktritt gezwungen. Es folgt die Einleitung eines Ermittlungsverfahrens wegen Amtsmissbrauchs und Korruption.

1991 Flucht Honeckers nach Moskau.

1992 Gerichtsverfahren in Berlin, Einstellung aus gesundheitlichen Gründen folgt

1993 Ausreise nach Santiago de Chile.

1994 29. Mai: Erich Honecker stirbt in Chile.

Christian H. Schulz

Markus Wolf
Spionage-Ikone mit vielen Gesichtern

Viele Jahre lang fand sich in den geheimen Dossiers von CIA, BND und Verfassungsschutz nur ein weißer Fleck über ihn – galt Markus Wolf als der »Mann ohne Gesicht«. Geschickt hatte er es verstanden, sein Konterfei vor westlichen Geheimdiensten fast drei Jahrzehnte lang zu verstecken. Eine von vielen seiner Meisterleistungen im Kalten Krieg, den er auf östlicher Seite entscheidend mitprägte.

Markus Wolf war der unangefochtene Chef des Auslandsgeheimdienstes der DDR, einer Elite-Abteilung der Stasi, die, von ihm selbst aufgebaut, während ihrer gesamten Existenz zu einer der effektivsten Bedrohungen der westlichen Demokratien wurde. Seine »Hauptverwaltung A« (HVA) war ein ständiger Unruheherd vor allem für die Bundesrepublik, sorgte für unzählige Spionageaffären, für politische Skandale und half der DDR durch illegalen Wissenstransfer, vor allem wirtschaftlich überhaupt längere Zeit gegen den Westen bestehen zu können.

Markus Wolf war dabei Mastermind im Hintergrund, sein Geheimdienst zählte in der Spionagebranche neben dem israelischen Mossad zu den besten der Welt. Der Mythos vom »Mann ohne Gesicht« wurde erstmals 1979 beschädigt, als Markus Wolf in Stockholm bei einem Geheimtreffen fotografiert und dann durch Veröffentlichungen in vielen Zeitungen enttarnt wurde. Das berühmt gewordene Stockholm-Foto deutete bereits an, dass der smarte Wolf kein typisch grauer Vertreter seiner Zunft und des Ostblocks war. Spätestens mit dem Mauerfall und dem Ende der DDR präsentierte sich der Öffentlichkeit ein überzeugter Kommunist bürgerlicher Herkunft, ein Mann mit Charme und vielen Talenten, der erst spät im Leben zu einem Prominenten in Ost- und Westdeutschland wurde. Seine »Hauptverwaltung A« versuchte er dabei bis zuletzt als angeblich sauberen Arm der Stasi zu präsentieren – vergeblich, wie die heutigen Forschungen der Historiker zeigen. Tarnung und Täuschung

» *Ich finde es immer traurig, wenn die Lebenslüge eines Menschen bis in seinen Tod reicht.* «
Marianne Birthler, ehemalige Bundesbeauftragte für Stasi-Unterlagen

Markus Wolf auf der Kundgebung am 4. November 1989 in Berlin

Markus Wolf (Mitte) mit seinem Bruder
Konrad und Vater Friedrich, 1930er Jahre

Markus Wolf (rechts) mit seiner Mutter,
Bruder Konrad, Halbschwester Lena
in Moskau, nach 1933

waren für Markus Wolf lebenslange Begleiter – auch am Vorabend der deutschen Wiedervereinigung, als er sich der drohenden Verhaftung durch eine Flucht ins Ausland entziehen wollte.

Nur zwei Optionen: Gefängnis oder Exil

27. September 1990. Zwei Wagen nähern sich nachts dem Grenzübergang zur Tschechoslowakei bei Oberwiesenthal. Das erste Fahrzeug, einen Volvo, steuert Franz Wolf, ein Sohn aus erster Ehe. Neben ihm sitzt Andrea, die jetzige Gattin von Markus Wolf. Dieser hat sich kurz zuvor lieber in den zweiten Wagen, einen alten Lada, gesetzt. Neben seinen Schwiegervater, das wirkt unauffälliger. Die ganze Familie hilft in dieser Nacht mit, damit Wolf die DDR unerkannt verlassen kann. Noch vor wenigen Monaten hätte man ihn an der Grenze schnell und problemlos durchgelassen. Schließlich war er jahrzehntelang der zweite Mann an der Spitze der Stasi. Nun, nur noch wenige Tage vor der Wiedervereinigung, muss er hoffen, dass die Grenzer ihn nicht als diesen erkennen: Generaloberst Markus »Mischa« Wolf. Eine Legende in Ost und West. Jetzt ist er neben Mielke und Honecker Feindbild Nummer Eins geworden. In Westdeutschland steht er zudem auf der Fahndungsliste der Bundesanwaltschaft. Spionage gegen die Bundesrepublik und Landesverrat werden ihm vorgeworfen. Mit der Wiedervereinigung muss Wolf damit rechnen, sofort verhaftet zu werden. Von seinen Gegnern will er jedoch nicht als Siegestrophäe vorgeführt werden. Markus Wolf entschließt sich zur Flucht. Noch hat er ein paar Optionen offen. Der erste Schritt gelingt, die DDR kann er unerkannt verlassen. Nun geht es allein mit seiner Frau Andrea weiter. Nächstes Ziel ist Österreich.

Es ist nicht die erste Flucht aus Deutschland für Markus Wolf. Im Alter von zehn Jahren muss er 1933 schon einmal sein Vaterland verlassen. Sein Vater Friedrich Wolf, ein schwäbischer Arzt, ist in den 1920er und 1930er Jahren zudem erfolgreicher Schriftsteller – und überzeugter Kommunist. Wegen seiner kritischen Theaterstücke und Bücher angefeindet, muss Friedrich Wolf nach der Machtergreifung der Nazis fliehen. Mit dabei sind seine Frau Else und die Söhne: Markus, geboren 1923, und der zwei Jahre jüngere Konrad. Die Wolf-Familie rettet sich in die Sowjetunion. Markus und Konrad wachsen fortan zweisprachig auf, die UdSSR wird zu ihrer zweiten Heimat.

Als Hitler-Deutschland die Sowjetunion 1941 überfällt, werden die Wolf-Brüder getrennt: Konrad meldet sich als Soldat der Roten Armee an die Front. Markus wird als Kader-Student mit der gesamten Hochschule nach Kasachstan evakuiert. Erst 1944 kommt er wieder nach Moskau zurück, arbeitet mit 21 Jahren als Sprecher beim »Deutschen Volkssender«, der Radiostation der Exil-KPD.

Im Versteck des adeligen Fluchthelfers

5. Oktober 1990. Österreich, nicht weit von Kitzbühel. Markus Wolf und seine Frau Andrea haben ihre erste Fluchtstation erreicht – bei einem Freund aus ganz alten Zeiten und ganz anderen Kreisen. Diese Verbindung hat niemand auf der Rechnung. Das Versteck der Wolfs ist eine unauffällige Ferienwohnung. Ihr Gastgeber: Heinrich Graf von Einsiedel, westdeutscher Schriftsteller und dazu Urenkel von Otto von Bismarck. Im Zweiten Weltkrieg ist er ein erfolgreicher Jagdflieger an der Ostfront. Als er in sowjetische Kriegsgefangenschaft gerät, wird er bald zum Sozialisten und Kriegsgegner, arbeitet aktiv im »Nationalkomitee Freies Deutschland«, einer von Moskau gesteuerten Widerstandsbewegung. Hier lernt er auch Friedrich und Markus Wolf kennen.

Nach Kriegsende trennen sich ihre Wege. Während der Graf in den Westen geht, wird Markus Wolf im Osten Karriere machen. Zusammen mit seiner frisch angetrauten Frau Emmi, die Tochter eines von den Nazis ermordeten Kommunisten, kommt er aus dem Moskauer Exil in das zerstörte Berlin zur Gruppe um Walter Ulbricht. Auf Befehl Moskaus sollen die hohen KPD-Funktionäre den Sozialismus in der sowjetischen Besatzungszone aufbauen. Sie beordern Markus Wolf zunächst als Journalisten zum Berliner Rundfunk. Bald darauf schickt man ihn als Korrespondent zu den Nürnberger Prozessen. Dort überzeugt er seine Förderer ebenso wie zwei Jahre später als Botschaftsrat in Moskau. 1952 wird der erst 29-Jährige dann auf einen ganz besonderen Posten berufen: als Chef des frisch gegründeten Auslandsgeheimdienstes der DDR, der bald ein wichtiger Teil des militärisch geführten Ministeriums für Staatssicherheit wird. Mit dieser Tätigkeit verschwindet Markus Wolf für viele Jahre aus der Öffentlichkeit, tritt er in den Schatten der Konspiration. Im Gegensatz zu seinem Bruder Konrad, der in den folgenden Jahren bei der DEFA ein bekannter und engagierter Filmregisseur wird.

Markus Wolf befehligt dagegen ein eigenes Reich, die Hauptverwaltung A im Ministerium für Staatssicherheit. Als stellvertretender Minister ist er damit einer der wichtigsten und mächtigsten Männer der DDR. Über ihm gibt es bei der Stasi nur noch einen: Erich Mielke. Kontrastreicher können zwei Alphatiere kaum sein. Der Stasi-Chef ist klein, proletarischer Herkunft,

Markus Wolf und seine erste Frau Emmi mit dem ältesten Sohn Michael, 1946

cholerisch, ein Stalinist. Markus Wolf dagegen großgewachsen, mit elegantem Auftritt und bürgerlichem Flair. In der Hauptverwaltung A (HVA) leitet Wolf 3800 hauptamtliche Mitarbeiter und mehrere Hundert Spione in der DDR und in Westdeutschland. Seine Mitarbeiter werden speziell ausgewählt und sind besser ausgebildet als das Heer der normalen Stasi-Spitzel. Die HVA sieht sich als Elite im großen Stasi-Reich des Erich Mielke.

November 1990. Seit Wochen nun sind Markus Wolf und seine Frau Andrea in Österreich untergetaucht. Die deutschen Behörden haben immer noch keine Spur von ihnen. Die Wolfs halten sich weiter in der kleinen Ferienwohnung ihres Freundes Graf Einsiedel versteckt. Doch wo sollen sie nun weiter hin? Das Warten und die Untätigkeit zerren immer mehr an den Nerven des Ehepaares. Markus Wolf könnte sich in andere westliche Staaten retten. Voraussetzung: er packt über seine Arbeit aus. Doch Verrat kommt für ihn nicht in Frage. So bleibt ihm keine Wahl. Die letzte Option, die er eigentlich vermeiden wollte, muss jetzt funktionieren. In den letzten Tagen vor der Wiedervereinigung hat ihm der sowjetische Geheimdienst noch eine Notfall-Telefonnummer zukommen lassen. Markus Wolf ruft an und aktiviert seine Ausschleusung durch den KGB. Einen Tag später werden er und seine Frau von einem Geheim-Kurier aus Österreich nach Ungarn gebracht. Von dort geht es per Flugzeug nach Moskau. Hier sind sie zunächst sicher. Denn bei den Freunden vom KGB hat Markus Wolf hohe Verdienste. Er gilt seit Jahrzehnten als Star in der Spionagebranche.

Herr über »Romeos« und »Julias«

In seiner Geheimdienstkarriere hat er seit den 1950er Jahren einen entscheidenden Vorteil: Sein Gegner, die Bundesrepublik, ist ein offenes Land, viel einfacher zu infiltrieren als etwa die DDR für den westdeutschen Bundesnachrichtendienst. Wolfs HVA ist dabei ein wichtiges Instrument der DDR-Führung. Wirtschaftsspionage im Westen steht an oberster Stelle, damit die DDR ökonomisch überhaupt mithalten und aufholen kann. Gleichzeitig soll der von Wolf aufgebaute Spionageapparat die westdeutsche Politik und ihre wichtigsten Vertreter beeinflussen, wenn möglich, durch gezielt lancierte Falsch-Informationen auch destabilisieren. Die Spezialisten in der HVA arbeiten strategisch: nutzen vor und nach dem Mauerbau die Möglichkeit, Hunderte von Agenten mit gefälschten Lebensläufen in die Bundesrepublik einzuschleusen.

Einige der eingeschleusten Agenten unter Wolfs Oberkommando sollen über Liebesbeziehungen zu Sekretärinnen wichtige Ministerien und Parteien anzapfen. Diese »Romeo-Agenten« der HVA, getarnt mit einem normalen bürgerlichen Leben, machen sich an westdeutsche Vorzimmerdamen heran. Ein mieses Geschäft, das jahrzehntelang erfolgreich läuft.

Auch für solche Erfolge wird Wolf von höchster DDR-Stelle mehrfach ausgezeichnet und genießt das Vertrauen der Mächtigen. In seinem Spionage-Reich wird er so zu einer Legende. Privat führt Markus Wolf das Leben eines hohen DDR-Privilegierten. Er ist ein begeisterter Jäger – auch bei den Frauen, mit Charme und Charisma. Der smarte General wird in seinem Leben dreimal heiraten, viele Affären werden ihm nachgesagt.

Ein weiterer »Perspektiv-Agent«, der 1956 in den Westen eingeschleust wird, heißt Günter Guillaume. Sein Ziel: Karriere machen bei der SPD. Im Herbst 1972 bestimmt in der Bundesrepublik der Wahlkampf das Geschehen. Willy Brandt will als Bundeskanzler wiedergewählt werden. In diesen Monaten sieht man an seiner Seite immer wieder einen bestimmten Mann: Günter Guillaume. Über 15 Jahre lebt und arbeitet der DDR-Agent nun im Westen, steigt in der SPD immer weiter auf, wird schließlich Brandts enger Mitarbeiter.

Markus Wolf mit seiner dritten Ehefrau
Andrea während ihrer Flucht in Moskau
1990/91

Damit ist er Wolfs absolute Top-Quelle an der westdeutschen Regierungsspitze. Doch die gegnerischen Sicherheitsbehörden haben ab Mitte 1973 immer mehr Indizien gegen Guillaume in der Hand. Der Verfassungsschutz überwacht seine Frau und Helferin Christel. Die Guillaumes bekommen mit, dass sich die Schlinge um sie zuzieht, melden dies nach Ost-Berlin. Doch Markus Wolf belässt seine Spione auf dem Posten – am Ende zu lange. Am 24. April 1974 werden Guillaume und seine Frau nach langem Zögern der westdeutschen Sicherheitsbehörden verhaftet. Markus Wolf verliert seinen Top-Mann im Westen und löst durch die Enttarnung eine schwere politische Krise aus. Der größte Spionagefall in der Geschichte der Bundesrepublik zwingt Bundeskanzler Willy Brandt zum Rücktritt.

August 1991. Auch Markus Wolf ist nun ein Getriebener der politischen Ereignisse. Nach der Flucht aus Deutschland und weiter über Österreich lebt er mit seiner dritten Ehefrau Andrea seit neun Monaten in der sowjetischen Hauptstadt Moskau. Unter dem Schutz der Freunde vom KGB und nicht mehr im Geheimen. Gelegentlich gibt er Interviews und berät sich mit seinen westdeutschen Anwälten, die ihn aus Hamburg besuchen. Der Haftbefehl gegen Wolf in Deutschland besteht weiterhin, und eine Lösung scheint nicht in Sicht. Doch dann hält die Welt den Atem an: Putsch gegen Gorbatschow. Kommunistische Hardliner wollen den Reformer notfalls gewaltsam ablösen. Nach wenigen Tagen scheitern sie am friedlichen Widerstand und an fehlender Unterstützung durch die sowjetische Armee. Staatschef Gorbatschow ist jedoch politisch schwer angeschlagen, und ein neuer mächtiger Mann drängt nach vorne, Boris Jelzin. Die Weltmacht Sowjetunion beginnt auseinanderzubrechen. Auch Markus Wolf wird von diesen historischen Ereignissen überrascht. Hat er sich mit dem Fluchtort Moskau verkalkuliert? Könnte er von einer neuen, dann russischen Regierung vielleicht nach Deutschland ausgeliefert werden? Der Fall Wolf droht ein internationales Politikum zu werden, denn Markus Wolf ist nun ein bekannter Mann.

Das Stockholm-Desaster

15 Jahre früher, in der Zeit des Kalten Krieges, weiß der Westen dagegen noch kaum etwas über den Leiter der DDR-Spionage, nicht einmal wie er aussieht. Auch nicht, dass er nun zum zweiten Mal verheiratet ist. Diesmal mit einer Sächsin, der Tochter eines Forstbeamten aus dem Erzgebirge. Anfang Juli 1978 fährt Markus Wolf inkognito in die schwedische Hauptstadt Stockholm – seine neue Frau begleitet ihn. Vor Ort will er sich heimlich mit dem westdeut-

schen SPD-Politiker Friedrich Cremer treffen. Und nebenbei mit seiner Frau Christa ein paar schöne West-Geschäfte besuchen. Doch einiges läuft schief. Denn seine HVA-Leute vor Ort in Stockholm haben für Markus Wolf eine DDR-Diplomatenwohnung aufwendig renovieren lassen. Die schwedische Spionageabwehr SäPo wird aufmerksam und will wissen, wer da Besonderes in ihre Hauptstadt kommt. Wolf und seine Begleitung werden unauffällig observiert und fotografiert. Auch das Treffen mit dem SPD-Mann Friedrich Cremer. Warum ist dieser Mann für Wolf so interessant? Cremer, ein bayrischer Landtagsabgeordneter, ist in höchsten SPD-Kreisen gut vernetzt und mit Interna der Regierungspartei vertraut. Erst heute kann man einiges über die Bedeutung dieser Quelle für die DDR erfahren, aus den wenigen erhaltenen Akten der HVA. In der sogenannten Rosenholz-Datei ist Cremer seit 1961 über die Bezirksverwaltung Karl-Marx-Stadt bei der Stasi registriert – mit überraschenden Details. Über dreißig Berichte von Treffs mit Cremer gehen in der DDR ganz nach oben. Dessen Einschätzungen und Aussagen werden Staats- und Parteichef Honecker persönlich vorgelegt.

Während Wolf nach seinem Stockholm-Besuch mutmaßlich zufrieden in die DDR zurückkehrt, werden die von ihm gemachten Observationsfotos auch an den Bundesnachrichtendienst weitergeleitet. Ein halbes Jahr später platzt eine Bombe.

Im Januar 1979 flieht erstmals überhaupt ein hauptamtlicher Mitarbeiter von Wolfs HVA in den Westen. Oberleutnant Werner Stiller ist Spezialist für Wissenschaftsspionage und nutzt eine Agentenschleuse am Bahnhof Friedrichstraße, um sich mit vielen Geheimunterlagen dem Bundesnachrichtendienst zu offenbaren. Für Markus Wolf wird dies zu einem gewaltigen Problem. Stiller weiß zu viel über wichtige Agenten im Westen, und er weiß, wie Markus Wolf aussieht. Wenige Stunden nach seinem Übertritt legen ihm die Auswertungsspezialisten vom BND ein Foto aus Stockholm vor. Wer ist das? Stiller weiß die richtige Antwort: sein oberster Chef Markus Wolf, den er am Vortag noch in der Stasi-Zentrale gesehen hat. Der BND ist begeistert. Endlich hat man offenbar ein Gesicht zu einem berühmten Namen gefunden. Und entgegen der Geheimdienst-Gepflogenheiten wird Markus Wolf auch noch für den Rest der Welt enttarnt: Dem Nachrichtenmagazin »Spiegel« wird das Stockholm-Foto lanciert, welches als Titelbild große Wellen schlägt. Für Markus Wolf sind die angenehmen Reisen in den Westen nun mehr als eingeschränkt. Künftig kann er überall erkannt werden.

Die Enttarnung ihres Chefs ist für die HVA 1979 nur eine von vielen Niederlagen. Durch Stillers Hilfe können Verfassungsschutz und BND in der

Spiegel-Titelbild Oktober 1979, Observationsfoto der schwedischen Geheimpolizei in Stockholm

Stasi-General Markus Wolf im Kreis
seiner Kollegen, Ende der 1970er Jahre

Markus Wolf bei seiner Verabschiedung
aus dem Dienst der Stasi durch
Erich Mielke, links neben ihm, 1986

Bundesrepublik nun viele DDR-Agenten verhaften, andere können gerade noch rechtzeitig gewarnt werden und müssen in die DDR fliehen. Das Spionagenetz des Markus Wolf hat einen empfindlichen Schlag erhalten.

Kein Happy End in der zweiten Heimat

August 1991. Moskau nach dem gescheiterten Putsch. Keiner weiß, wie es politisch mit der UdSSR weitergehen wird. Markus Wolf, der geduldete Gast des KGB, fürchtet um seine Sicherheit und wendet sich an einen alten Geheimdienst-Freund, Leonid Schebarschin. Dieser ist gerade erst kommissarischer KGB-Chef geworden, weil sein Vorgänger, einer der gescheiterten Putschisten gegen Gorbatschow, verhaftet wurde. Schebarschin kann und will Markus Wolf jedoch nicht helfen. Die Zeiten haben sich geändert. Für den einst so erfolgreichen Spionagechef der DDR ist es eine der größten Enttäuschungen seines Lebens. Auch seine ältesten Verbündeten lassen Markus Wolf nun fallen. Der neue Wind, der jetzt immer stärker weht, könnte ihn von hier schneller als ihm lieb ist bis ins wiedervereinigte Deutschland wehen. Moskau, seine zweite Heimat, ist nun kein sicherer Ort mehr.

1981, zehn Jahre früher, scheint die Welt in der DDR noch in Ordnung, zumindest für die Spionage-Abteilung der Stasi. Ihr ehemaliger Star-Agent Guillaume und dessen Frau kehren nach sieben Jahren Gefängnis per Agentenaustausch zurück. Längst haben die HVA-Spezialisten unter Markus Wolf wieder hochkarätige Quellen in der Bundesrepublik installiert, auch bei ihren direkten Gegnern vom BND und Verfassungsschutz. Markus Wolf geht jedoch Anfang der 1980er Jahre immer mehr auf Abstand zu seiner Arbeit. Beruflich hat er das Maximale längst erreicht. Zudem erkennt er früher als andere, dass es mit der DDR immer weiter bergab geht. Er sucht nach neuen Herausforderungen.

Da stirbt 1982 unerwartet früh sein jüngerer Bruder Konrad, einer der bekanntesten Künstler und Kulturpolitiker des Landes. Nach diesem Schicksalsschlag beantragt Markus Wolf bei Erich Mielke seinen Abschied aus dem Dienst. Er wolle das Vermächtnis seines Bruders erfüllen, die Familiengeschichte erzählen, Schriftsteller werden. Doch Mielke lässt seinen besten Mann vorerst nicht gehen. Erst vier Jahre später willigt er schließlich ein, als die Nachfolge Wolfs geregelt ist.

Im Geheimdienst-Milieu gelten allerdings eigene Gesetze. Erich Mielke hat seinem Stellvertreter, der lebenden Spionage-Legende, noch nie so ganz getraut. Gleich mit Beginn des Ruhestandes lässt Mielke seinen ehemaligen

Markus Wolf und sein Bruder Konrad Ende 1970er/Anfang 1980er Jahre

221

Top-Mann beschatten: Postkontrolle, Telefonüberwachung, Observation. Denn Markus Wolf gilt mit Beginn seines Rentner-Daseins nun als unzuverlässig. 1989 erscheint die Verarbeitung seiner frühen Familiengeschichte als Roman. Wolf wird nun eine öffentliche Person. Sein Buch »Die Troika« sorgt für Furore, weil es erstmals den Stalinismus und den Staatsterror in der Sowjetunion der 1930er Jahre mit seinen riesigen Opferzahlen kritisiert. In Ost und West gilt das als Zeichen von Perestroika und Glasnost.

Wenige Monate später ist Mielkes Stasi-Reich zusammengebrochen. Der Herbst 1989 bringt mit der friedlichen Revolution und dem Mauerfall die große Epochenwende. Markus Wolf hat aus seiner Sicht alles richtig gemacht. Drei Jahre Jahre zuvor ist er aus der Stasi ausgeschieden, er hat mit Andrea nun seine dritte Ehefrau an der Seite und ein erfolgreiches Buch geschrieben.

Im Herbst 1989 will er jetzt auch politisch Einfluss nehmen. Am 4. November tritt Markus Wolf bei einer Demonstration auf, die live im Fernsehen der DDR übertragen wird. Vor zehntausenden Menschen auf dem Alexanderplatz in Ost-Berlin sprechen Künstler und Dissidenten über Reformen und Veränderungen in der DDR. Auch Markus Wolf tritt ans Mikrofon, als Vertreter eines sozialistischen Neuanfangs in einer eigenständigen DDR – und wird gnadenlos ausgepfiffen. Es ist eine weitere schwere Enttäuschung für ihn. Das Stasi-Etikett wird er nicht mehr los. Denn auch nach dem Mauerfall bleibt der Geheimdienst in Ostdeutschland das Hass-Objekt Nummer Eins. Und im künftig wiedervereinigten Deutschland soll es auch um die strafrechtliche Verantwortung der Stasi-Führung gehen, Markus Wolf inklusive. Im Juni 1990 erlässt die Bundesrepublik einen Haftbefehl gegen ihn – wegen Spionage und schweren Landesverrats in vielen Fällen.

Zeit der Abrechnung, Zeit des Image-Wechsels

24. September 1991. Frühmorgens um halb acht am kleinen Grenzübergang Bayrisch Gmain, zwischen Österreich und Deutschland. Fast genau ein Jahr nach seiner Flucht kehrt Markus Wolf mit seiner Frau Andrea zurück. Sie haben Moskau verlassen, auch auf Anraten ihrer Anwälte. Wolf nutzt die letzte Option, die ihm geblieben ist – er stellt sich den bundesdeutschen Behörden. In Karlsruhe beim Generalbundesanwalt wird Markus Wolf verhört und muss für die nächsten zehn Tage in Untersuchungshaft bleiben. Dann erst wird er unter strengen Auflagen gegen eine Kaution von 250 000 Mark vorläufig entlassen. Fast zwei Jahre später beginnt im Mai 1993 der Prozess gegen den ehemaligen Chef der DDR-Spionage. Das Interesse der Medien ist

riesig. Noch einmal leben die Spionagegeschichten aus dem Kalten Krieg wieder auf, wird der Mythos vom »Mann ohne Gesicht« lebendig. Zur Überraschung und Enttäuschung vieler zeigt sich der einstige Geheimdienststratege nun als freundlicher und souveräner älterer Herr, der sich als Opfer einer Siegerjustiz im wiedervereinigten Deutschland sieht. Vor Gericht geht es letztlich um diese zentralen Fragen: War legal ausgeübte Spionage in der untergegangenen DDR strafbar oder nicht. Und: Hatte die HVA unter Markus Wolf am Unterdrückungsapparat der Stasi ihren Anteil oder nicht. Das Gericht folgt schließlich der Anklage und verurteilt Markus Wolf zu sechs Jahren Freiheitsstrafe. Doch der nun 70-Jährige muss nicht mehr in Haft. Denn zwei Jahre später legt sich das Bundesverfassungsgericht in einer Grundsatzentscheidung fest: Mitarbeiter der HVA mit damaligem Lebensmittelpunkt in der DDR werden nicht strafrechtlich verfolgt. Das Urteil gegen Wolf wird damit aufgehoben. Vier Jahre später gibt es jedoch noch einen zweiten Prozess gegen ihn. Diesmal geht es nicht um allgemeine Spionage, sondern um kriminelle Aktionen aus der Frühzeit der HVA in den 1950er Jahren. Hier habe Markus Wolf als Chef zu konkreten Straftaten die Verantwortung getragen: Entführung, Nötigung, Körperverletzung. Er erhält zwei Jahre Haft auf Bewährung.

Sieben Jahre nach der Wiedervereinigung ist Markus Wolf nun vorbestraft, aber in Freiheit. Die neue Zeit hat er genutzt, sein Image in West und Ost gründlich umzukrempeln. Vom ehemals gefürchteten Stasi-Spionagegeneral zu einer Art »elder statesman«, einem charmant formulierenden Intellektuellen, der in vielen Talkshows auftritt. Dabei bleibt Wolfs Lebensbilanz voller Widersprüche. Versäumnisse und Selbstzweifel hat er eingeräumt, moralische Schuld oder persönliche Fehler eher von sich gewiesen.

Spione egal welcher Couleur können offenbar nie ganz aus ihrer Rolle schlüpfen. Für sie ist die Täuschung anderer auch eine Frage der Selbsterhaltung. Sie müssen sich nicht nur nach außen abschirmen, sondern offenbar auch vor dem eigenen Innern schützen. Markus Wolf hat das Täuschen und Tarnen verinnerlicht. 2006 im Alter von 83 Jahren stirbt er am 9. November friedlich im Schlaf. Ein sehr symbolisches Datum der deutsch-deutschen Geschichte des 20. Jahrhunderts.

Zeittafel

1923 Markus Wolf wird am 19. Januar in Hechingen (heute Baden-Württemberg) als ältester Sohn des Arztes Friedrich Wolf und der Kindergärtnerin Else Dreibholz geboren.

1933 Der Kommunist Friedrich Wolf und seine Familie müssen nach der Machtergreifung der Nationalsozialisten über Österreich, die Schweiz und Frankreich nach Moskau fliehen.

1941 Nach dem Überfall auf die Sowjetunion wird Markus als Kader-Student mit seiner Hochschule aus Moskau evakuiert. Sein Bruder Konrad Wolf meldet sich als Soldat der Roten Armee an die Front.

1945 Wenige Wochen nach Kriegsende kehrt Markus Wolf nach Deutschland zurück. Er gehört zur »Gruppe Ulbricht«, die den Aufbau der DDR vorantreiben soll.

1951 Gründung des DDR-Auslandsnachrichtendienstes. Wolf ist stellvertretender Leiter der Hauptabteilung III (Abwehr). Ab 1952 ist er Leiter des Dienstes.

1953 Der Nachrichtendienst wird in das Ministerium für Staatssicherheit eingegliedert. Ab 1956 heißt die Auslandsaufklärung unter Wolf »Hauptverwaltung A (HVA)«. Wolf wird Generalmajor und 1. Stellvertreter des Ministers Erich Mielke.

1974 Günter und Christel Guillaume werden in der Bundesrepublik als HVA-Spione enttarnt. Günter Guillaume war zuletzt als Referent des Bundeskanzlers tätig. Der Skandal zwingt Willy Brandt zum Rücktritt.

1978 Wolf fährt inkognito nach Stockholm, um den bayrischen SPD-Politiker und Landtagsabgeordneten Friedrich Cremer heimlich zu treffen. Dabei wird er von der schwedischen Geheimpolizei überwacht und fotografiert.

1979 Mit Werner Stiller flüchtet erstmals ein hauptamtlicher HVA-Mitarbeiter in die Bundesrepublik. Stiller identifiziert Wolf auf den Stockholm-Fotos. Wolfs Enttarnung wird als Spiegel-Titelgeschichte publik.

1982 Unerwartet früh stirbt Wolfs Bruder Konrad. Der bekannte Filmregisseur und Präsident der Akademie der Künste der DDR wird nur 53 Jahre alt.

1986 Markus Wolf wird als Generaloberst offiziell in den Ruhestand verabschiedet. Ein Jahr später heiratet er seine dritte Frau Andrea. Sie ist 24 Jahre jünger und stammt aus Aue in Sachsen.

1989 Markus Wolf veröffentlicht sein erstes Buch. »Die Troika« ist ein Roman über die frühe Familiengeschichte insbesondere in Moskau. Das Erstlingswerk wird ein Erfolg in der DDR und der Bundesrepublik.

1989 Nach dem Mauerfall sind die Tage des Ministeriums für Staatssicherheit gezählt. Dessen Chef Erich Mielke kommt Juli 1990 in Untersuchungshaft.

1990 Im Juni wird gegen Mielkes Stellvertreter Markus Wolf in der Bundesrepublik ein Haftbefehl erlassen wegen Landesverrats und Spionage gegen die BRD.

1990 27. September: Markus Wolf flieht mit seiner Frau Andrea wenige Tage vor der Wiedervereinigung aus der DDR. Über die Tschechoslowakei und Österreich gelangt er Ende November nach Moskau.

1991 Im August scheitert ein Putsch kommunistischer Hardliner gegen den reformorientierten Staatschef Gorbatschow. Für Markus Wolf wird die politische Lage zu unsicher.

1991 24. September: Wolf stellt sich den Vertretern der Bundesanwaltschaft an einem österreichisch-bayrischen Grenzübergang. Nach zehn Tagen Untersuchungshaft wird er gegen Kaution entlassen.

1993 Im Mai beginnt in Düsseldorf der Prozess gegen den ehemaligen Spionagechef der DDR.

Wolf wird zu sechs Jahren verurteilt, muss die Strafe allerdings zunächst nicht antreten.

1995 Das Bundesverfassungsgericht entscheidet, dass Mitarbeiter der HVA mit Lebensmittelpunkt in der DDR nicht strafrechtlich verfolgt werden. Das Urteil gegen Wolf wird aufgehoben.

1997 In einem zweiten Prozess wird Markus Wolf zu zwei Jahren Haft auf Bewährung verurteilt. In diesem Fall ging es um kriminelle Aktionen aus der Frühzeit der HVA, die Wolf zu verantworten habe.

2006 9. November: Markus Wolf stirbt. Er wird in der »Gedenkstätte der Sozialisten« auf dem Friedhof Friedrichsfelde in Berlin beigesetzt.

Die Filme

Die Buchtexte entstanden auf der
Grundlage der Drehbücher zu den Filmen
der MDR-Fernsehserie
»Geschichte Mitteldeutschlands«

»Karl der Große –
Der Aufstand der Thüringer«

Buch: André Meier
Regie: Dirk Otto
Kamera: Jürgen Rehberg, André Böhm
Darsteller: Jaron Löwenberg (als Karl der Große),
Peter Eberst (als Hardrad)
Erstsendung: 16. September 2012

Gedreht wurde u. a. in der Funkenburg
Westgreußen, im Kloster Altzella bei Nossen,
in Sondershausen, in Haßleben/Tretenburg,
im Museum für Ur- und Frühgeschichte Weimar
und in der Carolus Therme Aachen.

Literatur: Hans Patze, Walter Schlesinger,
Geschichte Thüringens, Köln 1968
Dank an: Dr. Mathias Kälble, Prof. Stefan
Tebruck, Dr. Diethard Walther

»Der erste Sachse auf dem Königsthron:
Heinrich I.«

Buch: André Meier
Regie: André Meier, Pepe Pippig
Kamera: Frank Amann, André Böhm
Darsteller: Dierk Prawdzik (als Heinrich I.),
Karl Maslo (als Thietmar)
Erstsendung: 6. November 2011

Gedreht wurde u. a. in Quedlinburg, Querfurt
und in der Doppelkapelle Landsberg.

Literatur: Wolfgang Giese, Heinrich I.
Begründer der ottonischen Herrschaft, Darmstadt 2007
Dank an: Prof. Stefan Weinfurter

»Mathilde von Quedlinburg –
Vom Mädchen zur Machtfrau«

Buch: Gabriele Rose
Regie: Gabriele Rose
Kamera: Torbjörn Karvang
Darsteller: Anne-Kathrin Gummich (als Mathilde),
Frank Rebel (als Liuthar von Wahlbeck)
Erstsendung: 18. August 2013

Gedreht wurde u. a. in Quedlinburg, im Kloster
Ilsenburg und in der Landesbibliothek Halle.

Literatur: Thietmar von Merseburg, Chronik;
Widukind von Corvey, Res gestae Saxonicae.
Die Sachsengeschichte. Stuttgart 1981;
Gerd Althoff, Ottonische Frauengemeinschaften
im Spannungsfeld von Kloster und Welt, in:
Essen und die sächsischen Frauenstifte im Früh-
mittelalter. Hrsg. Jan Gerchow und Thomas Schilp,
Essen 2003
Dank an: Prof. Gerd Althoff, Dr. Oliver Schlegel

»Liebe im Mittelalter:
Die Skandale des echten Tannhäuser«

Buch: Dirk Otto
Regie: Dirk Otto, Pepe Pippig
Kamera: Frank Amann, Jürgen Rehberg
Darsteller: Ulrich Blöcher (als Tannhäuser),
Thomas Förster (als Walther von der Vogelweide)
Erstsendung: 13. November 2011

Gedreht wurde u. a. in Querfurt, in Eisenach
und auf der Wartburg.

Literatur: Karin Tebben, Tannhäuser –
Biographie einer Legende, Göttingen 2010
Dank an: Prof. Stephan Jolie, Dr. Kay Malcher

»Die Brockenhexe –
Hetzjagd an der Elbe«

Buch: Nina Koshofer
Regie: Nina Koshofer, Pepe Pippig
Kamera: Frank Amann, Marc Riemer
Darsteller: Sibylle Prätsch (als Maria Kleinecke),
Andreas Erfurth (als Bürgermeister Schneidewind)
Erstsendung: 30. Oktober 2011

Gedreht wurde u. a. in Stollberg, Schönebeck
und im Museum Schloss Bernburg.

Literatur: Monika Lücke/Dietrich Lücke, Ihrer
Zauberei halber verbrannt. Hexenverfolgungen
in der Frühen Neuzeit auf dem Gebiet Sachsen-
Anhalts, Halle 2011
Dank an: Dr. Monika Lücke, Prof. Günter Jerouschek

»Die Mätresse des Königs –
Fürstin von Teschen und August der Starke«

Buch: Dirk Otto
Regie: Dirk Otto, Pepe Pippig
Kamera: Frank Amann, Matthias Tschiedel
Darsteller: Xenia Assenza (als Fürstin von
Teschen), Vilem Udatny (als August der Starke)
Erstsendung: 23. Oktober 2011

Gedreht wurde u. a. in Dresden, Berlin, Prag
und Warschau.

Literatur: Reinhard Delau, August der Starke
und seine Mätressen, Dresden 2005
Dank an: Dr. Ulrich Rosseaux, Eduard Prinz
von Anhalt

»Karl Stülpner –
Der Robin Hood des Erzgebirges«

Buch: Nina Koshofer
Regie: Nina Koshofer, Dirk Otto
Kamera: Jürgen Rehberg
Darsteller: Christoph Kottenkamp (als Karl Stülpner), Maja Lehrer (als Christiane Wolf)
Erstsendung: 2. September 2012

Gedreht wurde u. a. in Burg und Ort Scharfenstein, im Schloss Augustusburg, im Wildgatter Chemnitz und im Museum sächsisch-bömisches Erzgebirge Marienberg.

Literatur: Carl Heinrich Wilhelm Schönberg, Carl Stülpners merkwürdiges Leben …, Zschopau 1835; Siegfried Sieber, Der Stülpner-Karl, Berlin 1954; Friedrich von Sydow, Carl Stülpner – Ein berüchtigter Wildschütz im sächsischen Erzgebirge …, bearbeitet von Roland Unger, Scheibenberg 1998
Dank an: Prof. Roland Unger, Prof. Werner Rösener

»Sachsen am Abgrund –
Friedrich August I. und Napoleon«

Buch: André Meier
Regie: André Meier, Pepe Pippig
Kamera: Torbjörn Karvang, André Böhm
Darsteller: Winfried Glatzeder (als Friedrich August I.), Ulrich Simotowitz (als Napoleon)
Erstsendung: 1. September 2013

Gedreht wurde u. a. in Dresden, Leipzig und in Schloss Waldenburg.

Literatur: Ferdinand von Funck, Im Banne Napoleons, Dresden 1928; Otto Eduard Schmidt, Aus der Zeit der Freiheitskriege und des Wiener Kongresses, Leipzig 1914
Dank an: Dr. Andreas Platthaus, Dr. Roman Töppel

»Ilse Koch –
Die Hexe von Buchenwald«

Buch: André Meier
Regie: André Meier, Pepe Pippig
Kamera: Jürgen Rehberg, André Böhm
Darsteller: Muriel Baumeister (als Ilse Koch)
Erstsendung: 26. August 2012

Gedreht wurde u. a. in der Gedenkstätte Buchenwald, im Hauptstaatsarchiv und auf dem Hauptfriedhof Weimar, in der JVA Aichach und in der JVA Landsberg.

Literatur: Arthur l. Smith jr., Die Hexe von Buchenwald
Dank an: Prof. Christoph Safferling, Dr. Ulrike Weckel

»Roland Freisler –
Hitlers williger Vollstrecker«

Buch: Annette Baumeister
Regie: Annette Baumeister, Pepe Pippig
Kamera: Torbjörn Karvang, Jean Schablin
Darsteller: Christoph Gottschalch (als Roland Freisler), Harald Heinz (als Carl Goerdeler)
Erstsendung: 11. August 2013

Gedreht wurde u. a. in Berlin, Jena, Leipzig und Bitterfeld.

Literatur: Helmut Ortner, Der Hinrichter, Wien 1995
Dank an: Andreas Steiner, Prof. Johannes Tuchel, Helmut Ortner

»Generalfeldmarschall Paulus:
Der Verlierer von Stalingrad und die DDR«

Buch: Christian Schulz
Regie: Christian Schulz, Pepe Pippig
Kamera: Frank Amann, Michael Baum
Darsteller: Christian Wewerka (als Friedrich Paulus), Sandra Nedeleff (als Constanze Paulus)
Erstsendung: 16. Oktober 2011

Gedreht wurde u. a. in Dresden, Prag und Berlin.

Literatur: Torsten Diedrich: Paulus – das Trauma von Stalingrad, Paderborn/München/Wien 2008
Dank an: Prof. Torsten Diedrich

»Reinhard Gehlen –
Der Meister-Spion und die Nazis«

Buch: Christian H. Schulz
Regie: Christian H. Schulz, Pepe Pippig
Kamera: Jürgen Rehberg, Michael Baum
Darsteller: Christoph Gottschalch (als Reinhard Gehlen), Stefan Mehren (als Heinz Felfe)
Erstsendung: 9. September 2012

Gedreht wurde u. a. in der ehemaligen Jugendhochschule Bogensee bei Berlin, in der BND-Zentrale Pullach bei München, in der Russischen Botschaft Berlin und im Militärgeschichtlichen Forschungsamt Potsdam.

Literatur: Rolf-Dieter Müller, An der Seite der Wehrmacht – Hitlers ausländische Helfer beim »Kreuzzug gegen den Bolschewismus« 1941–1945, Berlin 2007; Klaus-Dietmar Henke/Roger Engelmann, Aktenlage – Die Bedeutung der Unterlagen des Staatssicherheitsdienstes für die Zeitgeschichtsforschung, Berlin 1996
Dank an: Prof. Rolf-Dieter Müller und Prof. Klaus-Dietmar Henke, Mitglieder der Unabhängigen Historikerkommission zur Erforschung der Geschichte des Bundesnachrichtendienstes

»Hilde Benjamin –
Die Scharfrichterin der DDR«

Buch: André Meier
Regie: André Meier, Pepe Pippig
Kamera: Torbjörn Karvang, André Götzmann
Darsteller: Anke Sevenich (als Hilde Benjamin)
Erstsendung: 4. August 2013

Gedreht wurde u. a. in Bernburg, Bitterfeld und Berlin.

Literatur: Marianne Brentzel, Die Machtfrau, Berlin 1997; Andrea Feth, Hilde Benjamin – eine Biographie, Berlin 1997
Dank an: Dr. Andrea Feth, Dr. Falco Werkentin

»Erich Honecker –
Der Weg zur Macht«

Buch: Christian H. Schulz
Regie: Christian H. Schulz, Pepe Pippig
Kamera: Jürgen Rehberg, Michael Baum
Darsteller: Thomas Reisinger (als Erich Honecker), Peter Gröger (als Walter Ulbricht)
Erstsendung: 19. August 2012

Gedreht wurde u. a. in der ehemaligen Jugendhochschule Bogensee, im Haus Döllnsee bei Berlin und im Stasimuseum Berlin.

Literatur: Monika Kaiser, Machtwechsel von Ulbricht zu Honecker. Funktionsmechanismen der SED-Diktatur in Konfliktsituationen 1962 bis 1972, Berlin 1997
Dank an: Dr. Monika Kaiser

»Markus Wolf –
Mielkes bester Mann«

Buch: Christian H. Schulz
Regie: Christian H. Schulz, Pepe Pippig
Kamera: Thorbjörn Karvang
Darsteller: Gert Klotzek (als Markus Wolf), Anne Rathsfeld (als Andrea Wolf)
Erstsendung: 25. August 2013

Gedreht wurde u. a. in Berlin, Leipzig, Kitzbühel und Ilsenburg.

Literatur: Hauptverwaltung A (HV A), Aufgaben – Strukturen – Quellen, Online-Ressource (Hrsg. BStU), Berlin 2011; Markus Wolf, Spionagechef im geheimen Krieg, Erinnerungen, München 1997
Dank an: Joachim Lampe, Johann Schwenn, Dr. Helmut Müller-Enbergs

Bildnachweis

Bayerische Staatsbibliothek: S. 71

bpk: S. 8 (RMN – Grand Palais, Jean-Gilles Berizzi), 15 (Hermann Buresch), 52 (Knud Petersen), 54, 55 (Lutz Braun), 59 (Lutz Braun), 193 (Gerhard Kiesling), 202 o. (Jochen Moll)

BstU: S. 220 (MfS-SdM-Fo-0036-Bild-0029 und MfS-BdL-Fo-0197-Bild-0009)

Bundesarchiv: S. 138 (2010-43397), 143, 144, 145 (147-1276 und 151-17-15), 157 (183-FO316-0204-005), 161 (183-25343-0002), 173 (183-27236-0025), 180 (183-C0627-0010-005),183 (183-09067-0003), 189 (183-S98280), 190 (183-90575-0004), 196 (183-K0615-0001-109), 198 (183-W0910-324), 199 (183-W0910-315), 200 (183-R71089 und 183-V00138), 201 (183-R99353 und 183-19204-2916), 203 (183-57000-0512), 205 (183-W0910-327), 206 (183-K0616-0001-116), 208 (183-K0630-0001-027), 212 (183-1989-1104-431)

Deutsches Historisches Museum: S. 110

dpa: Cover (Honecker, Foto: Wilfried Glienke)

Germanisches Nationalmuseum, Nürnberg: S. 66 (Kapsel-Nr. 12/83, GNM HB 244/1283)

Forschungsbibliothek Gotha: S. 26 (Memb. I 90, Bl. 85 v.)

Fotolyse – Fotolia.com: S. 30, 57

Friedrich-Wolf-Gesellschaft: S. 214, 215

Herzog August Bibliothek Wolfenbüttel: S. 33 (Cod. Guelf. 74.3 Aug. 2°, folio 226)

MDR/Saxonia Entertainment GmbH: S. 22, 23, 36, 37, (Fotos: Andreas Lander, Marco Prosch, A. Liebig)

Museum in Nieborów und Arkadia: S. 84

National Archives, Washington: S. 120, 123, 24, 125, 127, 130

Österreichische Nationalbibliothek: S. 12 (Cod. 652, fol. 1v), 60 (Cod. 2885, fol. 39v)

Rosi Radecke, Hannover: S. 38, 48

Pit Siebigs, Aachen: S. 24

Privatarchiv (Fotoarchiv der Familie Paulus, Torsten Diedrich): S. 150, 152, 154, 155, 160

Privatarchiv (Fotoarchiv der Familie Wolf): S. 217, 218

Sächsisches Staatsarchiv – Hauptstaatsarchiv Dresden: S. 43, 89 (10001 Ältere Urkunden, Nr. 14274), 90, 102 (, 10024 Geheimer Rat (Geheimes Archiv), Loc. 9503/03, Bl. 1a), 108 (10026 Geheimes Kabinett, Loc. 2760/10, Bl. 1a)

Salzlandkreis: S. 74

Schmidt Kunstauktionen Dresden: S. 94

SLUB Dresden/Deutsche Fotothek: S. 40, 97, 103 (Foto: Renate Rössing)

Staatliche Kunstsammlungen Dresden: S. 80, 83, 86, 87 (alle Gemäldegalerie Alte Meister), 111 (Galerie Neue Meister)

Stadt Schönebeck (Elbe), Stadtarchiv: S. 69

Stadtarchiv Leipzig: S. 138, 139

Stadtgeschichtliches Museum Leipzig: S. 114

Städtische Galerie Dresden: S. 106

Stiftsbibliothek St. Gallen: S. 18 (Cod. Sang. 22, S. 140)

Stiftung Gedenkstätten Buchenwald und Mittelbau-Dora: S 126

Thüringisches Landesamt für Denkmalpflege und Archäologie: S. 11, 17 (Foto M.P. Sukalla)

Trickkiste, Kay Dombrowski: S. 47, 116, 117

ullstein bild: 136 (Chronos Dokumentarfilm GmbH), 140 (Süddeutsche Zeitung Photo/Scherl), 146, 170 (Pfeiffer), 176 (TopFoto), 177 (Sven Simon), 185

Wartburg-Stiftung Eisenach: S. 62 (Foto: Ulrich Kneise)

Zentrum für Militärgeschichte und Sozialwissenschaften der Bundeswehr, Bestand Bildarchiv NVA: S. 158

Weitere Bilder: Wikimedia Commons und Privatarchive